ビジュアル版

やるべきことがすぐわかる

今さら聞けない SDGsの超基本

京都大学名誉教授
佐和 隆光 監修

子どもの環境・経済教育研究室代表
泉 美智子 著

朝日新聞出版

はじめに

これまで私は「子どもの経済教育」をライフワークに、関連する著作活動や講演に力を注いでまいりました。今でこそ、政府が中高生の金融教育の必要性を強調するようになったり、金融機関が「わが社が金融教育のパイオニア」とCMを流したりする時代になりましたが、私が経済教育の研究を始めた今から25年くらい前には、「お金」のことを子どもに教えることには、二の足を踏む風潮がただよっていました。

21世紀に入ると、マスメディアが環境問題をとりあげはじめましたが、経済教育と環境教育が同じメタルの両面の関係にあることを、私自身も直観するようになりました。企業が、会社の利益を増やし、株価を上げることのみに邁進する時代はすでに終わり、環境を保全し社会に貢献することが、めぐりめぐって「企業価値」を高める時代がやってきました。

個人もまた、環境に負荷をかけないように、そしてエネルギーの無駄づかいをさけるように日々の暮らしを送ること、つまり環境と経済を調和させるライフスタイルが「格好いい」と考えるようになりました。別の言葉でいいかえれば、自分の欲求を満たすためだけではなく、環境を守り、資源を節約するために「お金」をつかうことを、すすんで選択する人が増えたのです。

こうした価値観の変化を受けて、私が代表を務める「子どもの経済教育研究室」の名称を２０１８年に「子どもの環境・経済教育研究室」に改称しました。

２０１５年に国連総会で決議されたＳＤＧｓは、環境と経済のかかわりについて、子どもたちと語りあうための、また私自身が環境や社会と「お金」の関係を研究するうえで、格好のテキストを提供してくれたと思います。研究室の顧問を務めていただいている経済学者の佐和隆光先生は、気候変動緩和策の経済影響に関する権威であり、環境と経済のかかわりについての私の探求の水先案内役を引き受けてくださいました。

おかげさまで、ＳＤＧｓを生みだしたグローバルな背景、持続可能性という言葉のもつ深い意味、開発という言葉の意味などについて、納得のいく知識を身につけることができました。経済教育のために経済を学び、環境教育のために環境を学ぶことで、環境と経済を調和させるＳＤＧｓの達成にわずかでも貢献したいという私の念願が、本書執筆の動機でした。

無我夢中で書きすすめた本書ですが、ＳＤＧｓの生い立ちをたどることから始め、ＳＤＧｓの前身であるＭＤＧｓ（ミレニアム開発目標）を経て、ＳＤＧｓの17目標に至る筋道を説き明かしたうえで、ポストＳＤＧｓの世界を展望する。以上が本書の筋書きです。ＳＤＧｓへの関心を持っておられる方でしたら、予備知識なしにお読みいただけるはずです。どうしても知っておいていただきたい専門的な用語には、ていねいな解説を付したつもりです。本書を読み終えた読者の皆さまが「ＳＤＧｓってこういうことだったのか」と納得していただくことを心より願っています。

子どもの環境・経済教育研究室代表　泉 美智子

今から知識を深めたいあなたへ

ハロー、SDGs

17の目標は
「環境問題」「社会問題」
「経済問題」に大別できる

地球環境を守り、
私たち人類が
幸せに生きていく
ための目標

17の項目からなる
地球規模の達成目標

2015年に国連で決められて、
2030年の達成を目指す

世界の解決すべき
課題が凝縮されている

「誰ひとり取り残さない」
ことがSDGsの基本

国連加盟国
193カ国が
達成を目指している

SDGsってなんだろう？

はじめまして。
この本の
ナビゲーターです
「SDGs」について
ぼくたちと一緒に
ひもといていきましょう

この本の読み方

本書は4つの章に分かれています。知りたい項目ごとに、どの章からも読み進めることができます。
まずは、気になる章のページを開いてみてください。

Chapter1

今なぜSDGsなのかがわかる

SDGs誕生の起点となったのはいつなのか。急速な経済発展の代償とはなんだったのか。産業革命から情報化社会までの道のりを振り返りながら、どうして今、SDGsが必要なのかを探ります。

Chapter2

SDGsの変遷と17の目標がわかる

SDGsの17の目標を、世界が抱える問題や解決の糸口とともにわかりやすく解説。SDGsのもとになったMDGs（ミレニアム開発目標）が掲げた8つの目標や、MDGsとの違いも紹介しています。

Chapter3

SDGsの取り組み事例や考え方がわかる

家庭や仕事で。教育や地方行政の場で。自立支援や人道援助の場で。性別も年齢も置かれた環境も異なる9人に、SDGsをテーマにインタビュー。SDGsに取り組むためのヒントが満載です。

Chapter4

今後を考える道しるべがわかる

2030年のSDGs目標期限が迫る中、残りの期間で何をしていけばいいのか。私たちが注力すべき目標はなんなのか。ポストSDGsに向けて必要なことを考え、理想の未来を思い描きましょう！

Contents

Chapter 1 SDGsを知る前に

Chapter 2 MDGsとSDGs

Chapter 3 みんなのSDGs

Chapter 4 SDGsと未来への道のり

SDGs人材を育む

グリーンスクールで見つけるSDGsのヒント

インドネシアのバリ島にある学校・グリーンスクール。“世界一エコな学校”として、世界中から注目が集まっています。どんな魅力があるのでしょうか。本書の著者、泉 美智子が訪問しました。

POINT1

“エコ”な印象とは裏腹に、最先端のIT設備はきちんと整備されており、デジタル教育も充実しています。

POINT2

3歳から18歳までの子どもたちが世界中から集まっています。さまざまな形状の机を自分で選び、勉学に励みます。

POINT3

学校の敷地は、森……というよりジャングルの中に広がっています。

POINT4

校舎をはじめ、体育館や遊具、机や椅子に至るまでさまざまな設備・施設が竹で作られています。建築デザインが美しく、壁がないのも特徴。

POINT5

座学だけでなく実践も重視。子どもたち主導のさまざまな学習スタイルで知的好奇心を満たしています。

著者の泉 美智子が訪問しました!

[基本DATA]

所在地	インドネシア　バリ島
開　校	2008年9月
生徒数	約400～500名(3～18歳)
国　籍	約30カ国
創設者	シンシア・ハーディ、ジョン・ハーディ
価値観	iRespect Integrity(誠実性)、 Responsibility(責任感)、 Empathy(共感)、 Sustainability(持続可能性)、 Peace(平和)、Equality(対等)、 Community(共同社会)、Trust(信頼)
姉妹校	ニュージーランド(2020年開校) 南アフリカ(2021年開校) メキシコ(2021年開校)

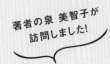

8割が自然エネルギー

太陽光発電と水力発電の設備があり、グリーンスクールでは大半の電力を自給しているそう。この設備にも竹が使われています。

動物飼育で共生・共存を学ぶ

牛や鶏などの動物を飼育しています。牛の糞は、肥料に使用され、その肥料で作られた野菜はカフェで食べることができます。

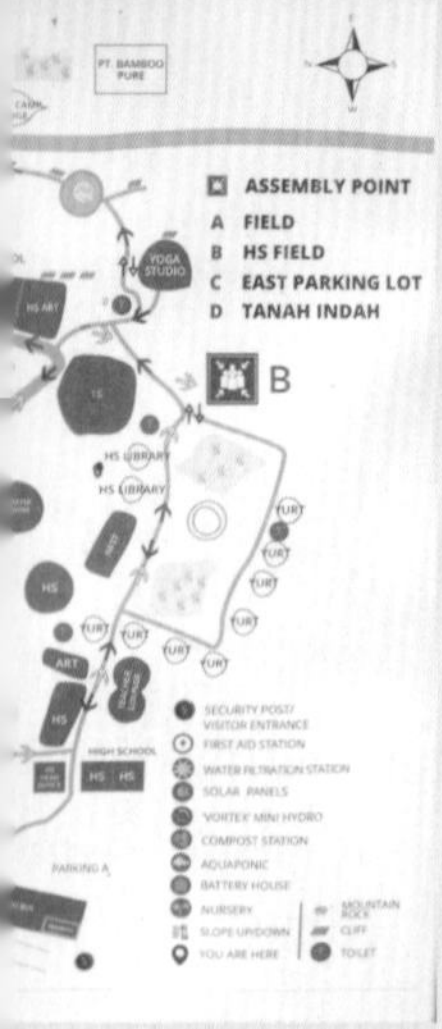

グリーンスクールの豊かな設備

森の中に、広大な敷地を持つグリーンスクール。コンポストトイレや自然エネルギー、採れたて野菜が食べられるカフェなど、エコであふれています。「循環」を感じられる設備を見ていきましょう。

（撮影:甲斐昌浩）

カフェの野菜は採れたて

複数のカフェがあり、子どもたちと近隣住民が協力して育てた野菜や果物を食べられます。野菜の栽培には校内で作られた堆肥を使用。カフェでは、バナナの皮で作った皿を使用するなど（写真左）どこまでもエコ！

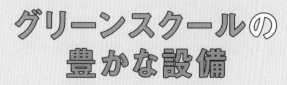

コンポストトイレで年間9万リットル節水

コンポストトイレは、水を使わず、肥料を作れるトイレ。その手順は、糞尿に“おが屑”をまぶすことで微生物を活性化させ、数カ月待つこと。トイレに臭いはなく、むしろいい香りがするそう。

廃材で備品を作って使う

自転車のタイヤを使った椅子や車のボンネットを使ったホワイトボードなど、廃材を使った道具は、子どもたちのアイデアで作られます。

数式を用いて子どもたちと先生が作った橋

校内に流れる川を渡るための橋は、先生と子どもたちが数式を解きながら作り上げました。もちろん素材は竹。校内には子どもたちのアイデアで作られたものがあふれていて、常に更新されています。

〝学校を新しい場にする〟に成功した〝当たり前の教育〟が行われる学校［グリーンスクール探訪記］

まるで地球そのものが凝縮したような学校施設

私が今回インドネシア・バリまで足を運んだのは、グリーンスクールが2012年に「地球上で最もグリーンな学校」賞を受賞し、エコ教育に特化した学校と知ったからです。日本でも情報は得られますが、自分の目で確かめたいと思いました。壁のない校舎で、多国籍の子どもたちの授業をどのように行っているのか。教師陣は子どもたちの自立心や自主性を、どのように育てているのかなど、たくさんの好奇心と疑問を抱えて現地に赴きました。

山を切り開いて作った敷地は橋や川、牧場、畑、カフェテリア、ジム、バイオマス発電施設など、生活に必要なすべてが凝縮されているような場所で、きっと迷子になる子もいるだろうと思うほど。風や光が差し込む竹製の校舎は学校のシンボルで、まさに学校の心臓部。子どもの好奇心や五感を養い、クリエイティブに成長するために重要な役割を果たす象徴的な建物になっています。

取材は放課後のみとのことだったので、授業の様子を見ることはできませんでしたが、動植物への水やりや餌やり、研究に没頭する子どもたちの姿を見ることができました。

廃タイヤを持ち寄って家具を作ったり、車のボンネットを再利用してホワイトボードにしたり、学校内には子どもたちのアイデアで作られたものがあふれていました。これらは子どもたちが「捨てられてしまうもので何かできないか」と自主的に廃材を集めて作ったもの。この学校では一人でも自由に挑戦できる仕組みが確立していて、指導者は過度なサポートを行わないようです。

世界各国から子どもが集まってきますが、「子どもの自立」や「自主性を育てたい」という学校の強い意志を感じました。

授業は好きな位置に座り、さまざまな形の机も使ったり使わなかったり。子どもたちの自主性を重視している

自然の仕組みも経済の流れもつながりを学び「行動する」

グリーンスクールの授業には教科書がありません。例えば海洋プラスチック問題を学ぶ授業では、海に行きゴミを拾う。そこで子どもたちが考えたこと、問題解決の方法を実際に行動させるのです。この「行動」「実行」が一番の肝で、とにかく理解するだけで終わりにしないのが素晴らしい。

給食やカフェテリアで使う皿は、使用後に堆肥にできるバナナの皮を使っていますが、これも使い捨て容器の廃棄問題から生まれたアイデアだそうです。「問題になっている」「自然環境のことを考えなければ」と言っているだけでは、なんの解決にもならないことをよくわかっているのでしょう。

校長のサル・ゴードン氏にお話を聞きました。詳しくはP.16～のインタビューをチェック!

社会の仕組みがわかるような取り組みも、面白かったですね。例えば、子どもたちが種をまいて育てた野菜をカフェテリアで提供したり、愛情をこめて育てた家畜を売りに出すことで経済が回っていることを理解させたり。子どもたちが取り組んだプロジェクトの成果物を商品としてバザーで販売し、会社を作る、販路を開拓するなど、この世の中の仕組みやお金の流れが、机上の勉強ではなく、自分たちの行動とつながって理解できるシステムです。

子どもたちの心の奥底にSDGsの考え方を染み込ませる

サル・ゴードン校長（P.16）のお話のとおり「若い人材の育成」は喫緊の課題であり、そのためには世界の学校のシステム、教育環境を見直さなくてはいけません。教育に携わる人たちは「国からの通達が」「学校は変えられない」とよく言いますが、この学校を見ていると「学校は変えられる」と勇気が湧いてきます。

ここの卒業生が人道支援団体などで活躍することも大切ですが、子どもたち一人ひとりが学んだこと、学校のこと、自然のこと、環境のことを親や友人に話し、その考え方を周囲と共有すれば、それが裾野から広がっていくはずです。

今すぐ何かの形にならなくても、子どもたちの心の中に染み込んだものが、きっと将来の行動を決めるときの基準や指針になる。それがこの学校で学んだ意義になるのだと思います。「一人だけじゃ変わらないけど、一人からしか変わらない」という卒業生の露木しいなさん（P.18）の言葉が、学校を見たときにすーっと胸に沁みるような気がしました。

常に挑戦し、常に変化する学校こそが環境のために行動できる人を育てる

この地球以外に
地球はありません。
秒読みが始まっています。
行動を起こして
取り組み続けるだけです。

INTERVIEW / **サル・ゴードン**

Green School BALI 校長

PROFILE / 大学で科学を学び、世界中を旅しながら働いた経験から「教育と学習」が自分の天職であると気づく。2013年からグリーンスクールバリに在籍し、15年には中学校校長、19年から現職。

早急に教育モデルを変えなければ未来に必要な人材は育成できない

——最初に学校の概要についてお聞かせください。

生徒は幼稚園から高校まで合わせて４３０名ほど、１クラス20名前後で運営しています。中学・高校になると選択制のプログラムが多くなるので、クラスの人数はかなり変わります。幼稚園から高校までの学校ですが、約20％の生徒が５～６年間の長期で通い、約50％は２年程度、残りの30％は夏休みだけ在籍します。

世界各国から、中には環境問題やＳＤＧｓに関心がない子どもも集まります。実に多様な子どもたちが一緒に学んでいます。

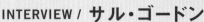

――壁も窓もドアもない校舎が印象的ですね。

壁がないことで子どもたちは常に自然とつながり、自然の一部であると感じられます。環境問題に関心がない子でも、この環境ではその大切さを痛感するでしょう。また壁がないことは、考え方や年齢、国籍にも壁がなく社会とも自由につながれることを示しているのです。

私たちの学習プログラムは、実社会とつながる「起業家マインド」を育てることにも注力しています。試験のための勉強ではなく、自然環境のために今すぐ何か行動を起こす、情熱的に世界に変化をもたらす、そんな人材を育てる教育を目指しているのです。

――SDGsについてはどうお考えですか。

教育者としてグローバルな理解を深めるのに、非常に役に立つ考え方です。グリーンスクールでは数学や化学、音楽、美術など普通の学校と同じ教科も勉強しますが、必ず自然や環境問題に関連させています。子どもたちはここで「サステナビリティについて学ぶ」のではなく、「サステナビリティのため」に試行錯誤しながら、あらゆる教科を包括して学ぶべきなのです。この地球以外に地球はないのですから、諦めるわけにはいきません。もう秒読みが始まっています。今すぐ行動を起こして、取り組み続けるだけです。

――この本の読者、特に大人に向けてメッセージはありますか。

環境もテクノロジーもとても速く変化しているのに、産業革命以降、教育はあまり変わっていません。皆さんが通った学校は、親や祖父母が通った学校とほぼ同じです。早急に教育モデルを変えなければ、未来の世代に必要な問題解決力と創造性のある人材を育てられません。

私も親として、子どもにはよい価値観を持ち社会に役立つ人になってほしい。それは、よい成績を取って有名な大学に行くことよりも、幸せで価値のあることだと思います。

グリーンスクール創設者ジョン・ハーディについて

カナダ生まれのジョン・ハーディは美術大学卒業後、25歳でバリ島に移住しました。妻・シンシアとジュエリービジネスを立ち上げ、世界的なブランドへ育てあげた後、売却。映画化されたアル・ゴアの『不都合な真実』を観たジョンは、地球環境の問題で4人の子どもが自分と同じ素晴らしい人生を送れないと考えました。そこで持続可能な社会を実現するため、グリーンスクールを2008年にバリに開校。2012年、「地球上で最もグリーンな学校」に選定されました。

グリーンスクール卒業生が環境活動家に！待ったなしの気候変動だから「今すぐ行動」を

「やりたいことを始めるのに、
大人になるまで
待たなくていい」
それがグリーンスクールの
教えでした。

INTERVIEW / **露木しいな**（つゆき・しいな）

環境活動家

PROFILE / 2001年横浜生まれ、中華街育ち。高校3年間をグリーンスクールバリで過ごし、2019年6月に卒業。18年にCOP24（気候変動枠組条約締約国会議）in Poland、19年にCOP25 in Spainに参加。19年コスメブランドShiina Cosmetics（現在のSHIINA organic）を立ち上げる。19年9月、慶應義塾大学環境情報学部に入学。現在は、気候変動についての講演会を全国の中学生・高校生に行うため、休学中。

講演活動は若い世代へ「ボールを投げる」こと

——グリーンスクールへの留学のきっかけはどんなことでしたか？

幼い頃から自然の中で遊ぶことが大好きで、遠足で箱根八里を歩いたり、キャンプで火おこしをしたりするような幼稚園に通っていました。

中学卒業後は英語を学びたかったので留学先を探していましたが、母は英語を学ぶだけの留学には大反対。たまたまインターネットで見つけたグリーンスクールに、家族で体験キャンプに参加して魅了されたのがきっかけです。

——ご自身にはどんな変化がありましたか。

入学時は、特に環境問題への意識が高かったわけではありません。しかし竹で作られた開放的な校舎、電気はほとんどクリーンエネルギーという学校の徹底した姿勢と、自然破壊やプラスチック問題などの授業を受けるうちに、次第に環境問題に目覚めて取り組むようになりました。

帰国後は大学に進学しましたが、「このままでは地球の切迫した状態を救えない」と、今は学校を休学して講演活動をしています。

世界各国から集まった仲間たちと。入学時は環境問題に関心がなくても、グリーンスクールでの教育を経て意識が高まり、起業家マインドも育つ（写真:zissou）

——印象的だった授業はありますか。

教科書のない体験型の授業が多かったですが……自分でカリキュラムを組み立てて研究できる、Independent Studyという授業はユニークでした。私は妹が化粧品で肌荒れを起こしたことにヒントを得て、環境負荷が少なく敏感肌の人にもやさしい化粧品の開発に取り組みました。それが現在のSHIINA organicというブランドにつながっています。私はビジネスを通じて社会問題を解決する、「社会起業家」という肩書きが最近は一番しっくりきます。

——グリーンスクールでの学びが現在の活動につながっているのですね。

「環境活動家」と呼ばれる人が特別な存在ではなく、誰もが地球環境を考えるのが理想だと思うんです。

私が学校を中心に講演をする理由は、若い世代に学校教育の一環として環境問題を正しく伝えたいから。日本の若い人たちに環境問題に対して行動を起こす人が少ないのは、正しい情報と知識が不足しているだけ。私の話で環境問題に興味を持つだけでなく、行動に移せるようなワークショップや意見交換の場も大事にしていきたいですね。

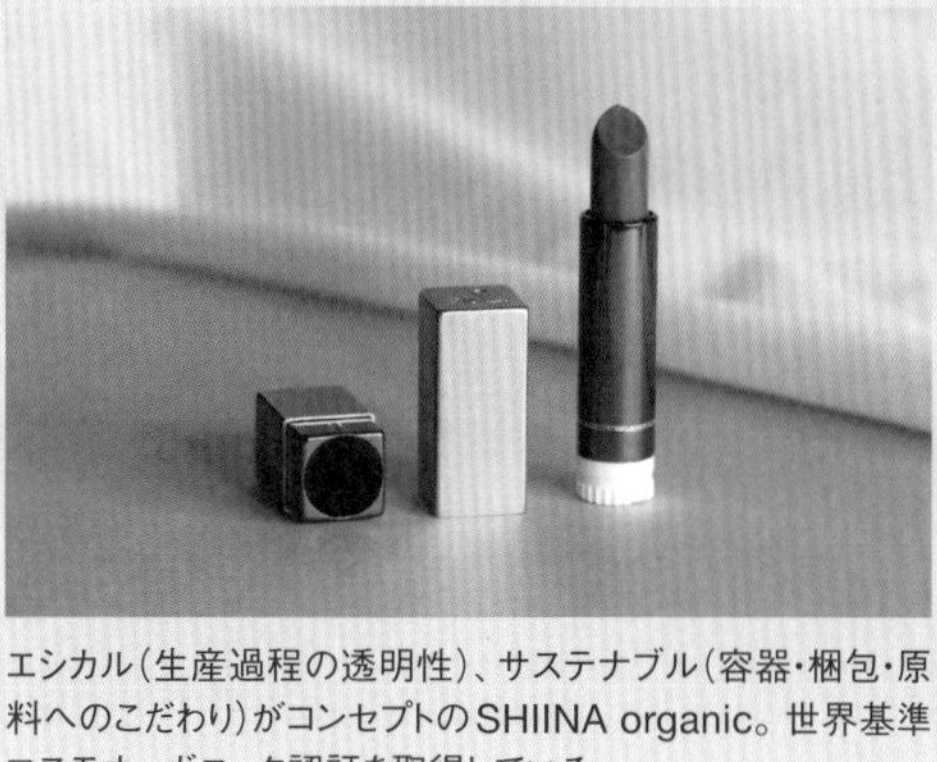

エシカル（生産過程の透明性）、サステナブル（容器・梱包・原料へのこだわり）がコンセプトのSHIINA organic。世界基準コスモオーガニック認証を取得している

政府や自治体、
余裕のある大企業が
取り組めばいいのでは?

テーマが
壮大すぎて
どこから
手をつけて
いいのやら

偽善っぽい
感じがして、
二の足を
踏んでしまう

自分ひとりの
力ではどうにも
ならないのでは?

十年以上も
先の未来
なんて
想像できない

いったい何から始めればいいのだろう

どうせ
間に合わないでしょ?

本当にそれでいいの？

1／80億人のぼくにもできることはあるかもしれない

このままでは世界は立ち行かなくなってしまう?

今、地球で起きていること

経済格差の拡大

エネルギー問題の深刻化

大気汚染

海洋汚染

生物多様性の喪失

飢餓

現状には思わず目を覆いたくなる

地球温暖化、大気汚染、海洋汚染、多発化・激甚化する自然災害など、近年は環境破壊に関するニュースを目にする機会が増えました。また、２０１５年のＳＤＧｓ採択後に起きたロシアによるウクライナ侵攻は、ＳＤＧｓの目標達成を阻むだけでなく、根幹そのものを揺るがしています。途上国の貧困はなくならず、先進国では経済格差が拡大するなど、地球上には、解決すべき問題が山積みです。この危機的状況を前に、私たちにはいったい、何ができるというのでしょう。

あなたはどんな未来を望みますか

多様な生き物が息づく
豊かな森林がある未来

戦争や紛争のない
平和な未来

豊かできれいな海に
たくさんの魚が泳いでいる未来

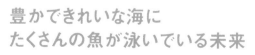

人の尊厳や
価値が守られ、
誰もが幸せに
働き暮らせる
未来

子どもも
現役世代も高齢者も
互いに手を取り合い
助け合える未来

私たちが望む未来を形にするための教科書

世界中で起こるさまざまな問題を放置すれば、地球の未来は極めて深刻な状態になります。そして、この極めて深刻な状態を誘発しているのは、私たち「人間」の行いなのです。だとすれば、地球の未来を変える鍵を握るのもまた、人間です。

２０３０年、あなたはどこで誰とどんな暮らしをしていたいですか。あなたの暮らす都市や国、そして地球は、どんな姿であってほしいですか。ＳＤＧｓは、私たちが望む未来を形にするための17のヒントが詰まった教科書とも言えます。まずはその教科書の中から、あなたが理想とする未来を一つ選んでみましょう。そして今日からできる行動を考えることが、望む未来につながる一歩となります。

持続可能性は人びとを幸せにする
だから今こそSDGs

SDGs

Sustainable Development Goals

持続可能な開発目標

持続可能な開発に必要な3つの柱

環境保全
自然や生態系など環境を守っていくこと

経済発展
経済活動を通じて、富や価値を生み出すこと

社会的包摂
社会的に弱い立場の人も含め、誰ひとり取り残さないこと

3つの柱のどれも
欠けてはいけないんだ

１００年続くものは人にも地球にもやさしい

ＳＤＧｓは日本語で「持続可能な開発目標」と訳されます。国連は、「持続可能な開発」を「将来の世代の欲求を満たしつつ、現在の世代の欲求も満足させるような開発」と定義付け、人類と地球のために強靭な未来を築くことを目的としています。この目的を達成するためには、環境保全と経済発展の調和に気を配りつつ、教育や医療の恩恵を地球上あまねく行き渡らせなければなりません。

人権や地球環境の保全を考えずに経済的利益の追求を続けた結果が、持続可能性が危ぶまれる地球の状況だとすれば、その逆を進むことが、人びとの幸せにつながるはずです。その手がかりとなるポイントが、「１００年続くかどうか」。人や環境への負荷が少ないものは、総じて生きながらえるものです。

SDGs17の目標

出所:国連広報センター公式ホームページ

【目標1】
貧困をなくそう

【目標2】
飢餓をゼロに

【目標3】
すべての人に
健康と福祉を

【目標4】
質の高い教育を
みんなに

【目標5】
ジェンダー平等を
実現しよう

【目標6】
安全な水とトイレを
世界中に

【目標7】
エネルギーをみんなに
そしてクリーンに

【目標8】
働きがいも
経済成長も

【目標9】
産業と技術革新の
基盤をつくろう

【目標10】
人や国の不平等を
なくそう

【目標11】
住み続けられる
まちづくりを

【目標12】
つくる責任
つかう責任

【目標13】
気候変動に
具体的な対策を

【目標14】
海の豊かさを
守ろう

【目標15】
陸の豊かさも
守ろう

【目標16】
平和と公正を
すべての人に

【目標17】
パートナーシップで
目標を達成しよう

COLUMN1

私たちのSDGs

私の意識低い行動

クリーンディーゼルではない、黒煙の出るディーゼル車を購入してしまいました。30年前からほしかった車だったので、購入時に迷いはなかったのですが、いざ乗ってみると、とても後ろめたいです。

ライター／元井朋子

どうしても直らない癖があります。それは外食をした際、食べ物を残すことです。体に入ればエネルギーに変わりますが、残したらゴミになります。好き嫌いがあるわけではないので注文のときに「量を少なめに」と伝えるようにします！

著者／泉 美智子

かつての私のような多忙な人間にとって時間は貴重な資源です。時間確保のため移動に際してタクシーを多用し、二酸化炭素を排出していました。タクシーは空車でも走っているのだから同じことだと正当化していました。

監修者／佐和隆光

子どもが使っていた鉛筆が短くなったので捨てようとしたら、キャップをすればまだ使えると、子どもに指摘されました。

デザイナー／阿部智佳子

コロナ禍を経て、「清潔」を意識した結果、キッチンや洗面台で、布巾やタオルをあまり使わなくなり、ペーパータオルで代用することが増えました。朝の洗顔後の顔を勢い余ってペーパータオルで拭くこともあり、さすがに“これはどうなんだ……”と我に返ります。でも布巾やタオルを洗濯するのとリサイクルのペーパータオル、どちらがエコなんですかね。

編集／上原千穂

通販で買った服を失敗しがちなこと。一度袖を通して着なくなることも。最近は、そういう服は夫にあげています。夫と同じサイズの服を着られる体格でよかったです（涙）。

編集協力／羽田朋美

Chapter 1

SDGsを知る前に

「SDGsはどうやって生まれたのか」
「なぜ、SDGsを定める必要があったのか」
産業革命から今日までの歴史を振り返りながら、
その理由をひもときます。

1

SDGsを知る前に①
SDGsを作った国連はどんな組織?

世界を救う組織?
国際連合とはなんだろうか

国際連合（国連）は、第2次世界大戦終結後の1945年、国際平和と安全の維持、経済・社会・文化にかかわる国際協力を目的に設立された国際機関です。2022年現在、193カ国が国連に加盟。世界の総人口は79・5億、うち、中国が14・5億、インドが14億、アメリカが3・3億。日本は1・3億で世界11位。人口1千万を超える国は90カ国です。人口数百万から数万レベルの小さな加盟国が過半を占め、経済、社会、文化面での多様性の尊重が国連のモットーです。2015年9月、国連総会で採択されたSDGs達成へ向けて、政府・企業・市民が努力し国際協力することが、平和と安全を維持するために設けられた国連の加盟諸国に課せられた責務なのです。

国連はどのような仕事をしているの?

国際連合の活動は次のように要約されます。一つは国際平和と安全を維持すること。もう一つは経済・社会・文化にかかわる国際協力の実現。そして、私たち一人ひとりの命と生活を守ることです。

- 国際平和と安全の維持
- 経済・社会開発の推進
- 人権擁護と推進

● 15の理事国からなる安全保障理事会（安保理）

国連が平和維持のための緊急を要する議題の審議・決定権は安保理に委ねられます。常任理事国は拒否権を持っています。2年任期の非常任理事国は総会で選出されます。

常任理事国（5カ国）

中国

フランス

ロシア

イギリス

アメリカ

非常任理事国（10カ国）

アフリカ3カ国、アジア・太平洋2カ国、東欧1カ国、ラテンアメリカカリブ2カ国、西欧その他2カ国より選挙によって選出。日本は2023年から非常任理事国として、2年間の任期を務めている。

世界で最も多様性に富んだ組織

190余りの国連加盟国は言葉、宗教、文化、人口、気候、経済など多種多様です。共通点のある人・会社・国などの寄り集まりが組織ですから、国連ほど多様な組織は例がありません。

国連・国連機関で働く人びとの国籍は190カ国以上
空席ポストへの女性の応募を強く推奨
国連加盟国は経済力に関係なくそれぞれ1票の投票権を持つ
今の国連事務総長はアントニオ・グテーレス氏（2023年4月現在）
社会主義国も加盟
歴代の事務総長の出身国に偏りがない

国連とSDGsのあゆみ

第2次世界大戦を防げなかった「国際連盟」に代わり、戦勝国であるアメリカ・イギリス・フランス・ソビエト連邦・中華民国（中国）が中心となり1945年10月に国際連合（国連）が設立されました。以来、国連は平和維持と国際協力の要として数々の貢献を果たしてきました。SDGsを採択したこともその一つです。

● SDGsができるまでのおもな出来事

1945年10月	国連憲章発効。加盟51カ国で国連が発足
1948年	国連総会、世界人権宣言を採択
1956年	日本が加盟（80国目）
1960年	国連総会、植民地独立付与宣言を採択
1965年8月	国連憲章改正により安全保障理事会が11カ国から15カ国に拡大
1965年12月	人種差別撤廃条約、国連総会で採択
1971年	国連憲章改正により経済社会理事会が2度目の拡大
1975年	第1回世界女性会議（メキシコ・シティー）
1979年	女性差別撤廃条約、国連総会で採択
1987年	オゾン層を破壊する物質に関するモントリオール議定書、採択
1989年	児童権利条約、国連総会で採択
1992年	国連環境開発会議（地球サミット）、リオデジャネイロで開催。気候変動枠組条約など採択
1996年	包括的核実験禁止条約（CTBT）、国連総会で採択
1997年	気候変動枠組条約・第3回締約国会議、「京都議定書」採択
2000年	国連ミレニアムサミットで、ミレニアム宣言を採択
2001年	ミレニアム開発目標（MDGs）を設定
2015年	国連持続可能な開発サミットで、「持続可能な開発のための2030アジェンダ」を採択

1992年、ブラジル・リオデジャネイロ郊外で「地球サミット」開幕

持続可能な開発目標（SDGs）が盛り込まれた「持続可能な開発のための2030アジェンダ」を全会一致で採択した国連総会

2

SDGsを知る前に②

GDPでわかるのは国や国民の豊かさ

国民の豊かさをはかる国内総生産（GDP）

国連に加盟する１９３カ国間の貧富の格差は途方もなく大きいのです。国の経済活動の水準もしくは国民の豊かさをはかる代表的な物差しは国内総生産（ＧＤＰ）で、２０２２年のＧＤＰの上位３カ国はアメリカ、中国、日本です。国民１人当たりＧＤＰの上位３カ国はルクセンブルク、ノルウェー、アイルランド。アメリカは7位、日本は31位です。貧しい国のほとんどがアフリカまたはアジアにあります。貧しい国々では、食料、医療、教育など必要不可欠なモノとサービスの供給が不足しているばかりか、生活の安全と安心すら保障されていません。貧しい国々を少しでも豊かにするにはどうすればいいのでしょうか。

GDPとは付加価値の総和

会社や商店の総販売額から原材料費を引いたものを付加価値と言います。国内の会社や商店の付加価値を全部足したものを国内総生産（GDP）と言います。付加価値は賃金・利子／配当・個人事業主・法人の所得に分配されます。

個人・民間・企業の支出（生活者の消費＋企業の投資）

＋

貿易収支（輸出額－輸入額）

＋

政府支出（行政サービス＋公共事業）

＝

GDP（国内総生産）

Q&A

名目GDPと実質GDPの違いって？

物価が上（下）がれば増え（減）る物価の影響を受けるGDPを名目GDP、基準年の物価で評価し直した（物価の変動を取り除いた）GDPを実質GDPと呼びます。豊かさや経済成長の物差しとしては実質GDPのほうが相応しいと言えます。

GDPの「三面等価の原則」とは？

GDPは「生産」「分配」（会社の利益や個人の所得）」「支出」の3つの側面から見ることができ、それぞれの価値は一致します。これを、GDPの三面等価の原則と言い、知っているとGDPへの理解が深まります。

生産面

例：10万円の商品やサービスを生み出す

分配面

事業の利益となり、個人の所得となる

支出面

いろいろなものを消費する

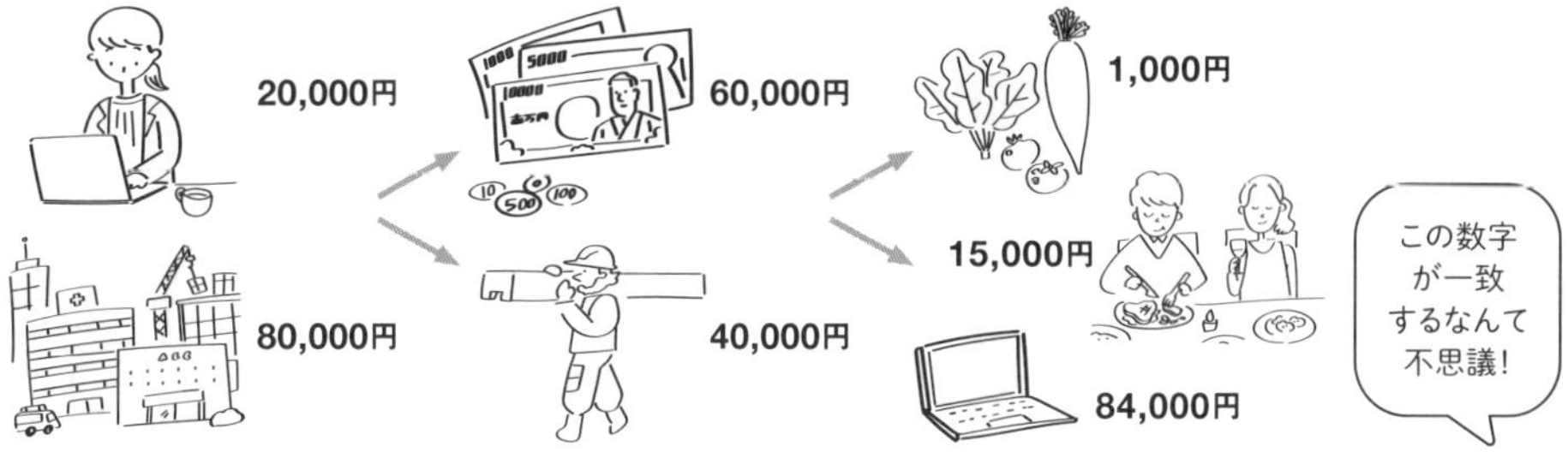

total 10万円 ＝ **10万円** ＝ **10万円**

最終生産物の価額から原材料と製品の輸入価額を差し引いた付加価値の国全体での総和

雇用者所得、個人業主所得、利子・配当所得、法人所得の総和

個人消費、住宅投資、企業設備投資、在庫投資、政府消費、公共投資、純輸出（輸出マイナス輸入）の総和

1人当たり国内総生産（名目GDP）

購買力平価でドル換算した名目GDPを人口で割り算した値です。北西欧州諸国が上位を占めます。サハラ以南のアフリカ諸国と南アジア諸国の多くが下位にいます。

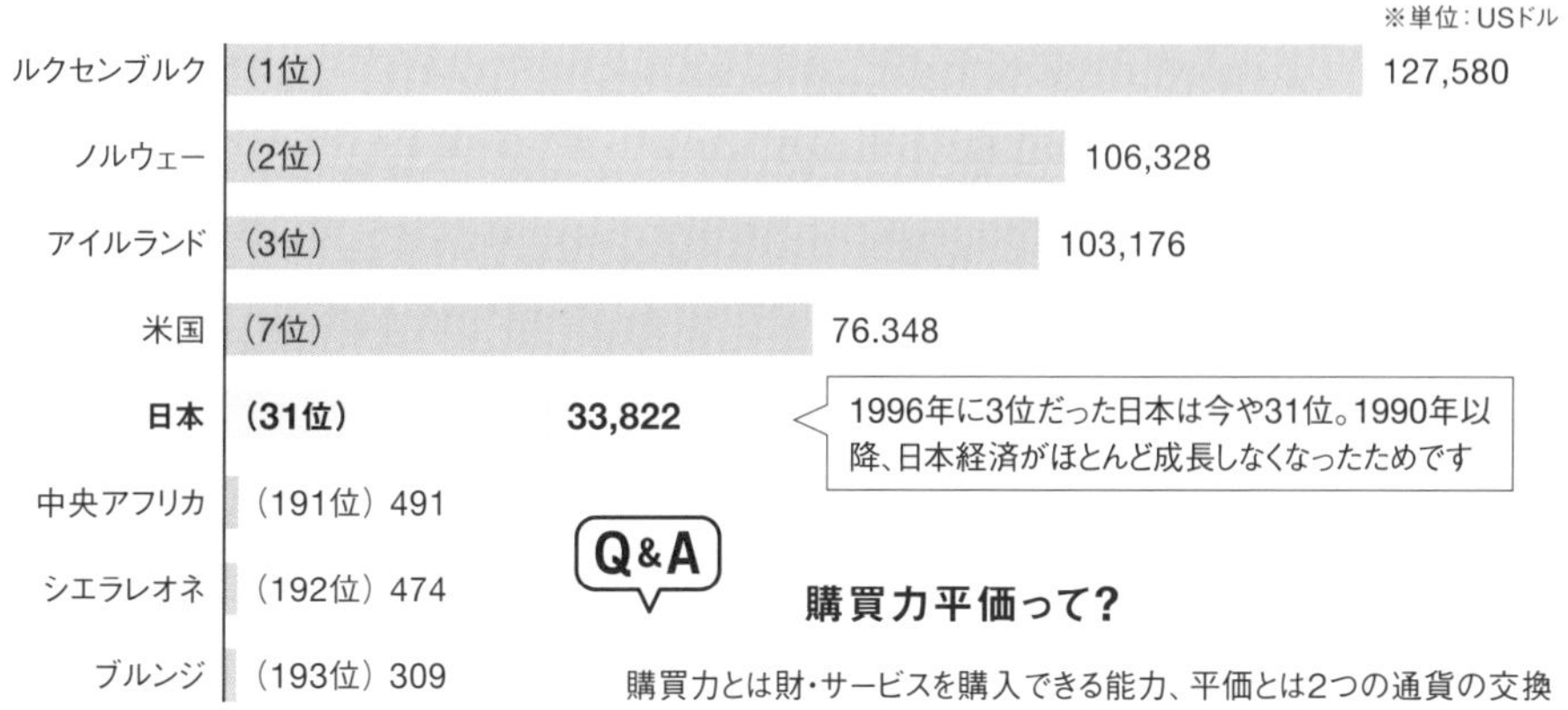

「IMF（国際通貨基金）」（2022）データより抜粋して作成

Q&A 購買力平価って？

購買力とは財・サービスを購入できる能力、平価とは2つの通貨の交換比率のことです。ビッグマックの価格の比率が最もわかりやすい計算法です。2023年1月30日時点でビッグマックは日本では450円、アメリカでは5.36ドルでした。購買力平価をビッグマック指数で言えば5.36ドル＝450円つまり1ドル＝84円となるので、為替レート1ドル＝131円は円の過小評価（ドルの過大評価）になります。

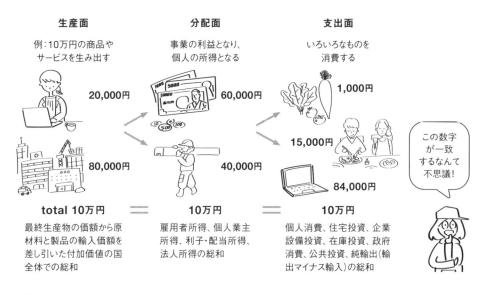

3

SDGsが生まれる起点!?

温暖化の最初のきっかけ？ 工業化社会の幕開け

「農業」から「工業」へ 石炭を動力源とする時代に

人間が集まって住むために、まず何よりも必要なのは食料です。植物を採取し動物を狩猟して食料を自給しなければなりません。安定した食料供給を確保するために、作物を栽培し家畜を飼養する、農業を中心とする社会が誕生しました。農業社会は持続可能ですが経済は成長しません。江戸時代の日本がまさしくそうでした。農業社会から工業社会への転換を促したのが、18世紀半ばから19世紀前半にかけての産業革命。ジェームズ・ワットが実用化した蒸気機関が紡織を機械化し、蒸気機関車を始めとする便利な機器が次々と登場しました。蒸気機関の燃料は石炭です。農業社会から工業社会への移行は、石炭を動力源とする、生産の自動化・工業化から始まったのです。

人類と産業の歴史

旧石器時代には狩猟・採集、新石器時代に入り農耕・牧畜を覚え定住化します。工業化社会は数万年に及ぶ人類の歴史のうち直近わずか250年余りにすぎません。

人類誕生	狩猟・採集社会	
紀元前1万2000年	農耕・牧畜社会	紀元前5000年頃までにオーストラリアと南極以外の全大陸で農耕が行われるようになった
18世紀半ば～	工業化社会	**第1次産業革命** 石炭燃料を用いた軽工業の機械化。蒸気機関・紡績機

生産の中心が農業から工業へ移ったんだね
工業化に伴って、社会は大きく様変わりしたよ

蒸気機関の実用化による産業革命

産業革命は1760年代のイギリスで、農業革命による人口と資本の工業への移動、蒸気機関の実用化、石炭の大量採掘などを発端として始まりました。

イギリスで18世紀中頃に始まる

石炭は蒸気機関の燃料であると同時に、蒸気機関を初めて実用化したのが石炭採掘だった

1781年に特許取得後、実用化

蒸気機関は紡織機、蒸気船、鉄道などの生みの親として、近代化と工業化をけん引する主役となった

日本の産業革命は絹糸生産から

明治5年、鉄道、電話、郵便事業の開始とともに富岡製糸場で絹糸生産が始まりました。国は「お雇い外国人」を高待遇で雇うなど殖産興業に国力を注ぎました。

● 政府主導による急速な近代化

1868年(明治元)	鉱山の官営化
1869年(明治2)	東京-横浜間に電信線が架設
1872年(明治5)	富岡製糸場操業開始
	日本初の鉄道が東京(新橋)-横浜間で開通
1873年(明治6)	三池炭鉱が官営化
1874年(明治7)	鉄道が神戸-大阪間で開通
1875年(明治8)	三菱商会が日本-上海間に定期船就航
1877年(明治10)	鉄道が京都-大阪間で開通

フランスからのお雇い外国人の指導のもと、蒸気機関で生産される生糸は外貨の稼ぎ頭だった

三池炭鉱の歴史は1721年まで遡る。明治維新後に官営化され採掘に囚人が使役された

なぜ日本はわずか数年で産業革命を成し遂げたのか?

明治維新は1867年。蒸気機関による生産技術の革新、鉄道や蒸気船による交通の革新がほぼ完成した頃でした。識字率が高く勤勉な日本人は、お雇い外国人の指導ですぐに技術を習得し、官業として始まった工場を三井・三菱・住友などの財閥が買い取るという殖産興業政策が功を奏しました。

4

燃料の変遷

固体の石炭から液体の石油へ

車も火力も石油を燃料とする時代へ

19世紀半ば頃、液体化石燃料である石油の大量採掘法が開発されました。固体である石炭よりも液体の石油のほうが燃料として扱いやすいだけではなく、ガソリン、ナフサ、軽油、灯油、ジェット燃料、重油などに蒸留分離され、ガソリンは乗用車、軽油はバス・トラック、ジェット燃料は航空機の燃料として使われます。ナフサは石油化学製品（合成繊維、合成ゴム、プラスチック、塗料、染料、農薬など）の原料となります。20世紀は「石油と電力の世紀」と言われました。ニューヨークのマンハッタンに世界で最初の石炭火力発電所が建設されたのは1882年のこと。20世紀の半ばすぎには、火力発電の燃料もまた石炭から石油に代わりました。

石炭に代わるエネルギーの出現

20世紀に入ると石炭から石油への燃料転換が起こりました。石油は液体燃料の利便性に加え、繊維、ゴム、木材などの天然資材が石油化学製品に置き換わりました。

油田は安い費用で大量の石油を採掘できる。特定の地域（中東、中米、インドネシア、アメリカ、ロシア等）に偏在しているため、石油輸出国機構（OPEC）が産油量を調整して価格を操作できる。油田が枯渇に近づけば、採掘コストは徐々に高くなる

● 石油の主な用途

19世紀	灯油。自動車の動力源として、ガソリン需要高まる
第2次世界大戦まで	飛行機、船舶、戦車、軍用機、軍艦などの燃料
第2次世界大戦後	化学繊維、プラスチック等工業製品の素材。発電所の燃料

当初は灯油利用に限定されていたよ

蒸気からガソリンへ！ 乗り物の変遷

交通の革新がもたらす社会的影響は計り知れません。蒸気機関車が登場するまでは乗馬または馬車が唯一の交通手段でしたが、石油製品のガソリンや軽油が自動車を走らせました。

1807年	1814年	1908年
世界初の旅客汽船が アメリカ・ハドソン川を就航	石炭輸送のための 蒸気機関車が初走行に成功	「ガソリン自動車」の 量産が可能に

人力で漕ぐ船や風力を利用する帆船に代わる蒸気船は、たくさんの人と荷物を高速で長距離輸送した

蒸気機関車は人と物の大量陸上輸送を可能に。日本では1956年の全線電化まで東海道本線を汽車（蒸気機関車）が走っていた

石油製品を燃料とする自動車は線路不要の高速移動を可能にした。自動車は社会の転換を推し進め20世紀のシンボルとなった

世界から暗闇をなくしたエジソンの発明

トーマス・エジソン（1847〜1931）は蓄音機・電話・白熱電球などの電気機器を発明しました。白熱電球のフィラメントの素材には、京都・石清水八幡宮の竹が用いられました。

京都の竹が
使われたなんて
びっくりだなぁ

● 東京・銀座に灯された日本初の電灯

エジソンが白熱電球を発明した3年後の1882年（明治15）11月1日午後7時30分、日本初の白熱灯が銀座二丁目大倉組事務所前で灯された。“ローソク2000本分”の不思議な明かりを見ようと大勢の見物客が訪れた

5 日本経済の黄金期 ジャパン・アズ・ナンバーワン

オイルショックから バブル景気への道

１９７３年10月、第４次中東戦争の勃発を受けてペルシャ湾岸の６つの産油国が、１バレル（１５９リットル）当たり3ドルから12ドルへ原油価格を引き上げました。原油の99%を輸入に頼る日本は、経済成長率の急落と消費者物価の急上昇という二重苦に見舞われました。その後、日本のメーカー各社が電化製品や自動車の省エネ技術の開発に尽力したおかげで、日本の製造業の国際競争力は増強されました。80年代、日本の工業製品は安くて品質が優れていると評価されたのです。裕福になった個人そして法人は、80年代末、株式と不動産投資に目を向けます。しかし、90年代に入ると株価も地価も下落の局面を迎え、投資家たちの多くは憂き目を見ました。

インフレが加速！ 1974年の“狂乱物価”

石油価格が4倍高になったためにガソリン・軽油・灯油などが急騰し、モノとサービスの価格が一斉に高騰しました。

オイルショックの直後「トイレットペーパーが店頭からなくなる」という噂が広まり、スーパーの生活必需品売り場はトイレットペーパーを求める客で大混乱。買いだめが起こり、店頭から商品が消えた

● 1964年から1975年までの日本の消費者物価上昇率（インフレ率）

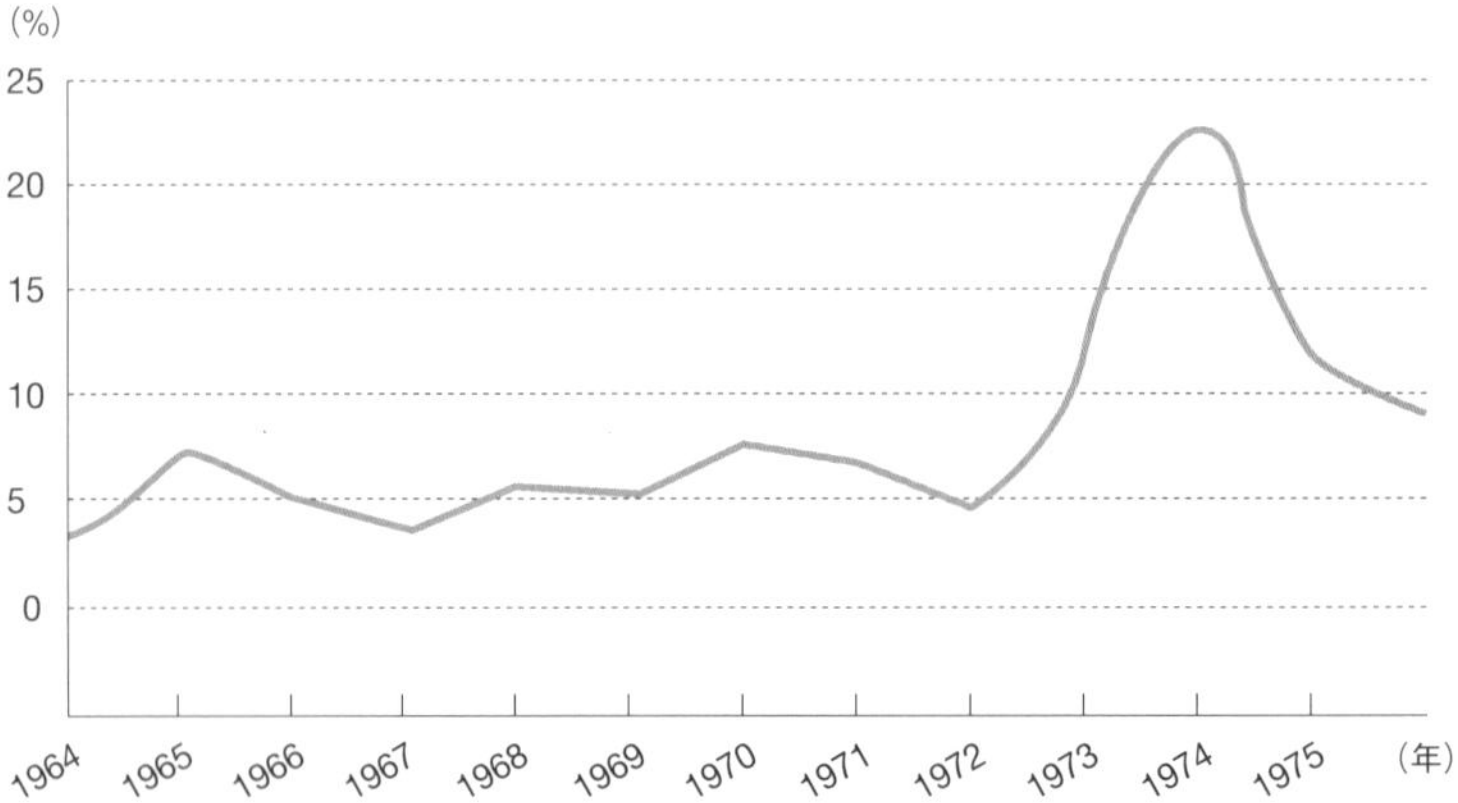

出典：総務省統計局「消費者物価指数」

日本の車や電化製品が輸出産業の花形に

電気もガソリンも高価だったので、日本のメーカー各社は燃費効率のよい自動車や省電力設計の電化製品の製造に乗り出しました。その製品が優れていたため、オイルショック後、輸出が急増しました。

ガソリン価格の高騰を受けて、不必要に大型で燃費効率の劣るアメリカ製乗用車から小型で燃費効率の優れた日本製自動車に乗り換える人がアメリカで急増した

「ウォークマン」が世界中でヘッドホンステレオの代名詞に

マンハッタン・タイムズスクエアの交差点の最も目立つビルに輝くSONYのネオンサインは20世紀末の日本の電機メーカーの勢いの象徴だった

バブル経済期の到来

株価と地価の急騰により、日本の多くの人が金持ちになった「つもり」になり、飲食、装飾品、海外旅行などに多額のお金を使いました。

● 日経平均株価が4万円近くまで上昇

若者であふれる東京・六本木のディスコはバブル経済の象徴だった（写真は1989年）。しかし1990年明けに株価は下落、地価も92年から下落。個人や企業の資産を目減りさせ、個人消費支出や企業設備投資が収縮し経済成長率が鈍化した。土地を担保とする現行融資がこげつき大手銀行数行が破綻し、4年間続いたバブルはあっけなく崩壊した

バブル経済期の様相

- 高級住宅や高級車、高額ゴルフ会員権など、高級消費ブームに沸いた
- クリスマスを高級ホテルで過ごすカップルが増え、週末の高級レストランは予約客で満席
- マンハッタン、ロサンゼルス、ワイキキなどの不動産を日本人や日本企業が買いあさり、現地の土地やマンションの価格が急騰

● 日経平均株価終値の推移

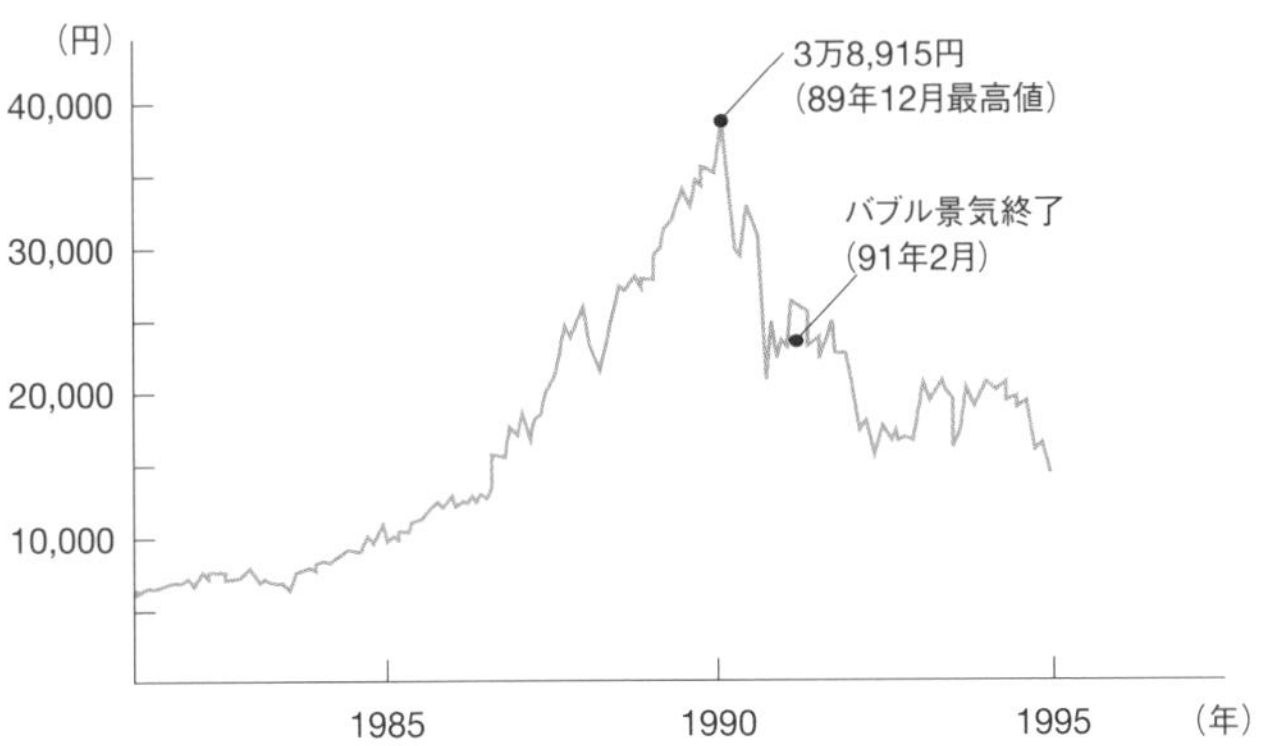

出所：総務省、東京証券取引所、各種資料より作成

6

情報化とグローバル化

インターネットの普及でイノベーションが始まった

急激な社会変化が進んだ激動の90年代

1990年代に入ると、80年代に世界を席巻した日本の電機産業は精彩を失い、経済成長率は平均年率1%台にまで減速しました。以来、今日に至るまで日本経済はずっと低空飛行を続けています。90年代、世界は激変しました。一つは東西冷戦の終結。第2次世界大戦後、アメリカを中心とする西側自由主義諸国とソビエト連邦を中心とする東側社会主義諸国とが政治・軍事・経済面で対立関係にありましたが、89年11月のベルリンの壁崩壊、91年12月のソ連崩壊を機に東西冷戦は終結したのです。そしてもう一つは情報化の進展です。90年代後半、インターネット・検索エンジン、電子メールの利用者が急増し始めました。これら2つが相まってグローバル化が急進展します。

バブル崩壊後の“失われた10年”

株価と地価が下落し続け、消費者の財布のヒモが堅くなり、企業も設備投資を控えるように。銀行も融資に慎重になって、経済成長率は大幅に低下しました。

●“失われた10年”のGDP成長率

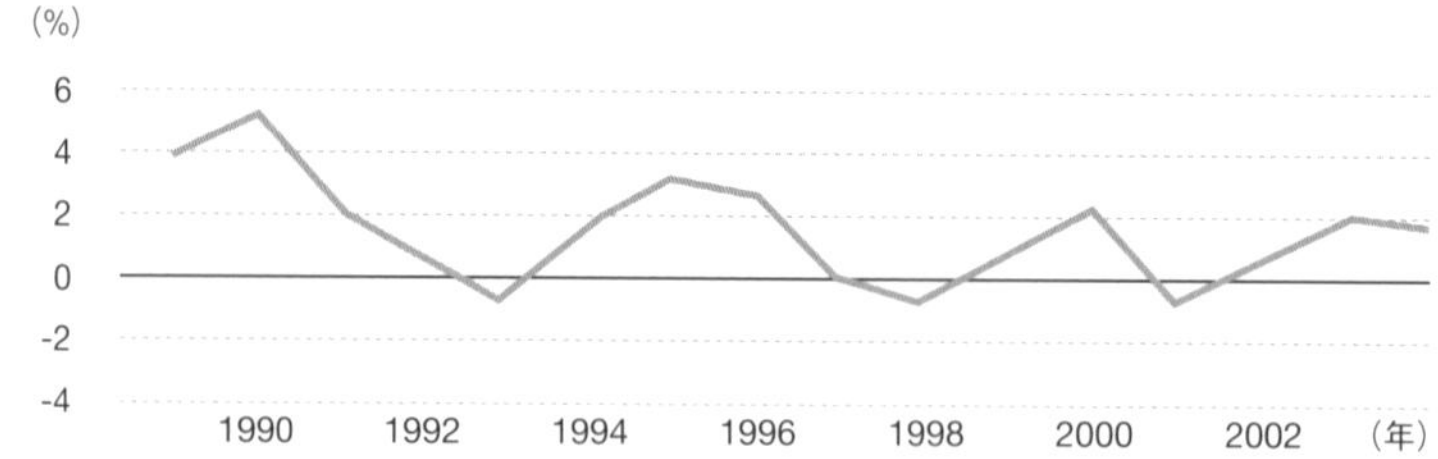

出典:内閣府資料から作成。

●90年代の日本経済低迷を表す用語

就職氷河期	1993年から2000年代半ばにかけて企業がコスト削減のため正規社員の採用数を激減させ、空前の就職難に襲われました。
金融危機	バブル崩壊後、土地を担保とする銀行融資が不良債務化(融資先企業の返済不能化)し、地価下落のため多くの金融機関が経営危機に陥りました。
資産デフレ	土地と株式のみならず絵画、骨とう品、宝石など、あらゆる資産の価格が総じて暴落しました。
メガバンクの誕生	バブル崩壊後の金融危機を経て都市銀行13行、長期信用銀行3行、信託銀行7行が、みずほ・三井住友・三菱UFJ・りそなの4グループに再編されました。

世界の枠組みを変えた冷戦の終結

東西冷戦の終結により第2次世界大戦後から続いた緊張は緩和され、中国・ベトナムも市場経済化を促進し、グローバル化（政治・経済の地球的規模での一体化）が進展しました。

第2次世界大戦後のアメリカとソ連を軸とした東西冷戦の象徴だった「ベルリンの壁」は1989年に崩壊し、翌90年には東西ドイツが統一され、91年にソ連が崩壊してグローバル化の幕開けを迎えた

冷戦の終結は
グローバル化の
始まりだったんだ

グローバル化とアジアの躍進

先進国の製造業各社は、低賃金で勤勉かつ優秀な労働者の豊富なアジア諸国に生産拠点を移転し、本国とアジア諸国のWin-Winの関係を築きました。

BORDER LESS

この頃、日本最大の
貿易相手国もアメリカから
東アジアに変わったんだね
国境を越えた
資本の移動が
活発化したことが
アジア諸国台頭の
要因だよ

情報化をめぐる国際競争

東西間の「鉄のカーテン」はヒトとモノの移動を妨げられても情報の移動を妨げられませんでした。冷戦当時から情報関連技術においてアメリカは圧倒的な優位、日本は劣位にあります。日本経済の低迷の一因は情報化の遅れだったのです。

● 日本の情報化の遅れの原因

- オープンネットワークに対する消極性
- ネットワークを利活用するための情報リテラシー育成の遅れ
- 産業構造の転換の遅れ
- IT人材の不足

7

高度経済成長と公害

環境破壊が一般の人びとにも認識された

重化学工業の光と影　経済優先社会のひずみ

　１９５５年から73年にかけて、日本経済は平均年率10％に迫る高度成長を持続しました。高度経済成長を駆動したのは工業製品の輸出の増加でした。50年代から60年代前半までは繊維・雑貨、60年代後半以降は重化学工業製品が輸出の大部分を占めていました。日本は地下資源に乏しい国であるため、鉄鉱石や石油など輸入原材料を加工して輸出することにより、高度経済成長を実現できたのです。50年代から60年代にかけて、工場から排出される煙が大気を汚染し、廃棄物が川や海の水質を汚濁する公害が問題となり、60年代末になって国と企業が公式に公害を認知するようになりました。71年には環境庁が設置され、公害被害者への国と企業による賠償が制度化されました。

産業の重化学工業化が高度経済成長を促した

軽工業（繊維・雑貨・食品）から始まり重化学工業（鉄鋼・その他金属・機械工業・石油化学製品）へと進化するのが経済発展の典型です。

● エネルギー源における石油の割合の変化

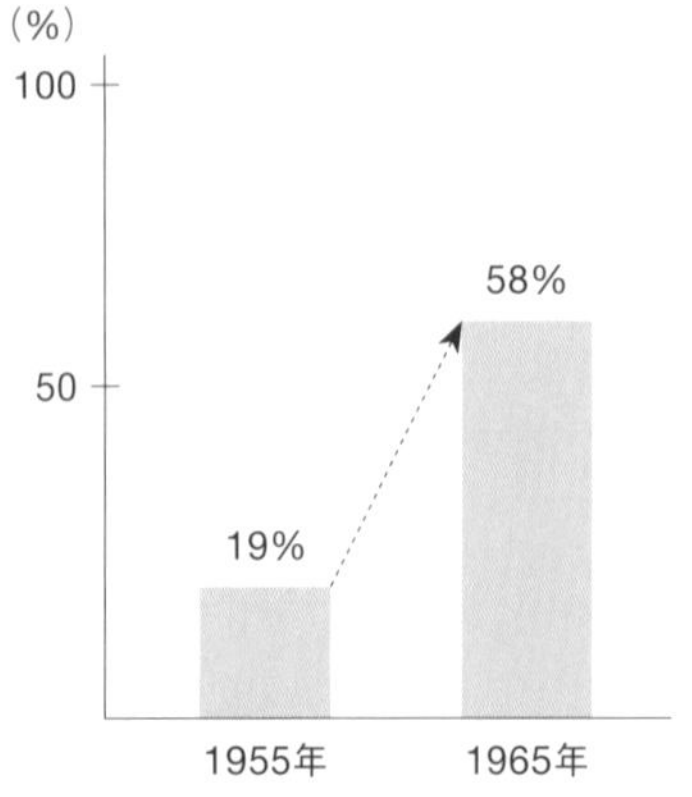

(%)
100
50
19%
58%
1955年
1965年

出所:独立行政法人環境再生保全機構ホームページより作成

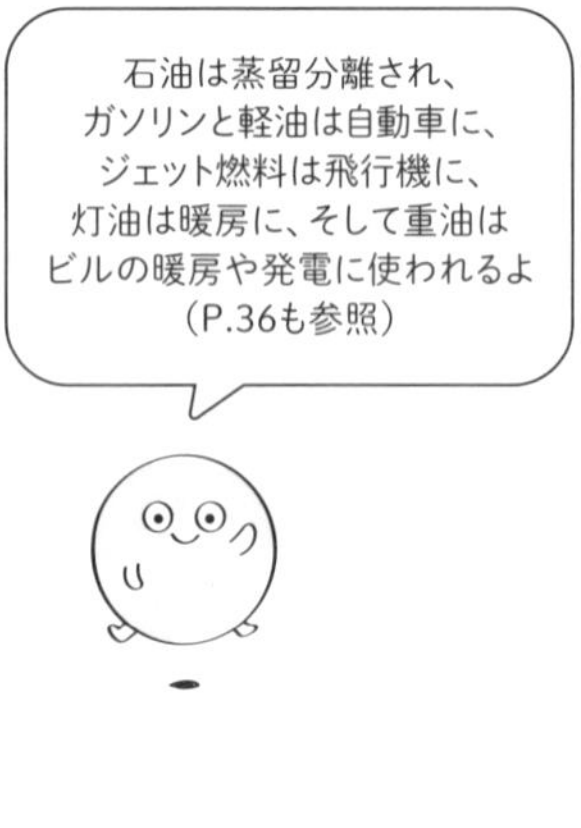

石油は蒸留分離され、
ガソリンと軽油は自動車に、
ジェット燃料は飛行機に、
灯油は暖房に、そして重油は
ビルの暖房や発電に使われるよ
(P.36も参照)

日本各地の石油コンビナートの稼働により、大気汚染をはじめ公害が深刻化した。岡山県倉敷市の水島コンビナートにある三菱石油水島製油所は、1961年に操業を開始

1950～1960年代、四大公害病が発生した

重化学工業の工場から河川・海へ廃水が流され、工場の煙突や自動車からは大気中へ排気ガスが大量に排出されます。これらが有害化学物質を含んでおり公害病が多発しました。

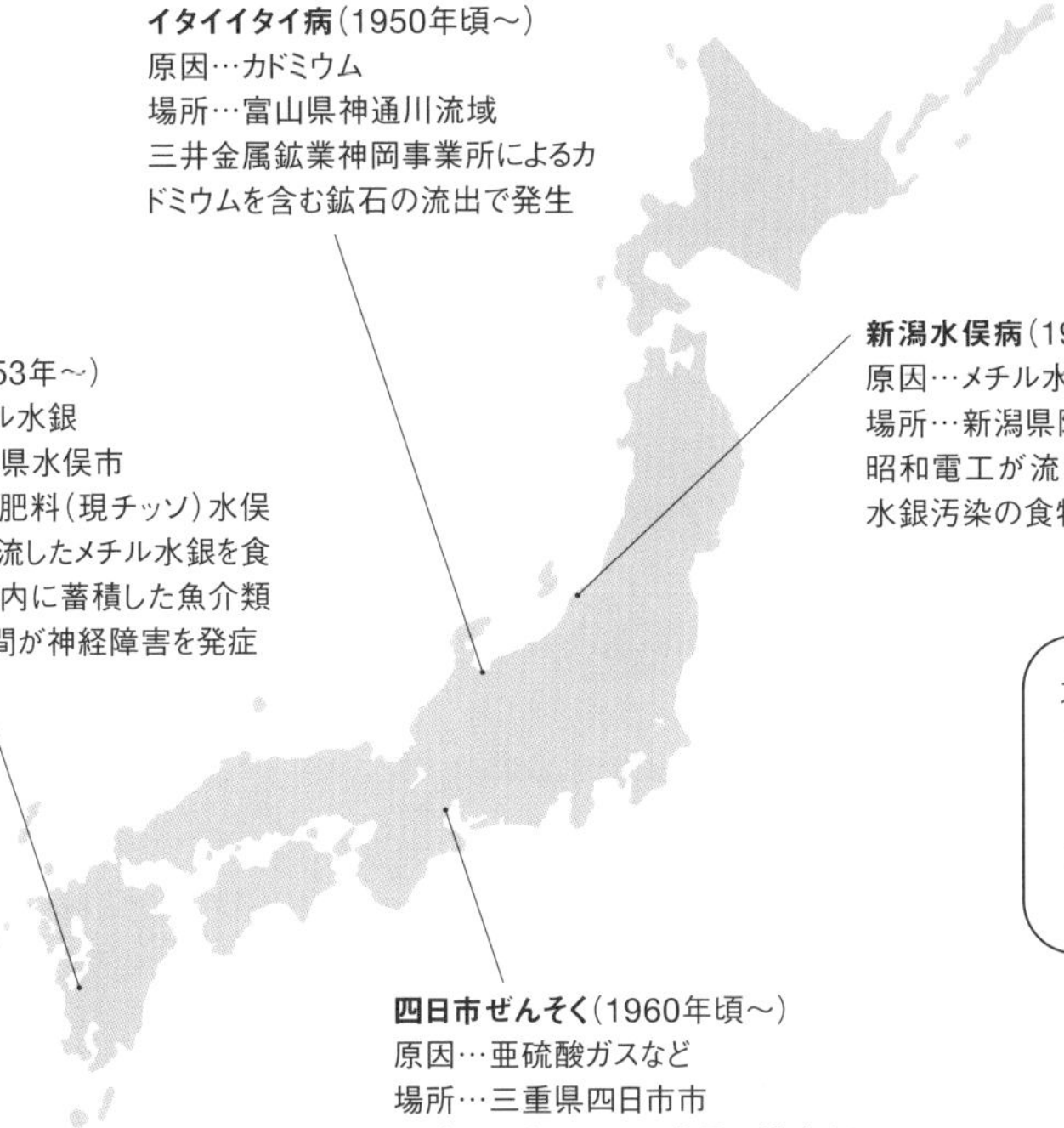
イタイイタイ病（1950年頃～）
原因…カドミウム
場所…富山県神通川流域
三井金属鉱業神岡事業所によるカドミウムを含む鉱石の流出で発生
水俣病（1953年～）
原因…メチル水銀
場所…熊本県水俣市
新日本窒素肥料（現チッソ）水俣工場が海に流したメチル水銀を食物連鎖で体内に蓄積した魚介類を食べた人間が神経障害を発症
新潟水俣病（1964年～）
場所…新潟県阿賀野川流域
昭和電工が流した廃水による水銀汚染の食物連鎖で起きた
場所…三重県四日市市
石油コンビナートから大量に排出された亜硫酸ガスによる大気汚染で発生

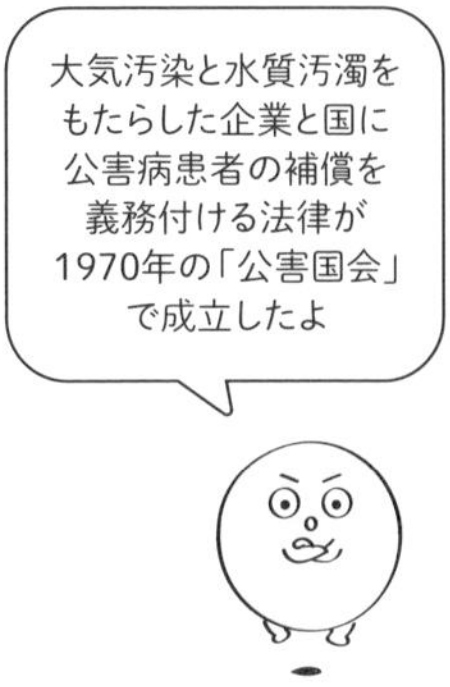

公害反対運動から環境庁設置までの道のり

公害病患者の救済を求める抗議活動がようやく実を結んだのが1970年の公害国会。翌年、法制化された措置を講じる官庁である環境庁が発足しました。

東京・丸の内の新日本窒素肥料本社前で座り込みを続ける熊本県水俣の漁民たち。「水俣病で売れない魚の補償をしろ」という声が響く（1960年4月）

1950年～	日本各地で住民による公害への抗議行動が始まる
1953年	水俣病公式第一号患者発病（56年に判明）
1959年	水俣病漁民騒動
1960年～	住民運動激化。公害反対の世論が高まる
1967年	公害対策基本法成立
1968年	大気汚染防止法成立
1970年	公害国会の召集
1971年	環境庁の発足
1973年	公害健康被害補償法の制定

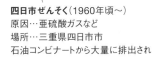

8

国際社会の課題

地球レベルで環境問題を考える

地球温暖化問題をめぐる国際的な動き

工場からの排気・排水などが原因となる公害の被害が及ぶのは、工場が立地する地域に住む人びと、地域の自然に限られています。つまり加害者と被害者が近距離にいるという意味で、公害はローカルな「地域規模」の環境問題と言えます。環境問題を日本のマスメディアが関心を持つきっかけとなったのは、1988年にトロントで開催された先進7カ国サミットでした。このサミットで地球環境問題が議題に取り上げられ、サミット終了後にカナダ政府主催の「地球環境をめぐる国際会議」が開催され、二酸化炭素（CO^2）排出量をこのまま増やし続ければ、南極氷山や山岳氷河の溶融により海水面が上昇し小さな島国が水没する、という衝撃的な予測が報告されました。

地球温暖化がG7サミットの主要課題に

世界の平和と安全を脅かす「敵」への対処がG7の課題です。1975年の発足当初は対産油国、80年代半ばまでは対ソ連、次が対地球温暖化だったのです。

● 地球全体の目標

1997年の気候変動枠組条約第3回締約国会議（COP3）は10年後の温室効果ガス排出量を先進40カ国全体で90年比少なくとも**5％削減**することを定める京都議定書を採択しました。2015年のCOP21は2050年の世界の平均気温上昇を産業革命期前と比べて**2℃未満に保つとともに1.5℃未満とするよう努力**することを全締約国に義務付ける**パリ協定**を採択しました。

● 地球温暖化ってどういうこと?

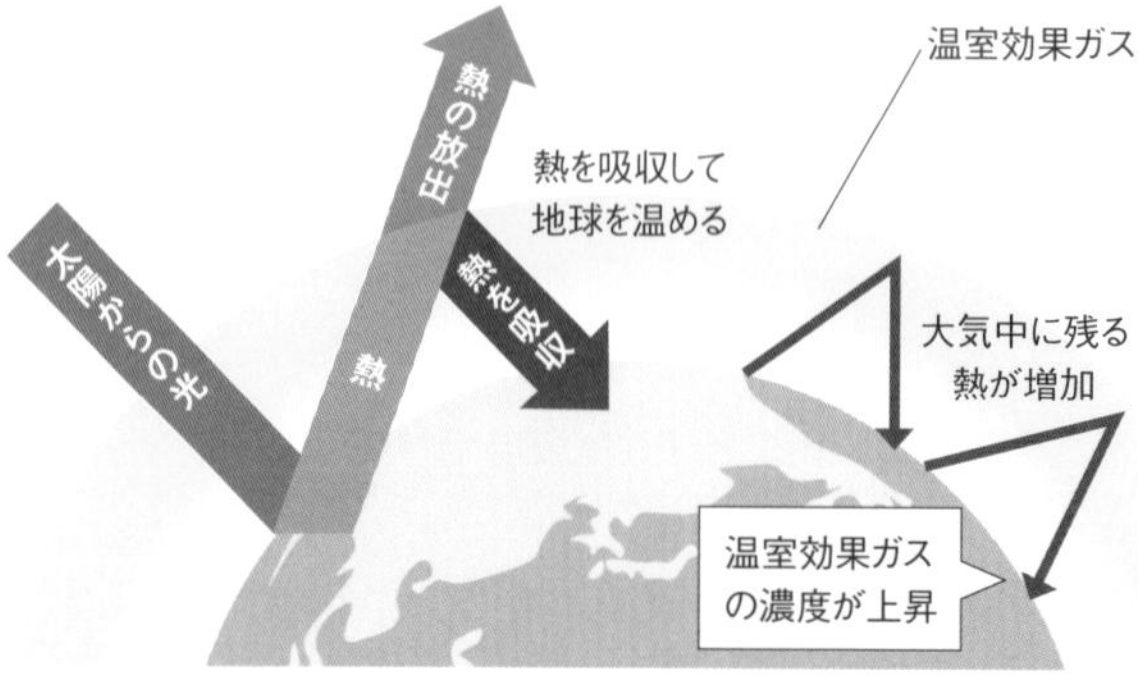

太陽光で温められた地表から放射される熱は大気中の温室効果ガスが吸収し、動植物が生存できるレベルに気温を保つ。温室効果ガスの大気中濃度の上昇に伴い地表は温暖化する

温室効果ガスとはなんなのか

温室効果ガスには、二酸化炭素（CO_2）だけでなくメタン（CH4）などさまざまな種類のガス（＝気体）が含まれています。最も排出量が多いのが二酸化炭素ですが、次いで多いメタンも無視できません。

● 温室効果ガスの種類

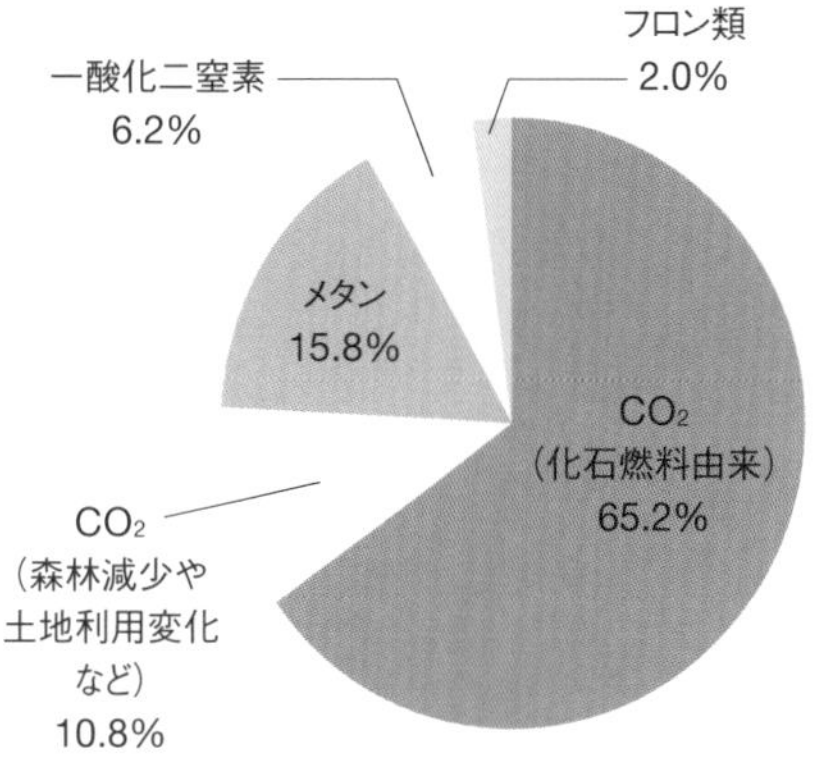

人為起源の温室効果ガスの総排出量に占めるガス別排出量（CO_2換算）の内訳
出典：IPCC第5次評価報告書
各種ガスの排出量：2010年の割合

二酸化炭素の主な発生源は動物の呼吸、木材の燃焼、化石燃料（石炭・石油・天然ガス）の燃焼。メタンは稲作・家畜の腸内発酵、汚泥・廃棄物など。一酸化二窒素は工業プロセスによって、代替フロン2種はスプレー・エアコン・冷蔵庫の冷媒、化学物質や半導体の製造プロセスなど

このまま地球温暖化が進むとどうなる？

温暖化の進行により豪雨・干ばつなど気象災害が頻発します。海水温上昇は魚の生息域を変化させ日本近海で漁獲される魚の種類が変わり、農林水産業に深刻な影響を及ぼします。

● IPCC（気候変動に関する政府間パネル）※による将来予測

- 21世紀半ばまでにCO_2排出量を実質ゼロ（排出量を吸収量以下）にしないと産業革命前に比べて平均気温が2℃以上も上昇する
- 豪雨、異常気象が頻発して食料危機を招き、環境難民が押し寄せてくる
- CO_2の排出削減をしないと山岳氷河や南極の氷が溶けて、2100年には海面が84cm上昇し小島嶼国は水没する

※IPCC（気候変動に関する政府間パネル）…世界気象機関（WMO）及び国連環境計画（UNEP）により1988年に設立された政府間組織。2023年3月現在、195の国と地域が参加。

9

気候変動への取り組み①

「持続可能な開発」はどう生まれた？

地球規模の環境と開発の国際的合意への道

地球環境問題への関心の高まりに応えて、1992年、リオデジャネイロで「環境と開発に関する国連会議」を国連が主催しました。この会議において採択された気候変動枠組条約は155カ国の批准を得て94年に発効しました。95年には、第1回の気候変動枠組条約締約国会議がベルリンで開催されました。これに先立つ87年、国連の「環境と開発に関する世界委員会」（委員長を務めたノルウェー元首相ブルントラントの名前から通称ブルントラント委員会）の報告書『我らが共有の未来』が「持続可能な開発」（Sustainable Development）という目標を掲げました。「将来世代のニーズを満たす能力を損なうことなく、今の世代のニーズを満たすような開発」を目指そうというのです。

1992年に「地球サミット」がリオで開催

持続可能性という基準に照らして、すべての国の公平なパートナーシップの構築を目指す画期的な国際会議になりました。

「リオ宣言」を採択した地球サミットが閉幕後、国連旗を手にするガリ国連事務総長（当時）、コロル・ブラジル大統領（当時）、サッカーのペレ元選手ら

● 地球サミットで採択された5つの条約と宣言

環境と開発に関するリオ宣言	環境保全に配慮しつつ、持続可能な開発を進めることを宣言する。
気候変動枠組条約	気候変動の緩和（温室効果ガスの排出削減）のための国際協力の枠組みを定める条約。排出量が世界全体の55%を超える155カ国以上が批准し1994年に発効。
生物多様性条約	生物多様性の保全や遺伝子資源の保護を目的とする条約。生物多様性の損失は感染症の発生源の一つである。
森林原則声明	今ある森林の保護と育成を求める声明。途上国の反対により「条約」ではなく「声明」にとどまった。
アジェンダ21	21世紀に向けて、持続可能な開発を達成するべく、各国政府・国際機関などが何をすべきかを定めた規範。

*Our Common Future*で示された「持続可能な開発」

1984年、国連総会の決議に基づき設置された「環境と開発に関する世界委員会」が公表した報告書に、SDGsの語源となるSustainable Development（持続可能な開発）というキーワードが登場します。地球全体での持続可能性となると、先進国と途上国の協調と協力、そして自然と人類の共存が必要となります。

無制限な開発による環境汚染と環境破壊は
人びとの生活基盤そのものを奪うことになりかねない

開発と環境保全を両立させ「将来世代のニーズを満たす能力を損なうことなく、今の世代のニーズを満たすような開発」

＝

持続可能な開発

を進めることができる

1987年4月27日、ロンドンでの記者会見で***Our Common Futre***『我らが共有の未来』を定義したノルウェーのブルントラント元首相

●「将来世代のニーズを損なわずに今の世代のニーズを満たす」とは？

今の世代

将来世代

持続可能

気候変動を緩和させ、海洋や河川を汚さない。大気を汚染せず、森林の伐採を避け、生物の多様性を守る

温暖化などの気候変動は最小限にとどまり、きれいな大気・河川・海洋・森林が保たれ、食料やエネルギーに不足はない

持続不可能

化石燃料を主要なエネルギー源とし続ける。森林を伐採して宅地やゴルフ場を造成し続け、海にゴミを捨て続ける

猛暑・豪雨・干ばつ・海水温上昇などが食料とエネルギーの不足をもたらす。感染症のパンデミックが多発し、国際紛争が絶え間なくなる

地球資源には限りがあり、壊れた自然環境を元に戻すのは不可能に近いです。資源を無駄遣いし、自然環境を汚染・破壊すれば、将来世代が、資源の枯渇、自然災害の頻発、食料の不足などの災禍に見舞われます。将来世代に迷惑をかけないよう現世代は気をつけないといけません。

10 気候変動への取り組み②
京都議定書とはなんだったのか

先進国の温室効果ガス排出量の削減目標を定めた

１９９７年12月、第３回気候変動枠組条約締約国会議（ＣＯＰ３）が、１９７カ国・国際機関の参加のもと、京都で開催されました。会議は京都議定書を採択して閉幕しました。議定書の主な要点は次の通りです。⑴先進40カ国全体で少なくとも５％排出削減する。⑵各国の実情に配慮して国別に差異化を施す。例えばＥＵ諸国８％、アメリカ７％、日本６％など。⑶二酸化炭素以外の５つの温室効果ガス（メタン、代替フロンガス等）をそれぞれの温室効果に応じて、二酸化炭素に換算した値の合計を削減目標値とする。⑶森林の吸収分を排出量から引き算する。⑷２００８～12年の５年間の平均排出量を削減対象とする。⑸排出権取引など市場を活用する手法の活用を認める。

先進国が気候変動緩和策に取り組むきっかけに

1990年、世界のCO_2排出量の過半を先進国が占めており、1人当たり排出量を比べるとアメリカは全体の4分の1を占め、当時の中国の10倍余りでした。「気候変動の責任は先進国にある」ことがはっきりしました。

● 京都で開催されたCOP3

COP3は1997年12月1日から10日まで京都国際会館で開催された。日本の環境大臣が会議の議長を務め、橋本龍太郎首相（当時）、アル・ゴア米副大統領（当時）ほか各国首脳が全体会議に出席し演説した

● 京都議定書の発効条件

1. 55カ国以上の国が批准する

2. 批准した国のCO_2排出量（1990年の総和）が地球全体の55％になる

「批准」とは、条約に
拘束されることについて
国の合意を確定することだよ
日本の場合は
衆参両院での
可決だね

アメリカの京都議定書をめぐる動き

当時のアメリカ大統領で民主党のビル・クリントンは温室効果ガスの7%削減義務を進んで受け入れました。しかし、2000年の大統領選挙でアル・ゴア候補を破り大統領になった共和党のジョージ・ブッシュは、就任して間もなく京都議定書からの離脱を宣言しました。

● 大きな痛手となったアメリカの離脱

離脱の理由として挙げられたのは、京都議定書が中国をはじめとする途上国に義務を課していない点です。アメリカの離脱により発効条件(2)が満たされなくなりましたが、2004年11月のロシアの批准により議定書は再発効しました。

アメリカが離脱後、
2004年にロシアが
批准したよ
ロシアの批准によって
条件を満たし、
2005年に京都議定書は
発効となったんだね

United Nations
Third
Kyoto

1997年12月8日、京都での記者会見でジャーナリストの前で話す、当時のアメリカ副大統領アル・ゴア。京都議定書がまとまったのは、ゴア副大統領の力によるところが大きい

もめた二酸化炭素削減数値

京都会議では、削減目標を温室効果ガス排出量にするのか、それともネット(正味)の排出量(自国の森林で吸収されるを二酸化炭素を排出量から差し引く)にするのかで最終日の未明までもめました。

樹木は大気中の
CO_2を吸収し、
光合成によって
成長するよ
森林はCO_2の
吸収源なんだね

● 森林と海が二酸化炭素を吸収する

産業革命以前、動物の呼吸、炊事・暖房用の枯れ木や薪の燃焼により排出された二酸化炭素を森林や海の植物が吸収し、実質的な排出量はゼロだったため、大気中のCO_2濃度は280ppmに保たれていました。エネルギー起源CO_2排出量が増えた今でも、世界の総排出量の約半分を森林と海が吸収してくれますが、大気中CO_2濃度は420ppmにまで上昇しました。

11

発展の格差を是正する

発展途上国を援助する仕組み

先進国と途上国を区別するものは何か

京都議定書は先進40カ国に対してのみ温室効果ガスの排出削減を義務付けました。先進国以外の150余の国々を発展（開発）途上国と言いますが、世界の国々を2つに仕分けする基準である発展（または開発）とはなんでしょうか。SDGsのDは発展（または開発）を意味する英語developmentの頭文字です。発展という言葉は物事が「進み広がる」こと、開発とは物事を「推し進め切り拓く」ことを意味します。SDGsの日本語訳としては「持続可能な開発目標」が充てられます。「開発する」という言葉は自然・社会・経済を目的語とする他動詞です。先進国と途上国を区別するのは社会、経済の発展（自動詞）または開発（他動詞）のレベルの高低なのです。

途上国と先進国、新興国

「発展を遂げる」とは狭義では「工業化の進展」を意味します。工業の就業者比率が農業のそれを上回り、農村から都市へ人口が移動し、1人当たりの所得が上昇します。途上国の中でも工業化の進展が一段落した国々（中国・インド・ブラジル等）を新興国と呼びます。

● 発展途上国と新興国の分布図

□＝発展途上国
■＝新興国

※OECD「DACリスト」より作成

発展途上国はアフリカ、中南米、東南アジア、南アジア、中東に偏在しています。サハラ以南のアフリカ諸国と南アジア諸国が最貧国と呼ばれます。

OECD加盟国

OECDとは「Organization for Economic Co-operation and Development」の略で、経済協力開発機構と日本語訳されます。世界経済の発展や福祉向上を目指す国際組織です。加盟国は2022年末時点で先進38カ国、アジアの加盟国は日本と韓国のみです。

途上国と先進国の生活水準格差

途上国と先進国の格差はさまざまな面で顕著です。下に例示される格差を是正することがSDGsの主たる目的です。従来型の政府開発援助（ODA）に代わる、費用対効果に優れた人材・資金・技術面での国際協力のあり方が問われています。

サハラ以南のアフリカ地域、西アジア地域では5人に1人が小学校に通えない
出所:日本ユニセフ協会

世界196カ国で水道水がそのまま飲める国は、日本を含むたった9カ国
出典:国土交通省「日本の水資源の現況／世界の水資源の現状」（令和4年度）

2017年には、世界の最も豊かな1%の人が世界全体の富の約33%を持っていた
出所:日本ユニセフ協会

サハラ以南のアフリカ諸国では5歳未満の子どもの死亡率は13人に1人
出所:日本ユニセフ協会

世界で電気のない生活を送っている人の割合は10人に1人
出所:国連支援センターホームページ

世界の最も貧しい国々では5歳から17歳までの子どもの5人に1人が労働を強いられている
出所:日本ユニセフ協会

知っておきたい政府開発援助（ODA）

途上国の発展（開発）を資金・人材・技術の面で先進国が支援する制度が政府開発援助（Official Development Assistance）です。インフラ整備、人材育成、法制度整備、感染症対策などが資金援助のおもな目的です。資金供与には無償（贈与）と有償（低利・長期の緩やかな条件の融資）があります。民間企業や非営利団体（NPO）による援助もあります。

● 経済協力の種類

- 経済協力
  - 公的資金 Official Flow（OF）
    - 開発協力
      - 政府開発援助 Official Development Assistance（ODA）
    - その他の公的資金の流れ Other Official Flow（OOF）
  - 民間資金 Private Flow（PF）
  - 非営利団体による贈与 Grants by Non-profit Organization

出所:外務省ホームページ

世界銀行は途上国を3つに分類

世界銀行は、発展途上国を低所得国、下位中所得国、上位中所得国の3つに分類します。低所得国は1人当たり国民総所得（GNI:Gross National Income）が1,005米ドル以下の国、下位中所得国は1,006米ドルから3,955米ドルまでの国、上位中所得国は3,996米ドルから12,235米ドルまでの国とされます。

12

GDP世界第2位

中国はどうやって経済大国になったのか

日本を追い抜き 世界第2位の経済大国への道

勤勉かつ有能な労働者を安い賃金で雇えること、土地を安く買える（借りられ）こと、治安がよく政治的に安定していること、この3つが製造業の工場の立地条件です。21世紀初頭の中国は、これら3つの条件を十分満たしていました。欧米・日本の製造業、とりわけ加工・組立に人手を要する電機産業各社は、国内の工場を中国に移転させました。その頃、中国の農村には働きたくても働く場がない人が多数いたので、先進国の企業は彼らを工場労働者として雇い、企業は生産コスト減、彼らは所得増というWin-Winの関係が築かれました。中国は年率10％近くの高度成長を持続し、２０１０年には日本を追い抜き、アメリカに次ぐＧＤＰ世界第２位の経済大国となりました。

貧しい国から「世界の工場」へ

中国は初等中等教育が充実しており、工場労働者としての必要な知識を習得する「読み書きそろばん」の能力を備えている人の割合が高かったため、日米欧の企業が生産拠点を移転できました。

● 改革開放と経済成長

中国共産党の指導者・鄧小平は、文化大革命終結後の1978年、疲弊した中国経済を立て直すべく改革開放を宣言した

改革開放により、先進国の製造業各社が一斉に生産拠点を中国に移転しました。共産党一党支配体制のもとで市場経済を導入する「社会主義市場経済体制」への移行により、中国は高度経済成長を持続しました。

アメリカや日本への中国人留学生も増えたんだ
留学して専門的知識や技術を身につければ高い給料がもらえるからね

GDP世界1位のアメリカを猛追する中国

かつて世界2位だった日本は2010年に中国に追い抜かれ、1980年に中国の4倍近くだった日本のGDPは2020年に中国の3分の1になりました。

● 日本・中国・アメリカなどの名目GDP

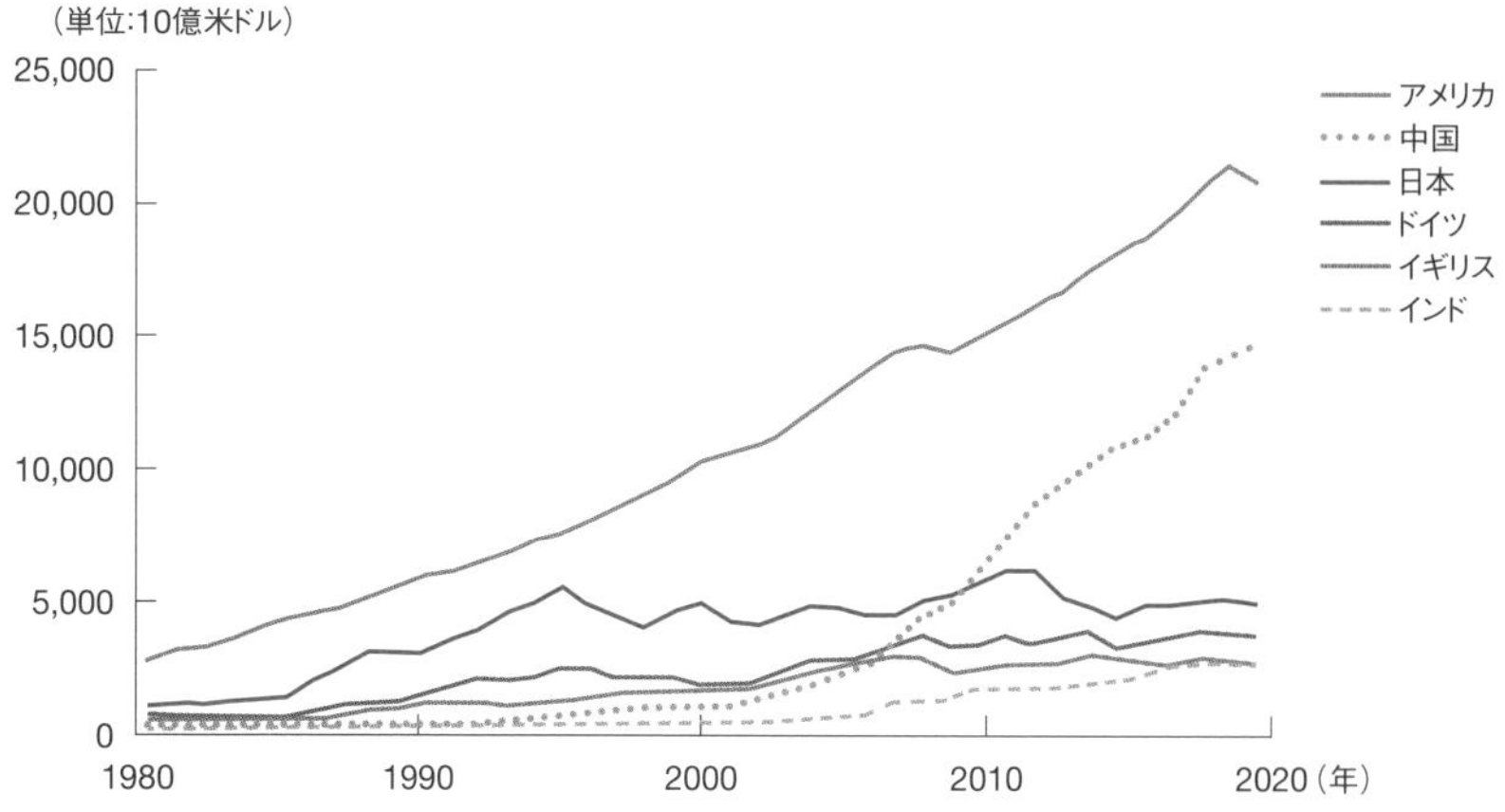

出所:IMF"World Economic Outlook Database, April 2021"より作成

学術論文数でもアメリカを抜き世界一に

学術・科学研究とりわけ先端科学分野での中国人科学者の躍進もまた目覚ましく、研究成果である学術・科学論文数の国際競争で2018年に中国はアメリカを追い抜き、その後も差を広げています。世界大学ランキングでも中国の大学は日本の大学を圧倒しています。

● 学術・科学論文数の世界ランキング

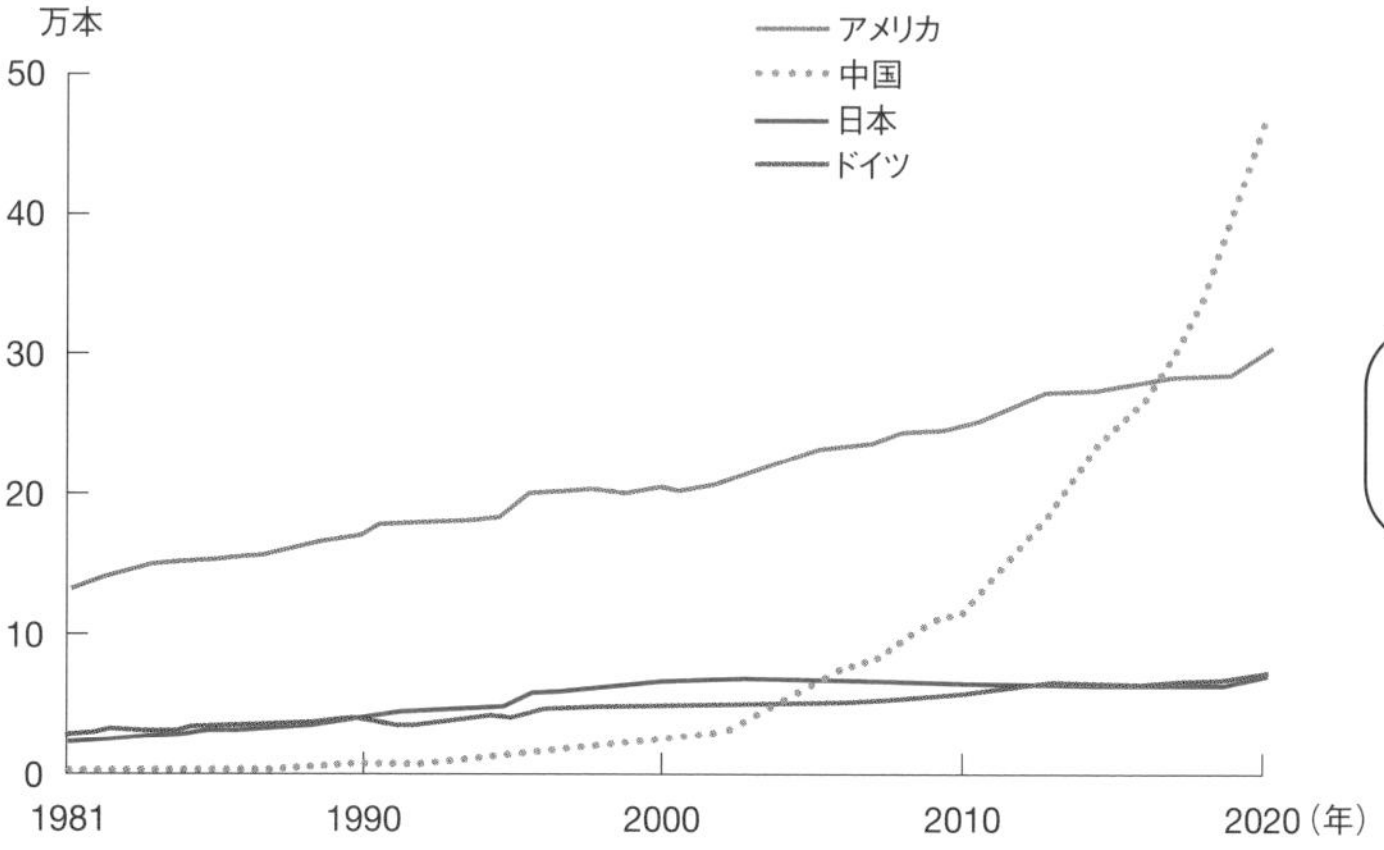

出典:文科省科学技術・学術政策研究所

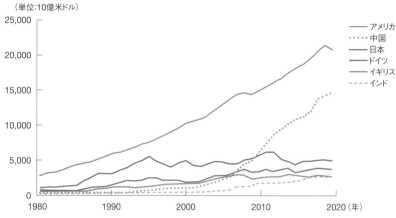

13

所得格差と環境汚染

中国経済の成長とひずみ

先進国の生産拠点となった中国で起きたこと

21世紀に入り先進国の企業が相次いで生産拠点を中国に移転したため、中国は高度経済成長を成し遂げました。しかし、早すぎる経済成長は副作用を伴います。一つ目は所得格差の拡大です。経済発展の結果、さまざまな格差が拡大しますが、顕著なのが都市と農村の格差です。二つ目は、環境汚染です。大都市圏での自動車の排気ガスが大気汚染を、工場の排水が河川や海洋の水質汚染を引き起こします。2006年、中国のCO_2排出量はアメリカを追い抜き世界一に。中国に遅れて工業化した東南アジア諸国も深刻な格差拡大と環境汚染を経験しました。東アジアでの経験に照らして、従来型の経済発展のあり方を見直そうとの機運が世界的な高まりを見せ始めました。

社会主義市場経済とはなんなのか

鄧小平は、政治は社会主義のまま、市場経済体制を導入しました。経済成長は一気に進みましたが、経済成長に取り残される農民は貧しさから抜け出せませんでした。

共産党一党支配体制のもとではすべての企業が国営であり資本家はいない。市場経済のもとでは企業を創設・経営する資本家と企業に雇われる労働者の間に大きな所得格差が生まれる

●北京オリンピックと高度成長期の幕開け

2008年の北京オリンピック開催が中国の経済成長を加速させました。オリンピック開催は競技場・宿泊施設・空港・道路などの産業基盤の整備・充実を促すからです。1964年の東京オリンピック時の日本も同じでした。関連施設の建設・東海道新幹線と名神高速道路の開通、カラーテレビの普及などがオリンピック景気をもたらし、日本を先進国へ向けて「離陸」させました。

2007年、建設途中のオリンピックスタジアム。北京オリンピックまであと1年

あっという間に自転車から自動車へ

1980年代から90年代にかけて、北京や上海などの都市部での主な移動手段は自転車でした。街を走る自動車の大半がタクシー、トラック、バス、公用車で、自家用車はほとんど見かけませんでした。2000年代に入ると自家用車が増え始め、主要都市内・都市間に高速道路が張りめぐらされるようになりました。

2004年。増え続ける車と林立する建設用のクレーン

先進国の
自動車大手メーカーの
ほとんどが中国市場での
チャンスをつかもうと、
中国に進出したよ

Q&A

中国ではどの国の車が人気?

中国の乗用車販売台数の国別シェアは、中国系が44.4%、ドイツ系と日本系がそれぞれ20.6%、アメリカ系が10.2%、韓国系が2.4%、フランス系が0.6%。意外なことに、国産車の割合が高いのです。改革開放後、すぐさまフォルクスワーゲンと現地法人との合弁会社が1983年にサンタナを売り出し人気を博しました。

高度経済成長のひずみとしての環境汚染

中国だけでなく、日本、韓国も経済成長のスピードが余りにも速すぎたため、東アジア全体で大気汚染・河川の水質汚濁などの環境問題があらわになりました。

● PM2.5による大気汚染

自動車、特にディーゼル車の排気ガスに含まれるPM2.5(微小粒子状物質)は、呼吸器系や循環器系疾患を誘発するリスクがあります。PM2.5の規制は、硫黄酸化物(SOx)や窒素酸化物(NOx)の規制に遅れて2007年にようやく施行されました。

大気汚染が悪化の一途をたどる2015年頃の中国では、北京や上海の大都市でPM2.5用の防毒マスクを装着する人の姿も

中国の大気汚染の被害は国内にとどまらない

中国の大気汚染は偏西風によって日本にも影響が及びます。2013年以降、中国の国家および各省の大気汚染対策費が増額され、樹木を立ち枯れさせたり河川や土壌を酸性化したりする酸性雨の原因となるSOxやNOx、PM2.5を排煙・排気ガスから除去する装置の設置が進みました。

14

工業化から情報化へ

スマホが社会にもたらしたものとは？

必要とするほとんどの情報をスマホで入手できる時代へ

ｉＰｈｏｎｅがアメリカで発売されたのは２００７年６月。工業化社会は終わり、情報化社会へと進化するだろうとの予測が語られ始めたのは、60年代のことです。とはいえ、工業化社会から情報化社会への移行が誰の目にも明らかになったのは、このｉＰｈｏｎｅ初号機が発売されて以降のこと。情報化社会の象徴であるコンピュータ機能を持った携帯電話を、誰もがポケットやバッグの中に収めていることは、まさしく情報化社会の到来を意味します。21世紀の最初の20年間に情報機器はすさまじい勢いで小型化・高速化・大容量化を遂げました。必要とする知識のほとんどを、スマートフォンで入手できるようになったのです。

ショルダータイプから手のひらサイズへ

コンピュータが軽量化・高速化・大容量化を遂げてきたのと同じく、携帯電話もまた3kgの肩掛け型から200g強の折り畳み式を経て、100g前後で高速・大容量のスマートフォンへと進化してきました。

● 携帯電話・スマホの変遷

1980年代

ショルダーフォン登場。重量は約3kg

携帯電話の初号機。小型・軽量化し、重量は約900gに

1990年代

ハンディな携帯電話の登場

第2世代は電子メールやインターネットが可能に

2000年代

第3世代は国内外で同じ端末を使えるように

iPhone誕生。重さはわずか135g

日本のスマートフォンの保有率は69.3%

今やスマホは生活必需品のようになりました。ネット通販、ニュース閲覧、辞典・地図・時刻表の検索、メールの送受信、SNSなど、日常生活の利便性向上のためにスマホは欠かせません。

● スマートフォン保有率(2020年)

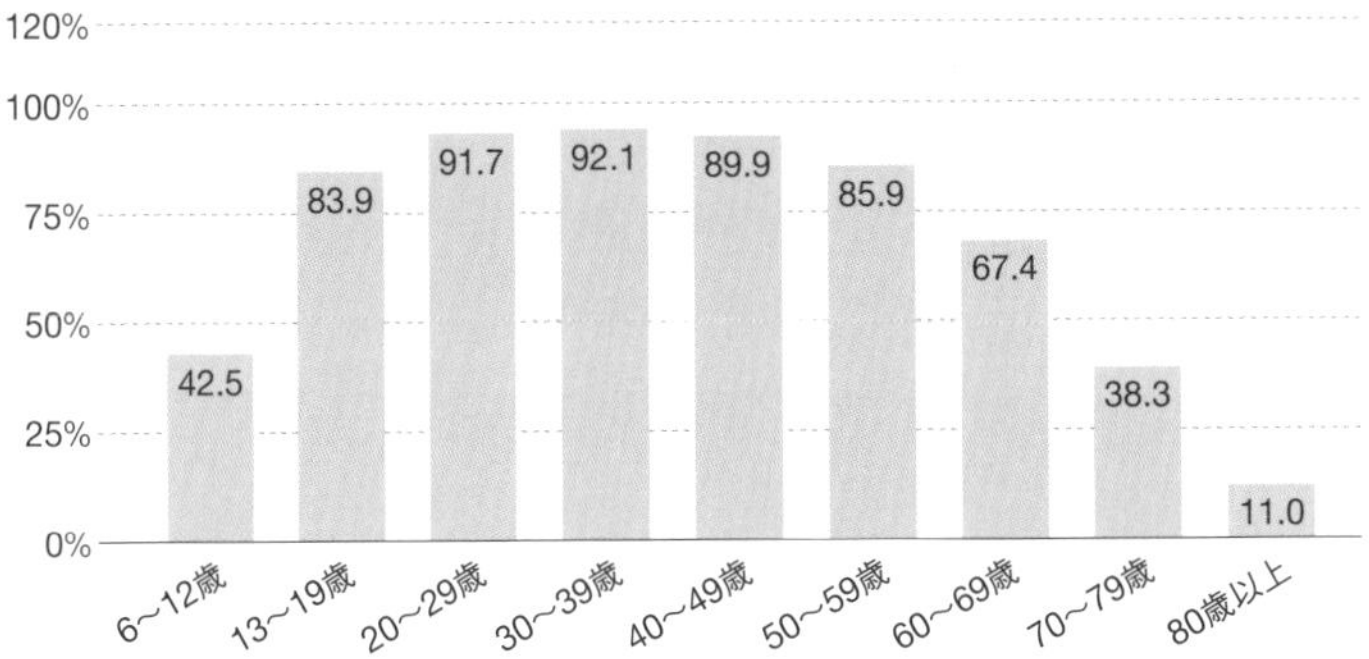

出典:総務省「令和2年通信利用動向調査」

スマホの普及で小売店が消える時代へ

スマホの普及の最大の被害者は小売店です。スマホでネットショップ(通販)に注文すれば、翌日には商品が届きます。書籍ならすぐにスマホにダウンロードして読み始めることができます。生鮮食料品ですら今やオンラインで注文できます。小売店は創意工夫をして、生き残り策を講じる必要があります。

注文したけれど品物が届かない、スマホの画面で見たものとは似て非なるものが届いた、サイズが合わない靴や衣服を返品できない、「限定」「最後のひとつ」などの言葉に惑わされてしまう、クレジットカードの情報が漏洩するなど、ネットショッピングの落とし穴にはまらないよう気をつけよう

● 株式の時価総額で上位を独占するGAFAM

2022年6月末、グーグル(G)、アマゾン(A)、フェイスブック(F)※、アップル(A)、マイクロソフト(M)のアメリカIT大手5社は時価総額ランキングの上位に並んでいました(AMGAが2位から5位、Fが11位)。1位は石油のサウジアラムコです。Fが5位から11位に落ちたことが示す通り、GAFAMは人員削減を始め頭打ちの気配が垣間見られます。

※Fのフェイスブックは、2021年に社名をメタに変更。

Q&A iPhoneが発表された2007年1月にアップル株を買っていたら?

2007年1月9日の発表時にアップル株(終値$3.31)を1万ドルで買っていたら、2023年1月10日(終値$130.73)現在、39.49倍($39万4900)にまで膨らんでいることに。

15

会社は誰のものか

「株主資本主義」から「公益資本主義」へ

会社は「株主のもの」ではなく「社会の公器」という概念へ

２０１０年頃まで、市場経済のもとで、自社の株価を上昇させることを最優先の使命とすべきである、とほとんどの経営者が考えていました。ところが08年の国際金融危機などがきっかけとなって、株主の利益のみを追求する企業行動は、消費者目線に「かっこ悪い」と映るようになり、なんらかの社会的共通価値の達成をも企業経営の目標に掲げる企業が「かっこいい」と評価されるようになりました。消費者が変われば企業もまた変わらざるを得ません。こうして消費者の意識の変化を受けて、社会的共通価値の向上を目指すことが企業にとっての生き残りの条件となったのです。社会的な共通価値とはなんでしょうか。その答えはＳＤＧｓに具体化されています。

社員や株主だけではなく、地域や地球のためにも

企業の活動に対して直接・間接的に利害関係を持つ団体または個人のことを「ステークホルダー」と言います。社員・株主・顧客・取引先などは直接的な利害関係を持ちますが、企業の工場が立地する地域、住民、国、そして地球は間接的な利害関係を持ちます。企業はすべてのステークホルダーの満足を目指さなければなりません。

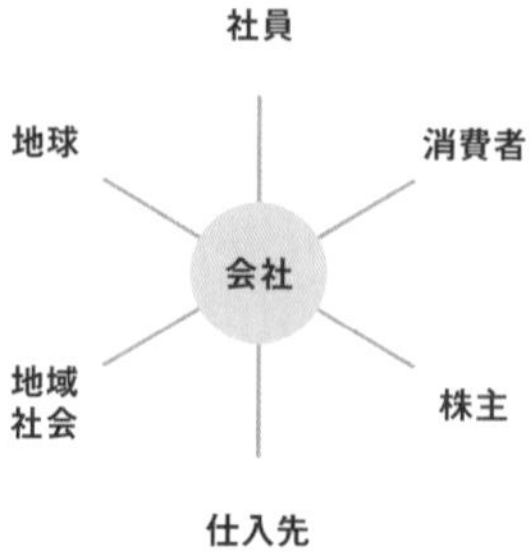
社員
地球
消費者
会社
地域
社会
株主
仕入先

会社と株主の利益だけではなく
消費者・地域・地球の
利益にも気を配らないと
企業は生き残れない
時代になったんだ！

● 公益資本主義の考え方は江戸時代にもあった?

三方よし

商売は売り手と買い手を満足させるだけではなく世間への貢献も果たさなければならないとする近江商人の経営哲学です。イラストは江戸から明治にかけての近江商人の典型的な行商姿です。

世間
よし
買い手
よし
売り手
よし

買い物は投票ー消費者行動の進化ー

消費者が商品選択する際、まずは価格と品質・機能を確かめ、安くて品質の優れた商品を選びます。成熟社会の消費者の多くは、製品の環境負荷、メーカーの社会貢献・環境保全への取り組みをも品質の一部にカウントします。

商品選択の動機

- 品質が優れている
- 価格が安い
- 広告を見て欲しくなる
- 誰かに勧められた
- 周りの人が持っている

消費者行動の進化 ➡

成熟社会での商品選択の動機

- メーカーの社会貢献の実績
- 製造過程で自然破壊や環境汚染をしていない
- 製造過程での省エネとCO_2排出量削減
- 電化製品・自動車等などの省エネ性能
- 海外生産の場での環境と人権への配慮

市場経済の主導権は
消費者が握っているんだね
社会や環境に配慮して商品を
選ぶ消費者が増えてきたよ

SDGsの取り組みが企業価値となる時代へ

SDGsの達成を先進国の企業や市民は「負担」と考えるかも知れません。しかし、途上国がさまざまな意味で豊かになり地球規模の持続可能な開発を促すことは、先進国の企業と市民にも応分の恩恵を及ぼすのです。

食料と農業　**都市**　**エネルギーと材料**　**健康と福祉**

4つの経済システムで

↓

2030年までに企業がSDGsを達成することにより

年間12兆ドル（約1,320兆円）の経済価値

最大3億8,000万人以上の雇用の創出

の可能性を2017年のダボス会議(※)で発表

※スイス・ジュネーブに本拠を置く世界経済フォーラム（WEF）がスイス東部の保養地ダボスで開催する年次総会。

COLUMN2

私たちのSDGs

私の意識高い行動

13年前に長男を出産したのを機に、フェアトレードのコーヒーやチョコレート、オーガニックコットンの衣料品や布ナプキンの使用など、人と地球にやさしいかどうかを基準に商品を選ぶようになりました。最大の買い物は、日本の森を守るために持続可能な林業を営む林業者から直接木材を仕入れている工務店で家を建てたことです。

編集協力／羽田朋美

2年前、優れた医療体制と医療技術が整っている環境の中で私の孫が472グラムの超未熟児で産声をあげました。おかげさまで順調に育っています。母子の命を救ってくださった感謝の気持ちを込めて途上国への募金を続けています。

著者／泉 美智子

子どもの頃から質素倹約な生活習慣になじんできました。1980年代後半のバブル経済期には違和感と不快感を禁じ得ませんでした。97年の京都会議以来、環境を経済に優先させる立場を貫いてきました。

監修者／佐和隆光

我が家は旦那と息子2人なので、「女の人って」「女性は」など、少しからかうような発言が出た瞬間に「MeToo！ MeToo！」と拳をあげて叫ぶ「ひとりMeToo運動」をしています。それは性別ではなく、個人の問題だから。また、我が家のフードロスを減らしたいと思い、野菜を食べ切る運動をひとりで頑張っています。大根の皮を醤油と酢に漬けた「漬物」はおいしいのですが、誰も食べないので、これも私ひとりで頑張って食べています。

ライター／元井朋子

子どもの頃から「男の子は青色、女の子は赤色」という分け方が好きではなかったので、息子には小さい頃からピンクや赤色も着せていました。大きくなった今でもそういう色に偏見を持つことなく身に着けています。

デザイナー／阿部智佳子

Chapter 2

MDGsとSDGs

世界が抱える問題の解決の糸口となる、
SDGsの17の目標を1つずつ解説！
SDGsの前進であるMDGsの8つの目標や
それぞれの違いについても紹介します。

1

SDGsの前身・MDGs

国連ミレニアム・サミットでMDGs採択

2015年までに達成すべき8つの目標

西暦２０００年は21世紀最後の年、２千年期最後の年でした。翌年から新しい千年紀（ミレニアム）が始まるということで、同年９月、国連はミレニアム・サミットを開催し、１８９の参加国の満場一致で、８つの目標を掲げるＭＤＧｓ（ミレニアム開発目標）が採択されました。８つの目標のいずれもが、かねて国連の経済社会理事会が注力してきた、経済・教育・医療・ジェンダー・環境における、発展途上国と先進国との格差解消を目指しています。先進国には途上国への資金・技術・人材の援助を、途上国にはさまざまな制度改革に取り組む自助努力が求められ、すべての国連加盟国が協力して、２０１５年までに８つの目標を達成することが、義務付けられました。

MDGsが採択された背景

20世紀末（2千年紀の最後の10年）に顕在化した地球が抱えるさまざまな課題解決へ向けて、新千年紀の最初の15年に達成すべき目標が国連で採択されました。

● 1990年代に「見える化」した地球にとっての深刻な課題

飢餓・貧困問題の深刻化	子どもの教育の機会の喪失
労働や教育における男女格差	紛争の激化
HIV/エイズ、マラリアなど感染症の蔓延	

● 21世紀に向けた国際社会の目標としてスタート

MDGs（ミレニアム開発目標）: 2001年 → 2015年

SDGs（持続可能な開発目標）: 2015年 → 2030年

前千年紀（ミレニアム）の「負の遺産」を返済する目標は、新千年紀の最初の15年で十分達成されたとは言えなかったため、2030年までの15年間に宿題を先送りしたのがSDGsだ

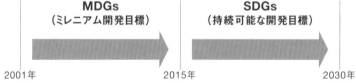

MDGsは2015年を達成期限としていたよ
MDGsは達成されたのかな?

8つのMDGs（ミレニアム開発目標）

MDGsが採択された2000年頃、経済・教育・医療などの分野での発展途上国と先進国の間の格差はとても大きかったのです。国連加盟国の過半が途上国であり、格差是正は最優先の課題でした。MDGsには、以下の8つの目標と、より具体的に示した21のターゲットが定められています。

1. 極度の貧困と飢餓の撲滅

2. 普遍的初等教育の達成

3. ジェンダー平等の推進と女性の地位向上

4. 乳幼児死亡率の削減

5. 妊産婦の健康の改善

6. HIV/エイズ、マラリアその他の疾病の蔓延防止

7. 環境の持続可能性の確保

8. 開発のためのグローバル・パートナーシップの推進

出典：国連広報センター

国連に活気をもたらしたMDGsの推進役

コフィー・アナン元国連事務総長は在職中（1997～2006）、MDGsの策定に精魂を傾けました。2001年に国連とともにノーベル平和賞を受賞したのは、その功績が評価されてのことでした。

● コフィー・アナン元国連事務総長とはどんな人物？

アナン元国連事務総長と国連のノーベル平和賞受賞発表後の記者会見（2001年10月）

1938年	ガーナで生まれる
1961年	アメリカ・ミネソタ州マカレスター大学経済学部卒業
1962年	世界保健機関（WHO）の行政・予算担当官の任務に就く
1980年	国連難民高等弁務官事務所（UNHCR）の人事部長の任務に就く
1993年	国連平和維持活動（PKO）担当国連事務次長の任務に就く
1997年	国連職員出身初の国連事務総長に就任
2000年	国連ミレニアム・サミットで国連ミレニアム宣言を採択
2001年	国連とともにノーベル平和賞受賞
2006年	国連事務総長を退任
2018年	80歳で死去

企業の社会的責任を自覚させたグローバル・コンパクト

1999年、アナン事務総長（当時）は世界経済フォーラム（ダボス会議）に出席し、企業経営者たちに対し「企業は人権・労働権・環境・腐敗防止などに関する10原則（グローバル・コンパクト）を順守する社会的責任を負うべきだ」と説き、2022年9月末現在、2万860の企業・大学・団体がグローバル・コンパクトへの賛同を表明しています。

2

MDGs（ミレニアム開発目標）1・2
極度の貧困と飢餓の撲滅
初等教育の達成

極度の貧困に苦しむ人は当初の半数以下に減少

「MDGs」の1番目は『極度の貧困と飢餓の半減』でした。1日1ドル25セント未満で暮らす人々を「極度の貧困」と言います。1990年に19・3億人（世界人口の47％）もの人が極度に貧困でしたが、2015年には8・4億人に半減（世界人口の14％弱に減少）。途上国における栄養不良者と低体重児の割合もほぼ半減しました。『MDGs報告2015』は目標1を「ほぼ達成」と評価。目標2「普遍的初等教育の達成」は途上国の初等教育就学率が90年の80％から15年の91％に向上。初等教育学齢期の非就学者数は00年の1億人から15年の5千700万人に減少。ただしサハラ以南アフリカでは、貧困家庭の子女の就学率が依然低位にある現状を『報告』は憂慮しています。

2人に1人が1日1.25ドル未満で暮らしていた

下図が示す通り、2010年頃はサハラ以南アフリカと南アジアの国々と、東アジアや中南米の国々との間の所得格差が際立ちます。

● 1日1.25ドルで暮らす人の割合

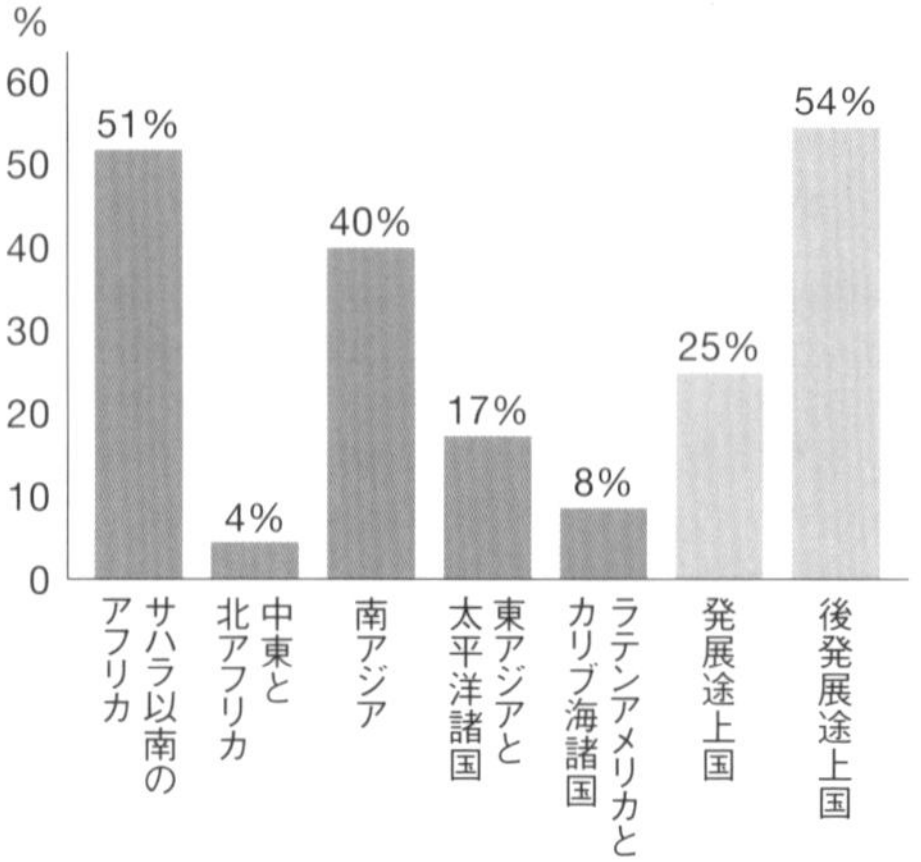

くわしくはP.79をチェック!

出典:「国際協力機構（JICA）DATA BOOK 2010」

現在は1日2.15ドルが国際貧困ライン

2015年10月以前は貧困ラインが1日1.25ドルでしたが、それ以降は1日1.90ドル、22年9月以降は1日2.15ドルに引き上げられました。世界銀行は2030年までに極度の貧困を世界全体で3%以下に引き下げることを目標に掲げています。

子どもたちが学校に通えないとどうなる?

非就学が原因で読み書き計算のできない成人の比率が高いと、人間の集団である国が「社会」として機能しにくくなります。

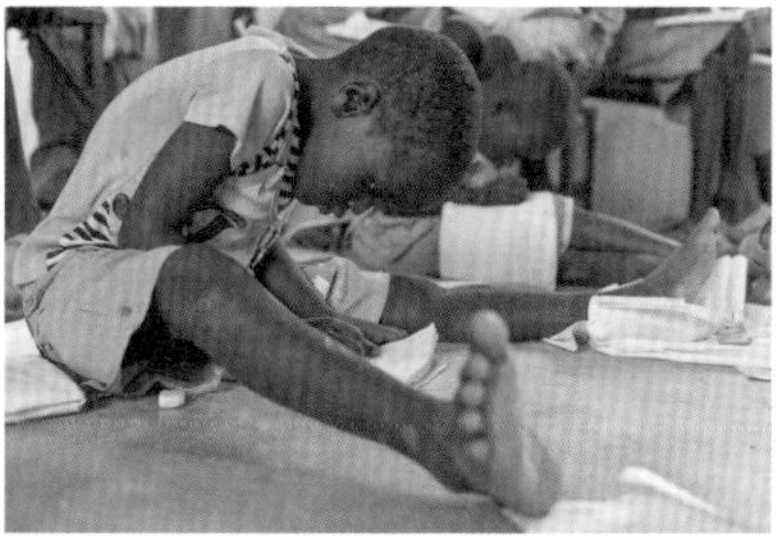

2011年にアラブ系国家スーダンから独立した南スーダンで、机も椅子もない教室で学ぶ子どもたち

● 子どもたちが学校に行けないのはなぜ?

- 家の手伝いをしたり、家計を助けるために働かなければならない
- 学校や教員の数が不足している
- 戦争や紛争に巻き込まれる
- 女性または少数民族だから
- 保護者が教育の重要性を理解していない

貧困と紛争が子どもたちから
教育の機会を奪うんだよ
貧困と紛争を免れようと
他国に逃れた難民の
子どもたちの教育は
どうなってるのかな

一部は劇的に改善するも、残る格差と課題

21世紀の最初の1年間に東アジア諸国と中南米諸国はMDGsの目標を達成しましたが、南アジアとサハラ以南アフリカ諸国は目標達成に程遠い結果となりました。

MDGsの目標	2015年最終報告におけるおもな成果	残る課題
1. 極度の貧困と飢餓の撲滅 • 1日1.25ドル未満で生活する人口の割合を半減させる • 飢餓に苦しむ人口の割合を半減させる	• 極度の貧困(1日1.25ドル未満)で暮らす人の数は1990年から2015年までに半数以下に減少 • 5歳未満児のうち、低体重の子どもの割合は1990年から2015年の間にほぼ半減	• 極度の貧困にいる人々の約80%が南アジアもしくはサハラ以南のアフリカで暮らしている • 低体重児の90%近くが南アジアもしくはサハラ以南のアフリカで誕生している
2. 普遍的初等教育の達成 • 世界中のすべての子どもたちが男女の区別なく初等教育の全課程を修了できるようにする	• 途上国の初等教育就学率は80%(1990年)から91%(2015年)に増加 • 学校に通っていない学齢期の子どもの数は1億人(2000年)から5,700万人(2015年)に減少	• 小学校に通っていない5,700万人のうち、3,300万人がサハラ以南のアフリカで暮らしている • 小学校に通っていない子どもの半数以上が女子

出所:日本ユニセフ協会

3

MDGs（ミレニアム開発目標）3・4 ジェンダー平等 乳幼児の命を大切に

死亡乳幼児の半数はサハラ以南アフリカに集中

目標3は「ジェンダーの平等の推進と女性の地位向上」。途上国におけるジェンダー問題は、教育、つまり初等教育における男女格差です。家事労働と育児に専従する女性に教育は不要というわけで、初等教育から女性を排除する途上国が少なくありません。前述の『報告』によると、途上国の3分の2以上で初等教育の男女格差は解消されましたが、サハラ以南アフリカ諸国では格差は放置されたままです。目標4は「乳幼児死亡率の削減」。乳幼児（5歳未満）の病死のほとんどが、医療の守備範囲内にあります。1990年に1270万人だった乳幼児死亡数は2015年に590万人とほぼ半減しました。死亡乳幼児の半数がサハラ以南アフリカ、3分の1が南アジアです。

女子の中等・高等教育への進学を阻む差別や制度

前工業化社会では家事（出産・育児・炊事・掃除・洗濯）に従事する女性に読み書きは不要とされていました。工業化の進展に伴い女性の労働力化が促され、初等教育の機会が女性に提供されましたが、中等・高等教育からは排除され続けていました。

● 2010年の男子に対する女子の教育レベル別就学率
（男子100人に対する女子の割合）

出典：国際協力NGOセンター（JANIC）

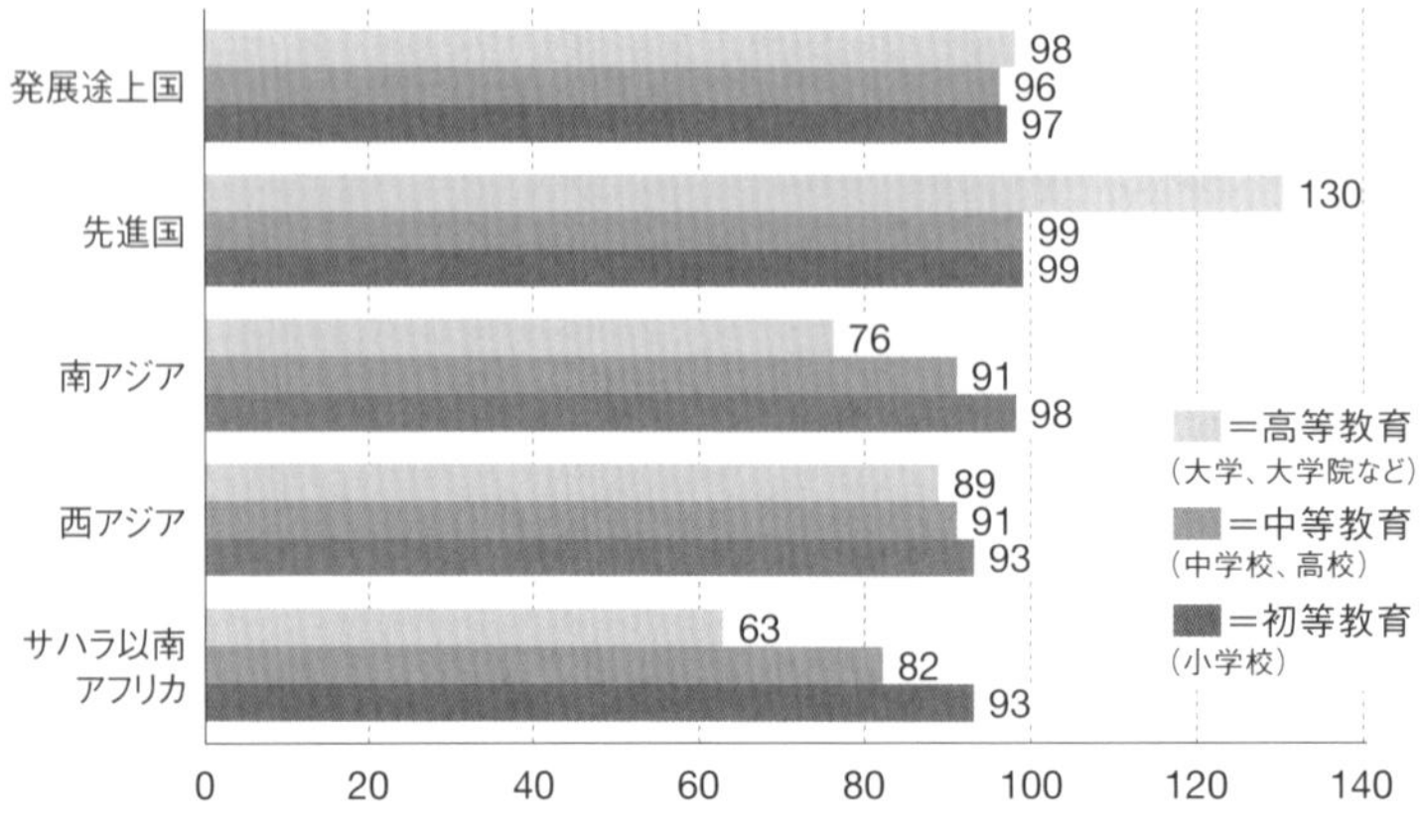

Q&A

クォータ制とは？

人種・性別・宗教などを基準に一定の比率を割り当てる制度のことです。OECD加盟国のほとんどが、そして世界で118カ国が議員のクォータ制を導入しています。未導入の日本の議員に占める女性比率は極めて低いままです。大学・大学院の入試へのクォータ制導入の事例も珍しくありません。

乳幼児死亡率を引き下げる目標には届かず

はしかの予防接種など、小児感染症を予防する医療的措置を途上国に普及させることで、乳幼児の死亡率は劇的に改善されました。人類史上、成果の一つに数えられますが、目標としていた1990年水準の3分の1まで引き下げることはできませんでした。

● 5歳未満児死亡率（出生数1,000に対して乳幼児の死亡数）

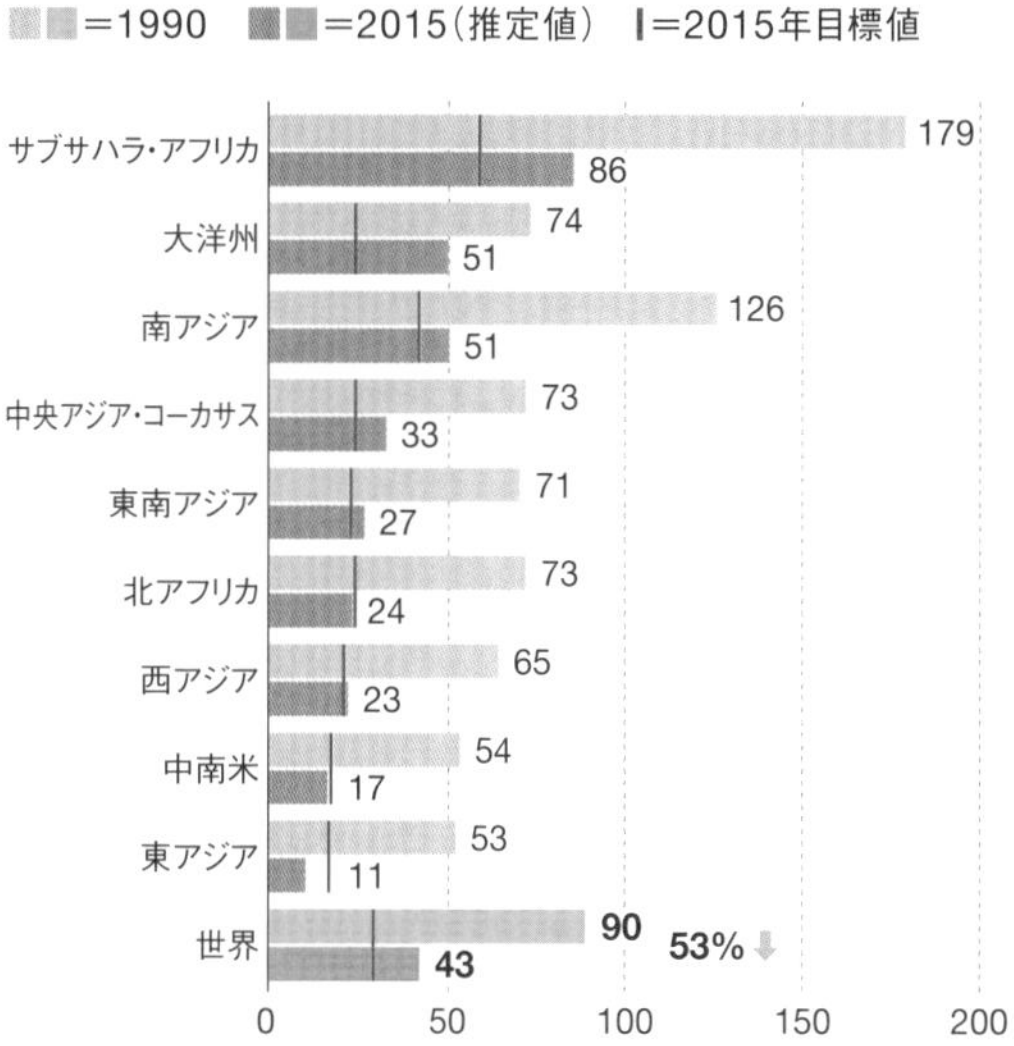

出典：「2015年版開発協力白書」（外務省）

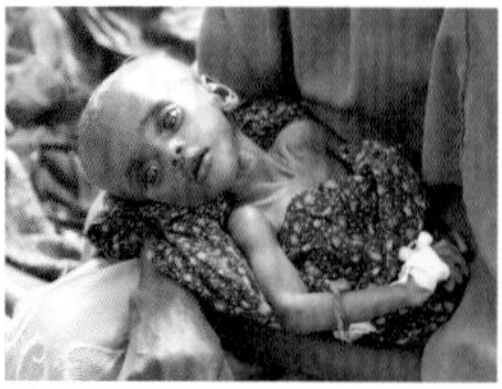

東アフリカ大干ばつで飢餓に苦しむソマリアの赤ちゃん。自然災害による栄養失調で最初に奪われるのは小さな命（2010年）

課題が山積するのはやはりサハラ以南アフリカ

21世紀の最初の15年間、東南アジアと南アジアの途上国はジェンダー平等と乳幼児死亡率低下という2つの目標をほぼ達成しましたが、サハラ以南アフリカ諸国には見るべき成果が認められません。

MDGsの目標	2015年最終報告におけるおもな成果	残る課題
3. ジェンダー平等の推進と女性の地位向上 • すべての教育レベルにおける男女格差を解消する	• 途上国の3分の2以上で初等教育の就学率において男女の格差が解消	• 初等教育の就学率における男女格差が解消していない途上国の56％がサハラ以南アフリカに集中
4. 乳幼児死亡率の削減 • 5歳未満児の死亡率を1990年水準の3分の1にまで低下させる	• 5歳未満児死亡数は1,270万人（1990年）から590万人（2015年）と53％減少	• 予防可能な病気が原因で毎日1万6,000人の5歳未満児が命を落としている • 2015年の5歳未満児死亡数はサハラ以南アフリカが最多で300万人。次いで南アジアが180万人

出所：日本ユニセフ協会

4

MDGs（ミレニアム開発目標）5

妊産婦の健康を改善しよう

10万人当たり１０００人超の妊産婦が命を落とす国もある

目標5は「妊産婦の健康の改善」でした。多くの途上国では、安全で衛生的な出産施設の不足に加え、医師や助産師の支援なしに出産する妊産婦が少なくなく、新生児と妊産婦の死亡が後を絶ちません。１９９０年に妊産婦10万人当たり３８０人だった死亡率を２０１５年までに95人まで低減することを目標としていたのですが、前述の『報告』によると、10万人当たり13年に２１０人にとどまりました。西欧諸国には死亡率が2人の国も多く、日本は5人です。他方、サハラ以南アフリカ諸国の多くが５００人以上、１０００人を超える国もあります。公的出産施設の充実と医療専門家の育成により、改善の余地はあります。

妊産婦死亡率の低下目標は未達成

世界全体の妊産婦死亡率を1990年水準の4分の1にまで低下させるとの目標は未達成です。サハラ以南アフリカ、オセアニア、カリブ海諸国の死亡率が高止まりしています。

● 妊産婦死亡率（出生数10万に対し妊産婦の死亡数）

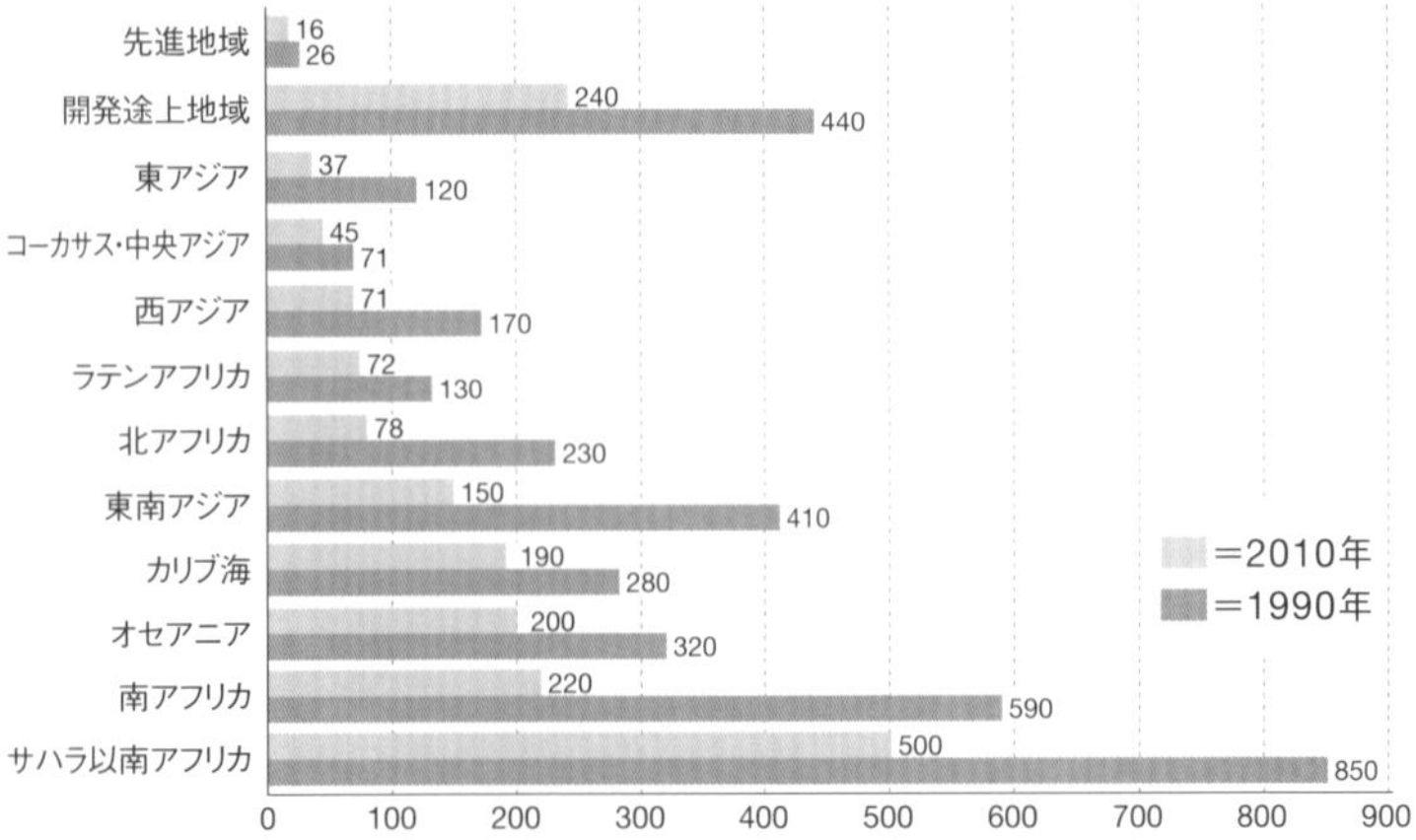

出典：国際協力NGOセンター（JANIC）

● 妊産婦死亡率が高い国の事情

- 貧困ゆえの栄養不良
- 産科医師・助産師の不足
- 産科医療施設へのアクセス困難
- 女性の教育水準が低い
- 児童婚（15歳未満の結婚）が多い

妊産婦の死亡率を低下させるには

出産に当たっての医療従事者(医師・看護師・助産婦)の支援体制と、産後の医療的ケアの体制を整えることで、妊産婦の死亡率はかなり低下します。

巡回医療サービスなどにより出産・産後のケアを充実させる

医師・看護師・助産師の立ち会いのもとでの出産や産後の健診の制度化が求められます。

女子教育を充実させ自主的または法的措置により児童婚をなくする

女子教育が軽視または制限されているうえ、児童婚が後を絶たず、結婚・性に関する無知が妊産婦死亡率を高めます。

妊産婦と新生児の健診医療を無償で義務化する

自宅出産を余儀なくされるおもな原因は貧困です。産後の母親と新生児の健診を義務化し無償化することが望まれます。

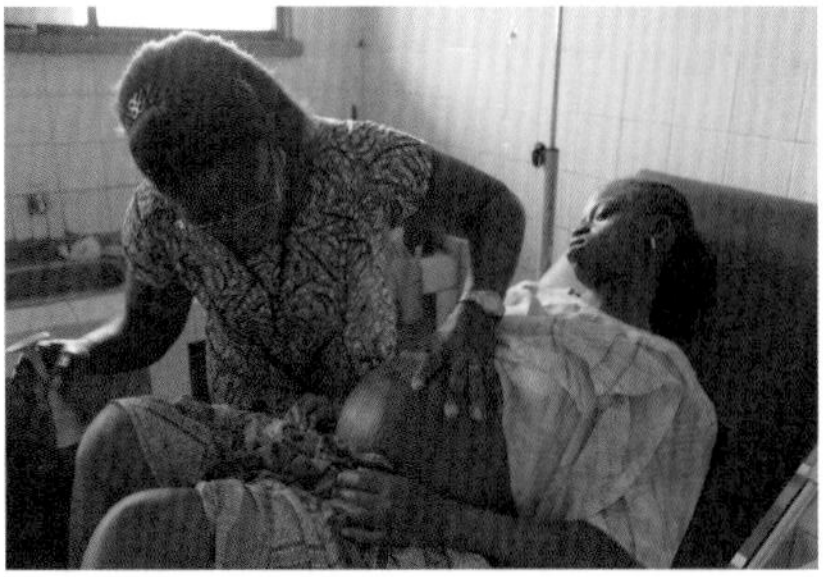

アフリカの最貧国ギニアビサウの病院で助産師の診断を受ける妊産婦。当時の同国での妊産婦死亡率は19人に1人の割合。貧困のため、また伝統的な慣習に従い、同国では未だに自宅出産が当たり前とされていた(2012年)

自宅出産で失われる新生児と妊産婦の命

アフリカの最貧国では助産婦の立ち合いもなく自宅で出産する妊産婦が大半を占めます。清潔な水がない環境で出血も多く、立ち会うのは医療の専門的知識のない近所の女性たち。母親と新生児が感染症に罹患するリスクが極めて高いのです。

妊産婦と新生児の命と健康を脅かすのは極度の貧困

妊産婦の死亡率が所得と負の相関関係(所得が増えれば死亡率が下がる)にあることは紛れもない事実です。貧困の撲滅と女子教育の普及が死亡率低下の決め手となります。

MDGsの目標

5.妊産婦の健康の改善

- 妊産婦の死亡率を4分の3引き下げる

2015年最終報告におけるおもな成果

- 妊産婦死亡は、10万人当たり380人(1990年)から210人(2013年)に減少し、死亡率は45%減少となった
- 熟練した医療従事者の立ち会いのもとでの出産は59%(1990年)から71%(2014年)に増加

残る課題

- 妊産婦死亡はサハラ以南アフリカと南アジアに集中しており、2013年における世界全体の数の86%を占める
- 熟練した医療従事者の立ち会いによる出産は地域格差が大きく、東アジアの100%に比べ、サハラ以南アフリカと南アジアは52%にとどまる

出所:日本ユニセフ協会

5

MDGs（ミレニアム開発目標）6

HIV／エイズ、マラリアなどの蔓延を防止

感染症を予防・治療する医療サービスの整備・拡充

目標4〜6のいずれもが、途上国、サハラ以南アフリカ・南アジアにおける医療の貧困に関わっています。乳幼児と妊産婦の死亡は、医療施設の充実と医師・看護師の増員により予防できます。マラリアは、熱帯・亜熱帯に生息するハマダラカが媒介する感染症です。地球温暖化に伴いハマダラカの生息地は徐々に北上しつつあります。世界保健機構（WHO）の推計によると、今後、100カ国余りで年間2億人以上がマラリアに罹患し、死者が200万人に及ぶとのことです。前述の『報告』によると、2000年から15年にかけて620万人以上の命がマラリアから救われたそうです。HIV感染予防に関しては、正しい知識の普及啓発が、最も効果的な対処法だと言えます。

マラリアってどんな病気？

メスのハマダラカを介してマラリア原虫がヒトに感染する伝染病で、悪寒、高熱、下痢、嘔吐などを伴います。早期治療を怠れば死に至る恐ろしい疾患です。

2005年当時の状況

- 世界全体のマラリア罹患者は年間3〜5億人。死亡者は年間150〜270万人
- 死亡者の90％以上がサハラ以南アフリカの5歳未満児
- サハラ以南アフリカでのマラリアのほとんどが熱帯熱マラリア

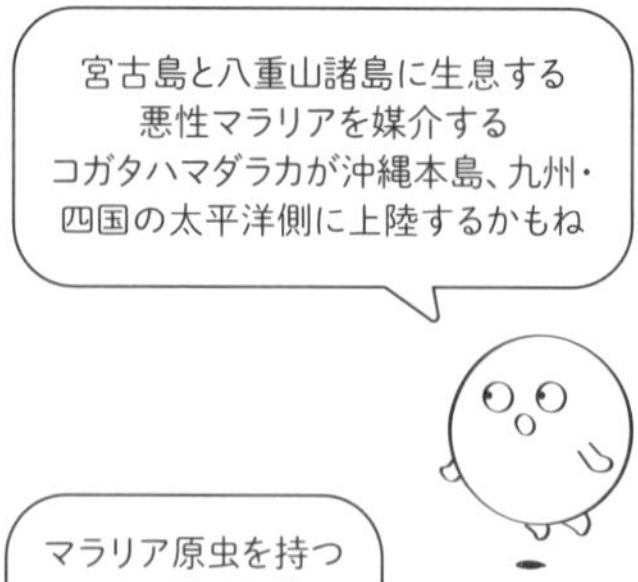
宮古島と八重山諸島に生息する
悪性マラリアを媒介する
コガタハマダラカが沖縄本島、九州・
四国の太平洋側に上陸するかもね

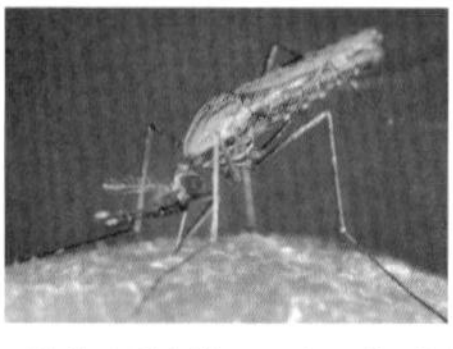

ハマダラカは熱帯・亜熱帯のみならず、高緯度地帯にも生息する蚊の一種。その亜種は460種を数え内30〜40種がマラリア原虫をヒトに媒介する。日本にもハマダラカは生息しているがマラリア原虫はいない

マラリア原虫を持つ
ハマダラカが
日本にも上陸したら
感染が心配だね

重症化しやすい「熱帯熱マラリア」

三日熱マラリア、四日熱マラリア、卵形マラリア、熱帯熱マラリアのうち前3者は良性マラリア、熱帯熱マラリアは早期の治療なしには死亡の危険がある悪性マラリアです。サハラ以南アフリカ、東南・南アジア、中南米などに生息します。

HIV感染者数は徐々に減少傾向

年間の新規HIV感染者数は1997年をピークにして減少傾向にありますが、2021年末の感染者数は3840万人を数えます。地域別ではアフリカに、男性同性愛者や少女(15〜19歳)に感染者が多いようです。

● 途上国とHIV/エイズ

- HIV感染者の大半が途上国の人で、約7割はサハラ以南アフリカで暮らす
- サハラ以南アフリカのエイズ患者の6割が女性
- サハラ以南アフリカでは、若い女性は同年代の男性の4倍から6倍の割合でHIVに感染

出典:「MDGs in Africa」(UNDP／2009)

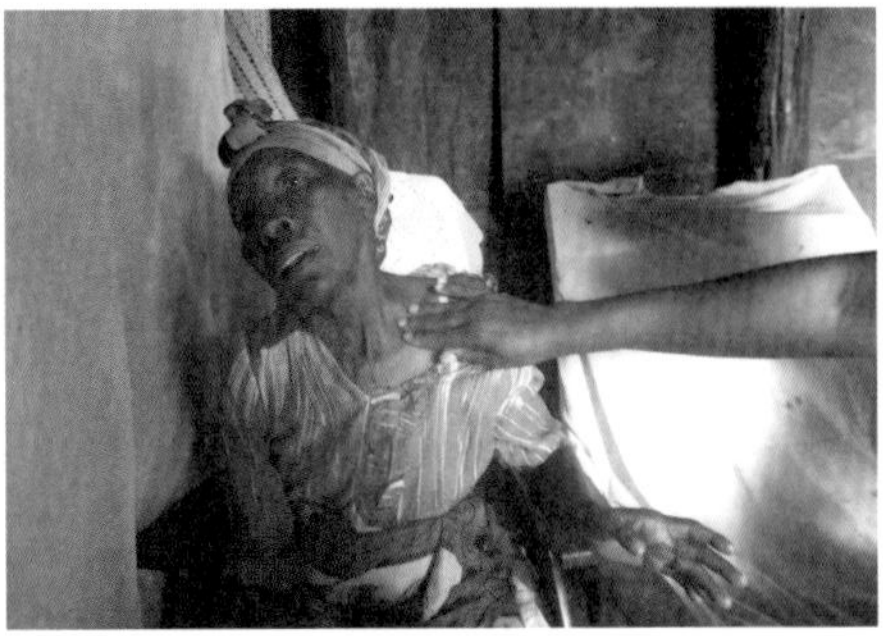

サハラ以南アフリカの貧しい女性に感染者が多く、妊婦の10人に1人がHIV感染者。母子感染も少なくない

HIV感染症を根治する薬はないけど、エイズの発症を抑える薬はあるよ。とても高価なんだ
お金さえあればエイズの発症も予防できる。極度の貧困をなくすることが、一番大切なんだね

目標6はおおむね達成

マラリア・結核・HIV/エイズの蔓延を防ぎ、感染者の死亡率を低下させる確立された医療を、サハラ以南アフリカなどに移転することにより目標はほぼ達成されたのです。

MDGsの目標	2015年最終報告におけるおもな成果	残る課題
6.HIV/エイズ、マラリアその他の疾病の蔓延防止 • HIV/エイズの蔓延を阻止し、その後減少させる • マラリアおよびその他の主要な疾病の発生を阻止し、その後発生率を下げる	• HIVの新たな感染者は推定350万人(2000年)から210万人(2013年)に • 2000年から2015年の間に推定620万人以上の命がマラリアから、2000年から2013年の間に推定3700万人の命が結核から守られた	• 新規にHIV感染した若者(15〜19歳)のうち3分の2は女性 • 若年層(15〜24歳)のHIVに関する正しい知識は経済状況によって格差がある

出所:日本ユニセフ協会

6 MDGs（ミレニアム開発目標）7・8 安全な飲料水と清潔なトイレ インターネットの普及を

清潔な上下水道と高速情報通信のネットワークを

目標7の「環境の持続可能性」とは、おもに「安全な飲料水と衛生設備を継続的に利用できない人びとの割合を半減する」ことを意味します。『報告』によると、安心して飲める水を確保できる人の数は1990年から2015年にかけて26億人（世界人口の36％）増加。90年以降、新たに21億人（同29％）が衛生設備（トイレ）を使えるようになりました。目標8は「開発のためのグローバル・パートナーシップの推進」です。情報通信網を地球上隈なく張りめぐらすことを目指します。インターネットの普及率は00年の6％から15年の43％に上昇し、世界人口の95％が携帯電話の通話可能域に住んでいますが、先進国と途上国との機器普及率の格差は広がる一方です。

水とトイレの問題の解決が急務なわけ

感染性疾患の細菌やウイルスはヒトや動物の糞便に含まれ、食べ物や飲料水を通じて伝染します。健康を守るために真っ先に手がけるべきは、清潔な飲料水源と下水道の衛生的な処理です。

泥だらけのプールから飲み水を汲み上げるインド中部マディヤ プラデーシュ州の少年（2006年6月）

母乳や粉ミルクを
溶く水に含まれる
細菌やウイルスに感染して、
年間30万人もの
乳幼児が亡くなるらしい

子どもたちを水汲みではなく学校へ

サハラ以南アフリカや南アジアの最貧国では、子どもたちの大切な毎日の仕事の一つは川や湖での水汲みです。片道1時間以上かかる遠方まで10歳前後の子どもたちが歩いて水汲みに出かけます。これでは学校に通う時間はありません。

デジタル化の遅れがもたらす不利益

携帯電話基地局にアクセス不可能な地域の住民は、情報弱者とりわけ災害弱者になりかねません。基地局にアクセス可能でも、端末機器の入手困難な貧者や端末操作が困難な高齢者や障がい者は情報弱者として取り残されます。

● 情報格差（デジタルデバイド）をもたらす3つの原因

1 所得・経済的格差

パソコン、タブレット、スマートフォンなどインターネットの端末機器を購入する費用、そしてスマートフォンの維持費は高額です。貧富の格差がデジタルデバイドをもたらします。

2 教育・学歴格差

デジタル機器の取り扱い、インターネットの閲覧、その他のデジタル教育は、先進国ではほぼ100%、途上国でも私立学校では先進国並み。途上国内の所得格差が教育格差を、そしてデジタルデバイドをもたらします。

3 都市と地方の格差

都市部の住民は総じてデジタル・リテラシーが高く、デジタル機器なしでは生活が不便になることも。半面、高齢者が多い地方では、行政や商店のデジタル化は遅れざるを得ません。

マサチューセッツ工科大学（MIT）が
インターネットで無料で配信した
講座を受講して
成績が超優秀だったモンゴルの高校生が
奨学金付き授業料免除で
MITに入学したという例があるんだって
途上国と先進国の
デジタルデバイドを解消するほうが、
インフラ格差を解消するよりも
費用は安くてすむね

目標7、8達成の決め手も貧困の解消

安全な飲料水、清潔なトイレ、インターネット端末の普及の決め手は貧困の解消につながります。人びとは、家計に多少の余裕ができれば、真っ先にこれら3つの生活必需品を手に入れようとします。

MDGsの目標	2015年最終報告におけるおもな成果	残る課題
7. 環境の持続可能性の確保 • 安全な飲料水と衛生設備を継続的に利用できない人の割合を半減する	• 改善された水源から安全な飲料水を得られる人の割合は70%（1990年）から91%（2015年）に • 2015年に改善された衛生設備を新たに利用できるようになった人は21億人に	• 地表水（河川や湖、池の水）を使う人の90%が農村部で暮らしている • トイレ利用率は貧富の差と大きく関連し、貧しい人ほどトイレが利用できない
8. 開発のためのグローバル・パートナーシップの推進 • 民間部門と協力し、特に情報・通信分野の新技術による利益が得られるようにする	• インターネットの普及率が世界人口の6%（2000年）から43%（2015年）に増加 • 2015年、世界の人口の95%が携帯電話の通話可能地域で暮らしている	• インターネットの普及にも格差が生じており、先進国の82%に対し、途上国では人口の3分の1にとどまる

出所：日本ユニセフ協会

7 「ミレニアム開発目標」は達成したのか MDGsの達成状況はどうだったのか

必要な経過点としてのMDGsの位置付け

２０１５年が間近になるにつれ、ＭＤＧｓの達成度の評価が話題となりました。８つの目標のそれぞれに含まれる21のターゲットのうち、多くは「削減する」、「半減する」、「４分の１に」など、大雑把な内容にとどまっており、定性的なターゲットが過半を占めています。しかも世界全体での達成を目指しているため、頑張るのは途上国だけ、先進国は資金と技術を支援するだけ、という役割分担がはっきりしすぎていました。

東アジアの途上国は経済・教育・衛生・医療の目標を達成しましたが、その半面、サハラ以南アフリカと南アジアでは、改善の余地を残しました。ＭＤＧｓはあくまでも「必要な経過点」に過ぎなかったのです。

MDGsの達成状況

2015年7月6日、『MDGs報告2015』の公表にあたり潘基文国連事務総長（当時）は「MDGsは歴史上最も成功した貧困撲滅運動となった」と成果を強調しました。

● MDGs達成への進展に対する最終報告

MDGSは これまでの歴史で 最も成功した 貧困撲滅運動だった

MDGsの成功は 世界規模の 取り組みが機能して いることを証明した

2015年以降に 採択される 開発目標の 基盤となっている

出典:「国連ミレニアム開発目標報告 2015 MDGsに対する最終評価」（国連広報センター）

MDGsの成果例

開発途上国で極度の貧困（1日1.25ドル未満で暮らす人びと）の割合が1990年47%から2015年14%まで減少

途上国の初等教育就学率は2000年の83%から2015年の91%まで改善

インターネット普及率は世界人口比で2000年の6%から2015年の43%まで増加

HIVの年間新規感染者数は2000年から2013年にかけて約40%減少

極度の貧困の撲滅という課題には一定の成果を上げましたが、妊産婦の死亡率低下やジェンダー平等達成などにはまだまだ課題が残りました。

MDGsが残した課題

発展途上諸国の貧困の撲滅、初等教育の普遍化、清潔な飲料水やトイレの確保、妊産婦や新生児の健康、女性差別の撤廃などの「途上国問題」の解決を、先進国の支援により達成するのがMDGsのねらいでしたが、課題は残っています。

ジェンダー不平等	紛争や戦争
深刻な格差	極度の貧困と餓鬼
気候変動による温暖化・干ばつ・豪雨・海面上昇・生態系破壊	

CO_2排出量は
1990年比で50%以上も増えたんだ。
気候変動が開発や発展の
重い足かせになっているよね
乳幼児や妊産婦の
死亡率は
下がったけれど、
数値目標は
達成できなかったよ

残された課題はいずれも、資金と人材の支援さえあれば解決できるわけではありません。と同時に、途上国の抱える課題というよりも、先進国も含めて世界の抱える課題にほかなりません。気候変動を緩和するには国際協調が必要ですし、戦争や紛争を防ぐのは国連に課せられた最も重要な課題です。

誰ひとり取り残さない社会へ向けて

MDGsの反省を踏まえ、「誰ひとり取り残さない(leave no one behind)」社会が、SDGsの合言葉となりました。差別や排除のない持続可能な社会を間接的に表現しています。

2007年から16年まで第8代国連事務総長を務めた韓国の外交官。MDGsとSDGsの産みの親であることが潘氏の最大の業績と評される

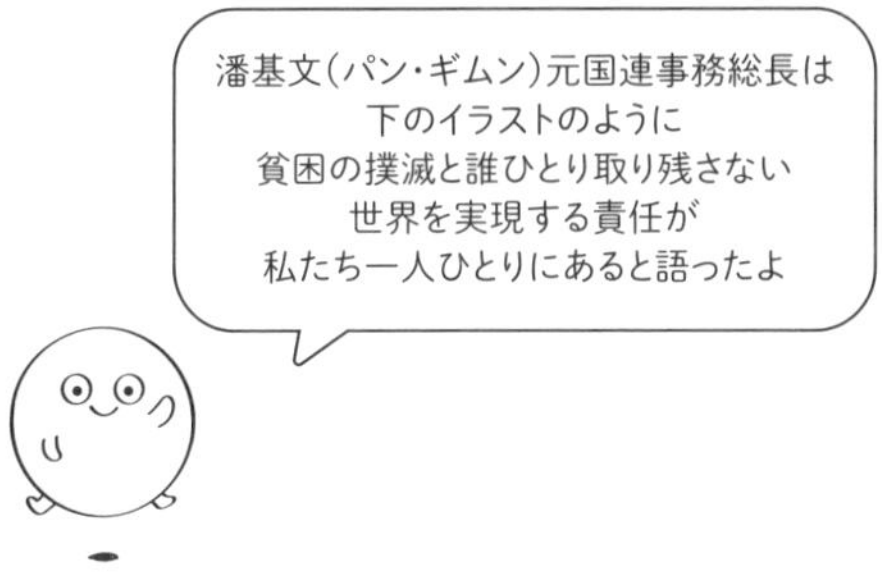
潘基文(パン・ギムン)元国連事務総長は
下のイラストのように
貧困の撲滅と誰ひとり取り残さない
世界を実現する責任が
私たち一人ひとりにあると語ったよ

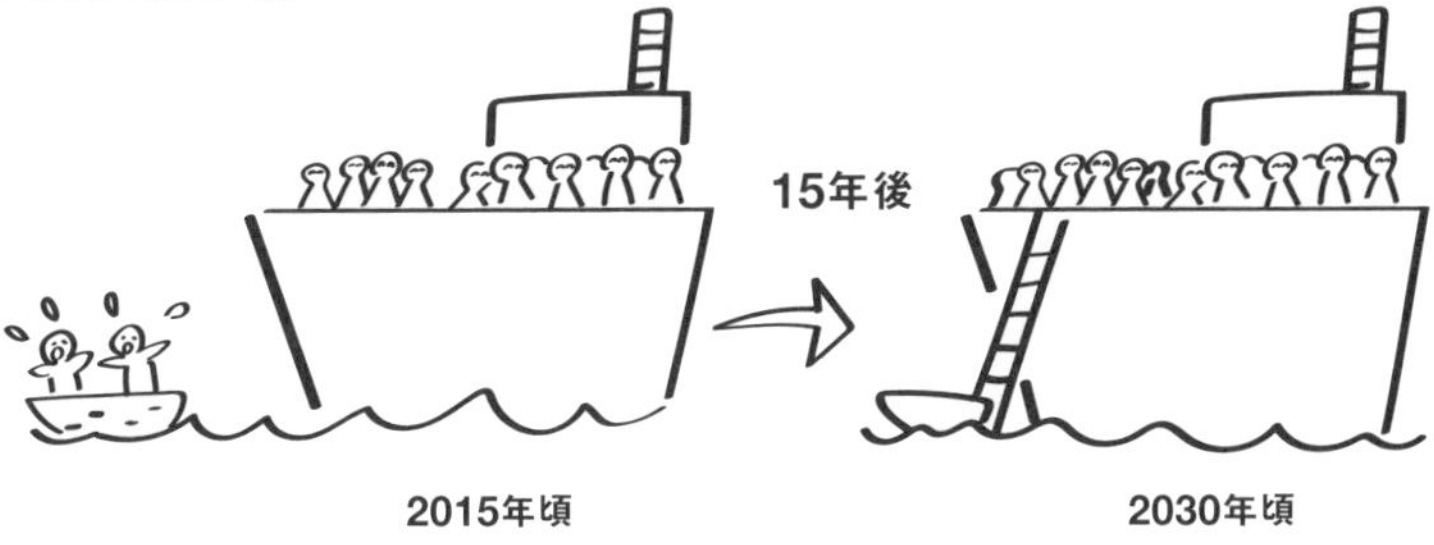
15年後
2015年頃
2030年頃

8 新たな開発目標
MDGsからSDGsへ「進化」した

「誰ひとり取り残さない」がSDGsの基本理念

国連が重視するのは、極度の貧困の解消と教育・医療の普及です。２０１５年時点で極度の貧困にある（15年以降は1・90ドル／日未満で生活する）人の割合は、サハラ以南アフリカでは42％、00年の58％に比べれば改善されたとはいえ、途上国の平均値12％と比べれば依然として高く、教育・衛生・医療の遅れも際立ちます。ＭＤＧｓに終止符を打つわけにも、そのまま継続するわけにもゆきません。そこでＭＤＧｓの更なる達成に加えて、地球のため、自然のため、次世代のために先進国と途上国が協力して取り組むべき目標群を次の15年をかけて達成しようではないか。こうして生まれたのが「誰ひとり取り残さない」ことを目指すＳＤＧｓ（持続可能な開発目標）です。

ポスト2015開発アジェンダが国連総会で採決

2013年9月開催の国連総会は「ポスト2015開発アジェンダ」をテーマとし、MDGsとその後継枠組み（SDGs）について議論しました。MDGsの達成を評価しつつも、女性、子ども、紛争地域で苦しむ人びとなど、あらゆる人びとに恩恵を施す包摂的（inclusive）な開発の必要性が改めて確認されました。

● MDGsとSDGsの違い

	MDGs	SDGs
取り組み主体	国連、世界銀行など国際機関が取り組み主体。	国、自治体、企業、個人など多様な取り組み主体が想定されている。
取り組み範囲	貧困や飢餓、教育の不平等や男女格差、高い幼児死亡率や妊産婦死亡率など、発展途上国の課題が取り組み範囲。	気候変動、都市・エネルギー、技術革新、多様性、平和、国際協力など今日の世界が抱える課題のほとんどを網羅。
目標設定の方法	「1.極度の貧困と飢餓の撲滅」を筆頭に、8の目標と21のターゲットを掲げていた。	社会、経済、環境へと問題の範囲を広げ、目標の数が17に、ターゲットの数は169に増えた。持続可能性、格差是正、包摂性がキーワードに。
課題解決の対象となる国	発展途上国の抱える課題を先進国の支援で解決することを目指していた。	発展途上国と先進国がともに抱える地球的課題の解決を目指している。

国連持続可能な開発サミット

2015年9月に開催された国連主催の会議で、193カ国が参加し、「持続可能な開発に関する2030アジェンダ」が満場一致で採択されました。アジェンダは17の目標（SDGs）と169のターゲットから構成されており、先進国を含むすべての国々に行動を求めています。

MDGsとSDGs目標の比較

MDGsの8つの目標は、15年間という短期間にかなりの程度まで達成されました。SDGsの目標1〜6と17はMDGsの目標の引き継ぎです。目標7〜16は、地球環境問題をはじめ主として先進国が積極的に取り組むべき課題です。

	MDGsの目標	SDGsの目標
SDGsの主要な柱 格差をなくす= 誰ひとり取り残さない	1 極度の貧困と飢餓の撲滅	1 貧困をなくそう 2 飢餓をゼロに
	4 乳幼児死亡率の削減 5 妊産婦の健康の改善 6 HIV/エイズ、マラリア、その他の疾病の蔓延防止	3 すべての人に健康と福祉を
	2 普遍的初等教育の達成	4 質の高い教育をみんなに
貧困と深い関わりのある目標	3 ジェンダーの平等の推進と女性の地位向上	5 ジェンダー平等を実現しよう
	7 環境の持続可能性の確保	6 安全な水とトイレを世界中に
	MDGsには含まれなかった課題や新たに浮き彫りになった課題も加えられてより包括的な目標に	7 エネルギーをみんなに、そしてクリーンに 8 働きがいも、経済成長も 9 産業と技術革新の基盤をつくろう 10 人や国の不平等をなくそう 11 住み続けられるまちづくりを 12 つくる責任、つかう責任 13 気候変動に具体的な対策を 14 海の豊かさを守ろう 15 陸の豊かさも守ろう 16 平和と公正をすべての人に
先進国も途上国も、自治体も企業も個人も、すべての人びとがSDGsの担い手	8 開発のためのグローバル・パートナーシップの推進	17 パートナーシップで目標を達成しよう

● 5つの“P”に込められた決意

SDGsの17の目標は、左の図にある「5つのP」を具現化したものです。「5つのP」を知ることで、SDGsが目指す世界をわかりやすくイメージすることができます。

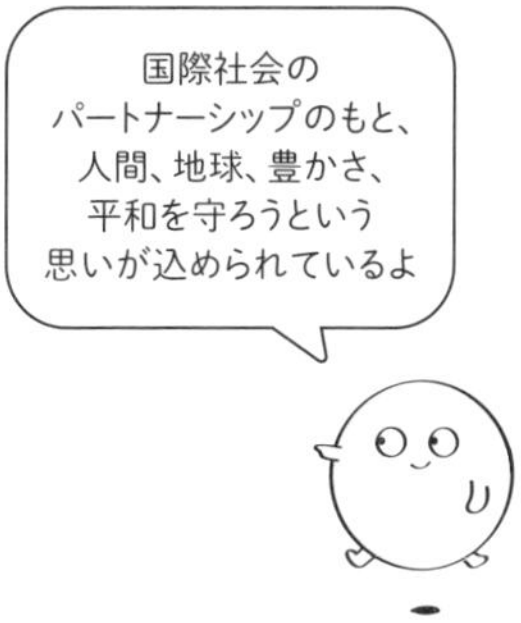

9

１ 貧困を なくそう

【ゴール1】

貧困をなくそう

あらゆる場所のあらゆる形態の貧困を終わらせる（総務省訳 以下同様）

ＭＤＧｓが取り残した極度の貧困をなくする

21世紀に入り、東アジア諸国の貧困は工業化により大幅に解消され、南アジアやアフリカの貧困もＭＤＧｓのおかげでいくらかは解消されました。とはいえ、２０１５年の世界人口72億２千万人のうち７億４千万人が依然として極度の貧困状態にあります。これを30年までに半減し、あらゆる場所のあらゆる形態の貧困を終わらせることがＳＤＧｓの掲げる目標です。同じ国に住む富者と貧者との格差も拡大する傾向にあり、先進国内にも相対的な貧困世帯が存在します。所得分布の中央値の半額（18年の日本は１２７万円）以下の世帯を相対的貧困世帯と言い、全世帯に占めるその割合を貧困率と言います。日本の貧困率は15・７％、先進35カ国中７番目の高さです。

絶対的貧困と相対的貧困

最低限の衣食住の生存条件を欠く状態を絶対的貧困、同じ国や地域に住む人々に比べて所得・生活水準の低い世帯のことを相対的貧困世帯と言います。

絶対的貧困　人間として最低限の生活水準を維持できない状態

● どんな暮らし？

- 家がない
- 食べ物や安全な水が手に入らない
- 1日2.15ドル（2009年当時約250円）未満で暮らす
- 必要な医療が受けられない
- 十分な教育を受けられない

絶対的貧困者

6億8,500万人

全人口の約8％

出典：世界銀行（2022年）

相対的貧困　同じ国・地域に住むほかの人と比べ収入が少なく貧しい状態

● どんな暮らし？ ※日本の場合

- 単身もしくは母子家庭が多い
- 子どもは進学を断念せざるを得ない
- 子どもが家族の介護やケア、身のまわりの世話を担うヤングケアラーとなる
- 家計を支えるために子どもはアルバイトをする必要がある
- 母親の欠食頻度が高い

日本の子ども

約280万人

7人に1人が相対的貧困

出典：「平成28年国民生活基礎調査」（厚生労働省）

絶対的貧困世帯が半数以上を占める地域

サハラ砂漠より南（サブサハラ地域）に位置するアフリカ諸国に住む人びとの多くが絶対的貧困な生活を余儀なくされています。サブサハラ以外の貧困な国・地域は南アジア、大洋州、中南米に多く存在します。

● サハラ以南アフリカの国々

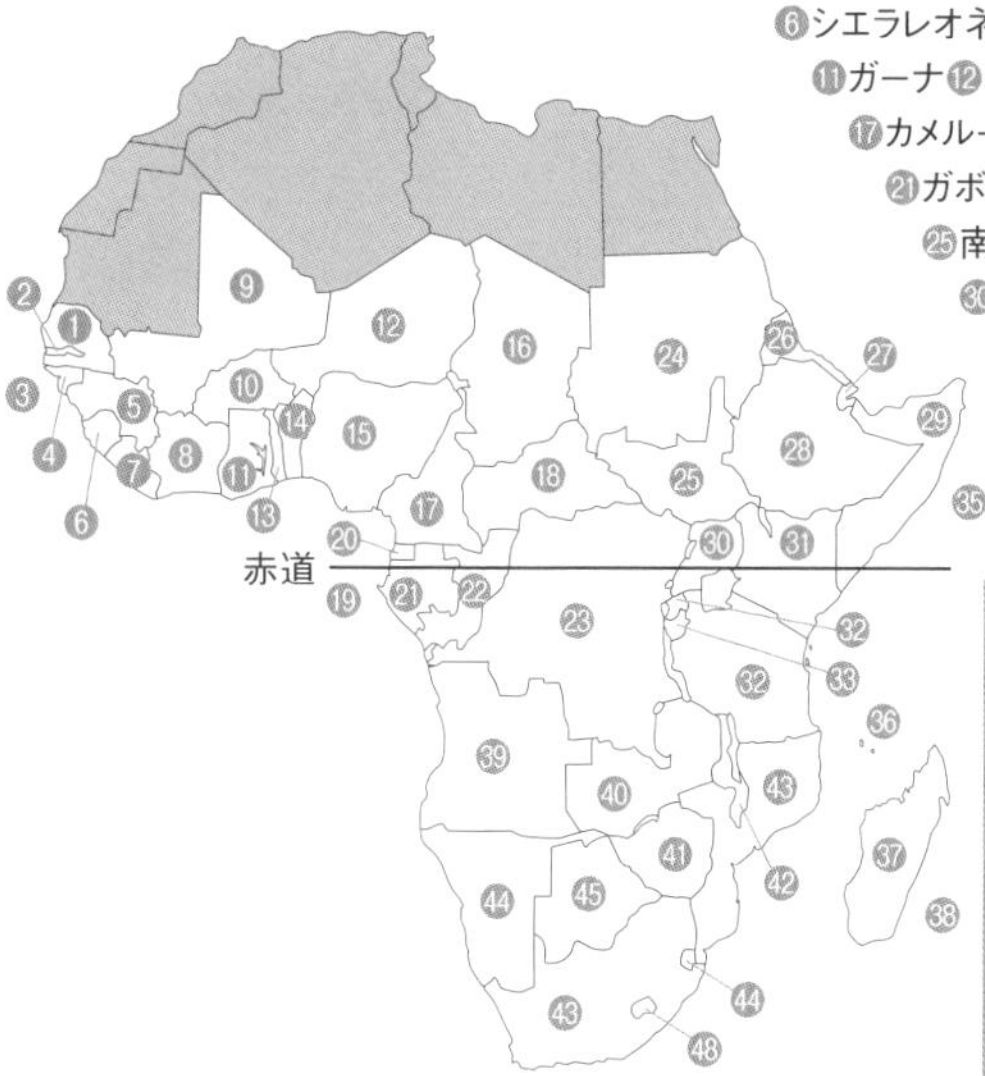
赤道

①セネガル②ガンビア③カーボベルデ④ギニアビサウ⑤ギニア⑥シエラレオネ⑦リベリア⑧コートジボワール⑨マリ⑩ブルキナファソ⑪ガーナ⑫ニジェール⑬トーゴ⑭ベナン⑮ナイジェリア⑯チャド⑰カメルーン⑱中央アフリカ⑲サントメ・プリンシペ⑳赤道ギニア㉑ガボン㉒コンゴ共和国㉓コンゴ民主共和国㉔スーダン㉕南スーダン㉖エリトリア㉗ジブチ㉘エチオピア㉙ソマリア㉚ウガンダ㉛ケニア㉜ルワンダ㉝ブルンジ㉞タンザニア㉟セーシェル㊱コモロ㊲マダガスカル㊳モーリシャス㊴アンゴラ㊵ザンビア㊶ジンバブエ㊷マラウイ㊸モザンビーク㊹ナミビア㊺ボツワナ㊻南アフリカ㊼エスワティニ㊽レソト

サハラ以南アフリカの貧困を深刻化させる要因

- 政府の統治能力の欠如
- 教育・医療・福祉等の社会資本の不足
- 政府開発援助の減少
- 内戦・紛争・犯罪の多発
- HIV・マラリアなどの感染症の流行

「貧困の連鎖」を断ち切るには

貧困の世代間連鎖を断ち切るには、教育・医療・福祉等の社会資本を整備するべく、政府の統治能力を高め、ODAや世界銀行などからの経済的支援に頼るしかありません。

家計を支えるために働く、コンゴ民主共和国の子どもたち

貧しい家庭に生まれて
教育を受ける
チャンスが失われると、
満足な収入を得る可能性が
極めて低くなってしまうんだ
小学校に通えないから、
字を読んだり書いたり、
足し算や引き算が
できないまま大人になる
人が少なくないんだね

貧困をなくすことはSDGSの目標達成には不可欠

貧困は諸悪の根源。SDGsのうち真っ先に手がけるべきは貧困の解消ですが、先進国の支援頼みではなく、自律的な貧困解消のために初等教育の制度化が急務です。

10

2 飢餓を ゼロに

【ゴール2】

飢餓をゼロに

飢餓を終わらせ、食料安全保障および栄養改善を実現し、持続可能な農業を促進する

持続可能で安定的な食料供給網で飢餓をなくそう

世界人口の10人に1人、8億1千万人が飢餓に、3人に1人が栄養不良に苦しんでいます。サハラ以南のアフリカでは、平均寿命が50歳に満たず、幼児（5歳未満）死亡率が10％近くにも達します。不衛生ゆえの感染症の流行、医療サービスの不足などに加え、飢餓と栄養不良が幼児の生命を危険にさらしているのです。

食料が不足するのは、農耕や畜産による、安定的な食料供給網が整っていないためです。政府の統治能力は総じて乏しく、治安の悪化に加え、紛争が絶え間なく続いています。多発する紛争の一因は食料不足です。持続可能な農耕・畜産により食料供給網を安定化させることが、紛争のない安全・安心な社会を築くために欠かせません。

なぜ飢餓は起きるのか

食料自給のためには農業・牧畜・漁業の就業者、農業に適した気候、肥沃な土地と水源が必要です。自給できない国は食料を輸入する必要があります。不足を補うための食料輸入の代金を支払えない貧しい国の貧しい人びとは飢餓に苦しみます。

AU
9

内戦により、1991年から21年間、無政府状態が続いたソマリア。内戦終結後もテロの勃発など、不安定な状況が続く

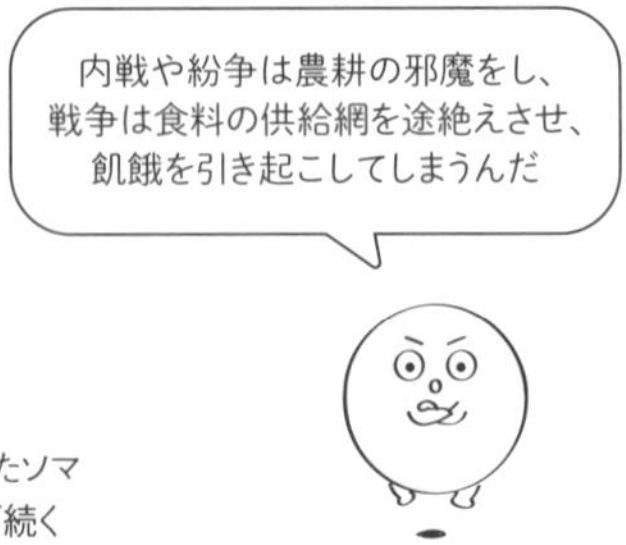
内戦や紛争は農耕の邪魔をし、
戦争は食料の供給網を途絶えさせ、
飢餓を引き起こしてしまうんだ

飢餓に苦しむ人　**8億2800万人**

世界人口の約10％

出典：「世界の食料安全保障と栄養の現状2022（SOFI）」報告書

ウクライナ侵攻により、深刻化するアフリカの食料危機

2022年2月に始まったロシアのウクライナ侵攻は、アフリカ諸国を深刻な食料危機に陥れました。ロシアもウクライナも小麦とトウモロコシなど穀物の輸出大国ですが、輸出港のある黒海が一触即発の状況下にあるからです。武力紛争の被害は紛争当事国以外にも及びます。

飢餓が人びとに与える影響

太古の昔から食料の争奪が紛争や戦争の火種となってきました。食料不足は食料価格の高騰(＝貧者の飢餓)として顕在化されます。また穀物を牛・豚・鶏の餌にして肉食を好み食品を大量廃棄する先進国へ、食料不足の国々から非合法な移民が流入し、職を奪われた先進国の労働者の怒りを招きます。

● 数字で見る飢餓の現状

発展途上国の人口の12.9%が栄養不良

栄養不良が原因で死亡する5歳未満の子どもは年間310万人

子どもの死者数のほぼ半数(45%)は飢餓によるもの

世界の子どもの4人に1人は発育不全の状態にある

発展途上国では6,600万人の子どもが空腹のまま学校に通っている

出典:国連広報センター「事実と数字」(2018年12月)

食料不足は
「諸悪の根源」だと
言っても
過言ではないね

持続可能な農業を実現するには

農業の持続可能性は、飢餓を防ぐための必要条件です。肥沃な土壌と水源の保全、気候変動に対する頑健性の確保などが求められます。

農業の技術開発を支援する

移転先の農民が使いこなせる「適正技術」、そして環境と調和する技術を移転しなければなりません。

森林伐採を回避する

森林を伐採して農地を開拓するような大規模化は、持続不可能です。

水源の保全

農作物の生育に必要なのは肥沃な土壌と豊富な水源です。気候変動により干ばつが頻発する地域では、とりわけ安定的な水源の確保が持続可能な農業の決め手となります。

収穫できる作物の種類を増やす

1種類の作物しか栽培しない単作農業は、効率がいい半面、風水害や病害虫のリスクが高くなります。例えば、お米と一緒にサツマイモやジャガイモを栽培することでリスクを減らします。

農薬をなるべく使わない

化学肥料や殺虫剤には有害なものが少なくありません。化学肥料を一切使用しない有機農業が推奨されるのは「予防原則」(人や環境に悪影響を及ぼす可能性のあるものは使わない)に従ってのことです。

11

3 すべての人に健康と福祉を

【ゴール3】

すべての人に健康と福祉を

あらゆる年齢のすべての人びとの健康な生活を確保し、福祉を増進する

子どもから高齢者まで誰もが健康で安心な生活を送れるように

先進国と途上国の間には大きな医療格差が存在します。医療サービスが欠かせぬ妊産婦・新生児・幼児などの死亡率を国別に比べれば、医療格差が顕著に見てとれます。HIV・結核・マラリア・肝炎などの感染症、ガン・心疾患・脳血管疾患・糖尿病などの非感染性疾患の予防と治療の恩恵を、すべての人びとに等しく与えるべきです。貧困や地域の壁が、医療サービス、とりわけ医薬品へのアクセスを妨げています。公衆衛生の充実、道路交通の安全、薬物濫用防止、大気・水質の汚染に起因する疾患の予防など、健康と安全の増進を地球規模で推し進め、高額な費用を伴う医療サービスを誰もが安心して受けられるよう、公的医療保険制度を整える必要があります。

妊産婦・新生児・幼児の死亡率の現状

医療サービスが行き届かないことや医療リテラシーの欠如が、妊産婦・新生児・幼児の死亡数の多さに顕著にあらわれます。乳幼児死亡率が高いため出生率も高いという因果関係が認められます。

● 実状と目標3ターゲットの比較

	実状	目標3ターゲット
妊産婦死亡率	10万人あたり211人（2017年）	10万人あたり70人
新生児死亡率	1,000人あたり17人（2019年）	少なくとも 1,000人あたり12人以下
5歳以下死亡率	1,000人あたり38人（2019年）	少なくとも 1,000人あたり25人以下

出典：世界保健機関（WHO）、ユニセフ「世界子ども白書2021」

● 死亡率の格差

	高所得国	アフリカ諸国（サハラ以南）
妊娠・出産で死亡するリスク	6,500回に1回	37回に1回
5歳未満の子どもの死亡率	196人に1人	13人に1人

出所：日本ユニセフ協会ホームページ（2018年）

世界で年間530万人の子どもが5歳未満で亡くなっているよ
そのうちの半数はサハラ以南アフリカで生まれた子どもたちなんだ

医療格差は医療従事者の不足によって生じる

医師・看護師をはじめ医療従事者が圧倒的に足りず、高度な検査機器や医薬品を備えた病院も無きに等しいため、途上国の富裕層はシンガポール、タイ、韓国などへ医療ツーリズムに出かけます。貧しい国の貧しい人びとは医療サービスから排除されているのです。

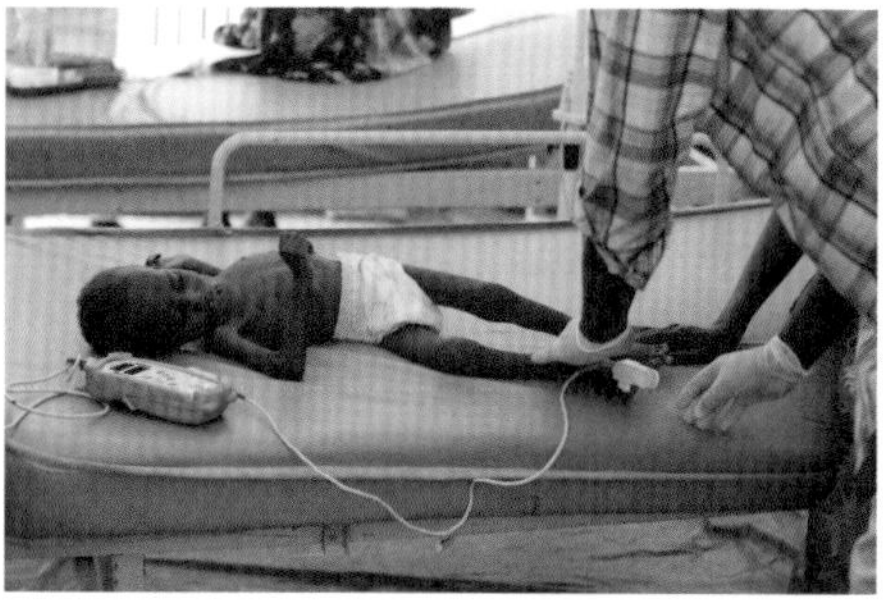

国境なき医師団運営の施設で治療を受ける栄養失調の赤ちゃん（ナイジェリア、2016年）

日本では
外国人を含めた
住む人全員が
健康保険に入るよ

医療費の負担が
割り引かれるから
医療を受けやすくなるよね

コロナ禍があらわにした医療格差

豊かな国々の政府はコロナワクチンを輸入し、すべての居住者に無償で接種しました。貧しい国々の政府には国民に無償でワクチン接種するだけの財政的な余裕がありませんでした。

	日本	サハラ以南のアフリカ地域
医師1人に対する国民数	**414人**	**6万3694人**
5歳未満の子どもの死亡率	**500人に1人**	**13人に1人**

出所:日本ユニセフ協会
※サハラ以南のアフリカ地域のうち、マラウイのデータより

● ワクチン格差

G20諸国に届けられたワクチンの量を国民1人当たりに換算し、他国と比較した場合

サハラ以南のアフリカ諸国と比較して15倍

出所:日本ユニセフ協会

エチオピアに届けられた
国民1人当たりのワクチンの
量は日本の18分の1だって

誰もが健康に暮らせるように

医師・看護師・検査技師など医療従事者、病院または診療所、検査機器・設備や医薬品の不足を補うことがまず何よりも必要です。貧しい人の医療費を公的負担する制度も整備しなくてはなりません。オンライン診療や集団検診など、低コストな医療サービスの普及が望まれます。

12

4 質の高い教育を みんなに

【ゴール4】

質の高い教育をみんなに

すべての人へ包摂的かつ公正な質の高い教育を提供し、生涯学習の機会を促進する

貧富・性別・年齢・国籍を問わない教育の機会均等を

誰ひとり取り残さない質の高い教育を提供するのはＳＤＧｓの達成に欠かせない各国政府の役割です。日本・韓国・中国を含め東アジア諸国は初等中等教育の普及に政府が熱心だったため、工業化による経済成長を推進でき、科学技術の修得にも長けていました。カンボジアとラオスを除く東アジア諸国の識字率は、世界平均85・9％をはるかに超えています。一方、インドやネパールなど南アジア諸国のほとんどで世界平均以下、中東・アフリカ諸国の識字率も低位にとどまります。貧困・紛争・ジェンダー不平等・宗教などが、初等中等教育の充実の妨げとなっています。地球社会の持続可能性のためには、貧富・性別・年齢・国籍を問わない教育の機会均等が欠かせません。

世界の識字率の現状

世界の成人（15歳以上）の識字率は1990年に76%でしたが、2019年には86%に達しています。北米、欧州、東アジア諸国の識字率は総じて高く、サハラ以南のアフリカ諸国の多くは40%を下回っています。

● 15歳以上で読み書きができない人の数は世界で6人に1人

国	成人の識字率
世界平均	**85.9%**
マリ（2011年）	**33.4%**
ブルキナファソ（2007年）	**28.7%**
ニジェール（2005年）	**28.7%**

出所:日本ユニセフ協会（2019）

日本の識字率は
99%だよ

● 日本には江戸時代に庶民の子どもが読み書きの初歩を学ぶ場があった

江戸時代、武士の子弟は藩校で武道や儒学を学び、町人の子弟は寺子屋で読み書きソロバンを習いました。寺院が発祥の地であったことから寺子屋と称され、江戸末期の日本の識字率は欧州諸国に劣らない水準にありました。

寺子屋があったことで、
江戸の識字率は
70% 以上だった
という説があるよ

読み書きができないことに伴う不都合

読み書きができないと日常生活でさまざまな不都合をきたします。安全・安心な生活を送れないばかりか、生命の危険すらあります。居住する市民の識字は民主的な「社会」が成立するための必要条件の一つなのです。

必要な情報を得られない

薬の処方せん、交通標識、危険地域への立ち入り禁止の指示、レストランのメニューなどは文字で書かれています。文字が読めないと日常生活に支障をきたします。

仕事を選べない

ほとんどの仕事が識字を前提としています。読み書きができなくても就ける仕事は限られているうえ、給与面でも恵まれません。

政治に参加できない

議会制民主主義国の市民には議員または首長の選挙権が与えられますが、読み書きができない市民は選挙権を放棄せざるを得ず、政治への間接的な参加が阻まれます。

命を守ることができない

内紛が絶えない国や災害が多い国での危険地域の指定、交通事故から歩行者を守るための標識は文字で書かれています。警察や消防など公共サービスを受ける際にも識字能力が必要です。

● 識字率の低い国や地域が抱える問題

- 学校や教員の数が少なすぎる
- 女性や少数民族を教育から排除する
- 貧困家庭では親の仕事や家事を子どもに手伝わせる
- 紛争や戦争のせいで安全・安心な学校教育が運営できない

識字率の低さと貧困には
密接なつながりがあるね

教育の不平等をなくすためには

東南アジア諸国がスピーディに工業化を成し遂げたのは初等教育が充実していたからです。サハラ以南アフリカや南アジア諸国が貧困から抜け出せないのは初等教育の制度化の遅れによるものと考えられます。

初等中等教育制度の確立

初等中等教育の制度化は政府の仕事です。サハラ以南アフリカ諸国の多くでは、予算不足のため学校数が絶対的に不足しています。そのせいもあって小学校修了児童の割合が3分の2に達していません(ユニセフの調査)。

初等教育の義務化

普通教育(読み書きをはじめ基礎的な知識の教育)は国民にとっての義務であると同時に権利でもあります。貧しい国々では学校数の不足のため教育の権利を奪われる児童が少なくありません。

教員の養成

学校の建物、机、椅子が整っても、教材を用意し教員を雇う予算が足りない、教員不足のために良質な普通教育を施せない、という事例が多くあります。

13

5 ジェンダー平等を実現しよう

【ゴール5】

ジェンダー平等を実現しよう

分け隔てない教育機会を女子に提供し、女性を排除する職種をなくす

差別の壁が取り払われた先進国と依然として厚く高い途上国

男性は家族を養うために外で「仕事」をし、女性は「家事」と出産・育児に専念する男女の分業が、どこの国にもありました。工業化社会になると男性の多くは工場で働き、給与で家族を養うようになります。もともと男女の分業は、筋力の格差ゆえのことです。工業化の進展に伴い、仕事に必要な読み書きと計算を教える学校が誕生しましたが、家事労働に読み書きは不必要だとして、女性は学校教育から排除されていました。工業化により力仕事を機械が代行するようになり、女性が働くことの障壁は取り払われ、先進国では男女平等が進みました。他方、宗教・伝統に忠実な南アジア・中東・アフリカ諸国では、変わらず女性の役割は出産・育児・家事労働とされたままです。

“女の子”というだけで

男子は仕事、女子は家事という性別分業が太古の昔から慣行とされてきました。欧米、オセアニア、東アジアでは近代化（工業化）を契機として男女差別は表向きなくなりました。アフリカや南アジアの国々の多くはいまだに男女差別が制度化されたままです。

● “女の子”の現状

- 女の子の赤ちゃんは中絶の対象になりやすい
- 学校にほとんど通わせてもらえない
- 性的暴力や人身売買の標的になりやすい
- 職能・技能を習う機会から排除される

6歳から11歳の子どものうち、学校に通うことができない女子は男子の約2倍だよ

● 根強く残る「児童婚」の慣習

サハラ以南のアフリカや南アジアでは18歳未満の女性の2人に1人が結婚しています。出産・育児・家事が女性の仕事であり、女性は職業に就く当てがなく早婚するしかないのです。

日本のジェンダーギャップ指数は先進国の中で最低レベル

日本は長らく男尊女卑を制度化してきました。1949年の学制改革まで女性は大学教育から排除され、1946年まで女性は参政権を有していなかったのです。今なお、国会議員、官庁・企業の幹部職員・役員、大学教授の女性比率は先進国の中で異様に低いありさまです。

● 主な国のジェンダーギャップ指数

順位	国名	値
1	アイスランド	0.908
2	フィンランド	0.860
3	ノルウェー	0.845
4	ニュージーランド	0.841
5	スウェーデン	0.822
10	ドイツ	0.801
15	フランス	0.791
22	イギリス	0.780
25	カナダ	0.772
27	アメリカ	0.769
63	イタリア	0.720
79	タイ	0.709
83	ベトナム	0.705
92	インドネシア	0.697
99	韓国	0.689
102	中国	0.682
115	ブルキナファソ	0.659
116	**日本**	**0.650**
117	モルディブ	0.648

出典:WEF「The Global Gender Gap Report 2022」

● 指数を計算する分野

政治	・国会議員や閣僚の男女比 ・過去50年の首相の男女比
経済	・労働参加率 ・同一職での賃金格差 ・収入格差 ・管理職や専門技術職の男女比
教育	・識字率・初等教育(小学校)就学率 ・中等教育(中学校・高校)就学率 ・高等教育(大学・大学院)進学率
健康	・出生児の男女比 ・平均寿命、健康寿命の男女比

日本は特に「経済」「政治」のスコアが低いんだ

● 日本における男女の教育格差

大学進学率
男子59.7%
女子53.4%

出典:文部科学省「学校基本調査」(2022年度)

大学院進学率
男子14.2%
女子 5.6%

出典:内閣府男女共同参画局(2020年度)

日本の大学進学率は50%台で先進国の中で低く、男女差も大きいほうです。先進国の平均値は62%で、70%を超える国も少なくありません。大学院進学率が低いのは修士・博士の採用に消極的な企業が多いからです。

女子が教育を受ける権利を命がけで訴えてきた女性がいた

パキスタン国籍のマララ・ユスフザイさん(1997~)は「女が教育を受けることは許しがたい罪であり死に値する」と唱える武装勢力パキスタン・タリバーン運動(TPP)の恐怖におびえる女性の惨状をBBC放送で伝え、2012年、TPPの銃撃を受け重傷を負いました。14年、女子教育と平和への貢献が讃えられノーベル平和賞を受賞しました。

マララ・ユスフザイさんの国連本部でのスピーチ(2013年7月)

「親愛なる兄弟姉妹の皆さん、何百万もの人が貧困、不正、無知に苦しんでいることを忘れてはなりません。何百万もの子どもたちが学校に通えていない現実を忘れてはなりません。私たちの兄弟姉妹が、明るく平和な未来を待ち望んでいることを忘れてはならないのです。ですから、本とペンを手に取り、全世界の無学、貧困、テロに立ち向かいましょう。それこそ私たちにとって最も強力な武器だからです。

1人の子ども、1人の教師、1冊の本、そして1本のペンが、世界を変えられるのです。教育以外に解決策はありません。教育こそ最優先です」(抜粋) 出典:国連広報センター

「すべての子どもに教育を」と国連で演説するマララさん

14

【ゴール6】

安全な水とトイレを世界中に

すべての人々の水と衛生の利用可能性と持続可能な管理を確保する

あらゆる命の源「水」を守ることが必要不可欠

日本では水道の蛇口をひねれば飲料水が簡単に手に入ります。しかし世界の多くの国々では、煮沸しないと水道水を飲めません。地下水・地表水はもとより水道水にも感染リスクがあるからです。そのため欧米では、昔から容器入りの飲料水が売られています。生活用水を供給する上水道のほか、雨水・生活排水・産業排水を下水処理場まで運ぶ下水道があり、処理された下水は河川や海に流されます。下水を処理せずに河川に流せば魚がすめなくなります。森林伐採は水源の保水能力を低下させます。昨今、地球温暖化による局地的豪雨や干ばつ、河川の氾濫・渇水の頻度と強度が増しました。水量と水質の保全は地球上のあらゆる生物の生存に不可欠な条件です。

水道水をそのまま飲める国はわずか9カ国

アメリカの主要都市では水道水はそのまま飲めますが、地方に行くと水道水を安心して飲めません。日本は国土が狭いため水道水の配管を全国くまなく張り巡らせています。

● 水道水が安全に飲める国と都市

アジア	ヨーロッパ
日本	・アイスランド ・ノルウェー ・ストックホルム（スウェーデン） ・フィンランド ・デンマーク ・アイルランド ・ドイツ ・オーストリア
アフリカ	
南アフリカ共和国	
オセアニア	
シドニー（オーストラリア）	

出典：国土交通省「日本の水資源の現況／世界の水資源の現状」（令和4年版）

水道水が飲める日本で、
ペットボトル入りの水が
ガソリンよりも
高い値段で売れるなんて、
びっくりだよね

● 世界のほとんどの国で水道水がそのまま飲めない理由

国土の面積が広い

浄化した水道水を家庭や事業所に送るには配管が必要です。アメリカのような広い国の人口過疎な地域に水道水を配管するのはコストがかかりすぎるため河川の水または地下水に頼らざるを得ません。

水源を確保できない

水源を確保できない地域では雨水や遠くの河川から運んできた水で間に合わせざるを得ません。

水質が悪すぎる

欧州諸国では河川水や地下水の硬度が高く、それらを利用した水道水ばかりを飲んでいると腎臓に障害が起こるという説があります。日本の水道水は軟水です。

インフラが整備されていない

アフリカには水道も井戸も存在しない国があります。毎朝、歩いて水を川に汲みに行くのが主婦や子どもの日課になります。

郵便はがき

104-8011

東京都中央区築地5-3-2

株式会社
朝日新聞出版
生活・文化編集部 行

おそれいりますが切手をお貼り下さい

ご住所 〒 電話 （ ）		
ふりがな お名前		
Eメールアドレス		
ご職業	年齢 歳	性別

このたびは本書をご購読いただきありがとうございます。
今後の企画の参考にさせていただきますので、ご記入のうえ、ご返送下さい。
お送りいただいた方の中から抽選で毎月10名様に図書カードを差し上げます
当選の発表は、発送をもってかえさせていただきます。

愛読者カード

本のタイトル

お買い求めになった動機は何ですか？（複数回答可）

1．タイトルにひかれて　　2．デザインが気に入ったから
3．内容が良さそうだから　　4．人にすすめられて
5．新聞・雑誌の広告で（掲載紙誌名　　　　　　　　）
6．その他（　　　　　　　　　　　　　　　　　　　）

表紙　1．良い　2．ふつう　3．良くない
定価　1．安い　2．ふつう　3．高い

最近関心を持っていること、お読みになりたい本は？

本書に対するご意見・ご感想をお聞かせください

ご感想を広告等、書籍のPRに使わせていただいてもよろしいですか？

1．実名で可　　2．匿名で可　　3．不可

ご協力ありがとうございました。
尚、ご提供いただきました情報は、個人情報を含まない統計的な資料の作成等に使用します。その他の利用について詳しくは、当社ホームページ ttps://publications.asahi.com/company/privacy/をご覧下さい。

上水と下水の水質管理には膨大な費用がかかる

上下水道とも配水管を網目のように地下に敷設しなければなりません。上下水道の配管に要する初期投資と維持管理のための費用を市町村の水道局が負担し、利用者から水道料金を徴収しています。地震などの自然災害による配水管の事故、老朽化による水漏れなどへ対処するための維持費がかさみます。

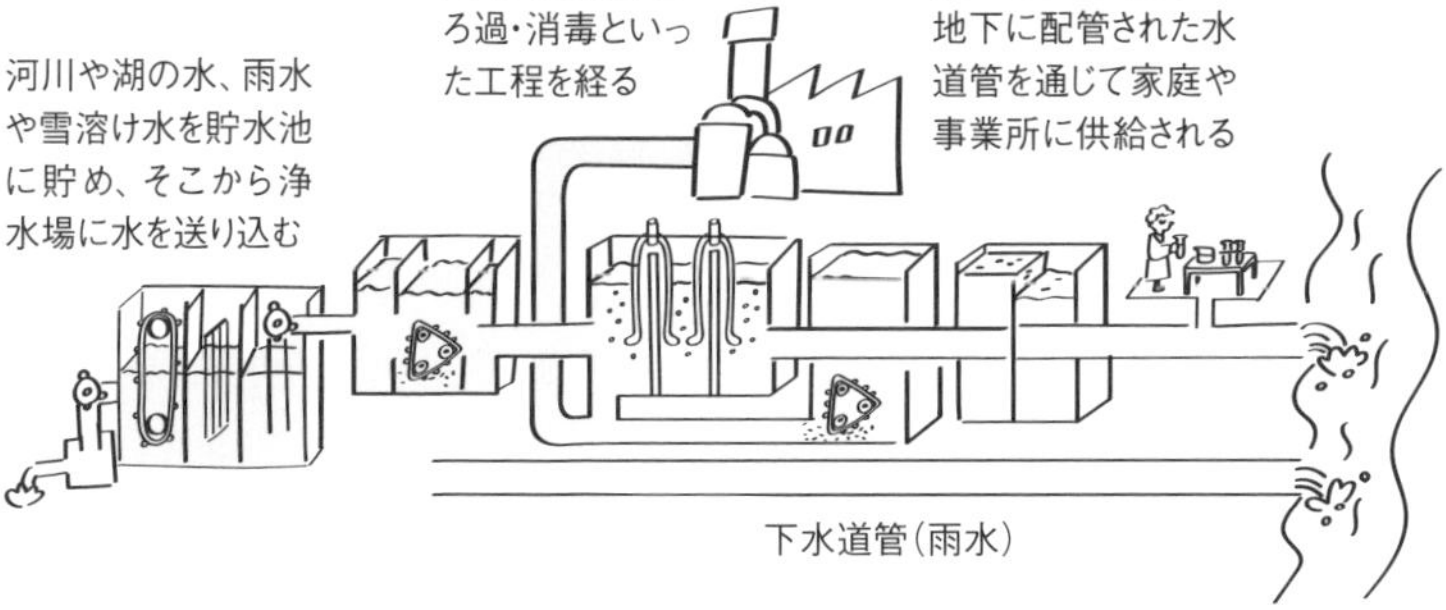
河川や湖の水、雨水や雪溶け水を貯水池に貯め、そこから浄水場に水を送り込む
活性炭・微生物処理・沈殿処理・ろ過・消毒といった工程を経る
水質検査の基準を満たす上水道水が地下に配管された水道管を通じて家庭や事業所に供給される
地下の下水道を通り下水処理場に運ばれた使用済みの汚水は、下水道を通って汚水処理所に運ばれ、混ざり物を沈殿させ除去してから微生物の働きにより有害物質等を浄化し塩素で消毒してから河川・湖・海に返される
下水道管（雨水）

人口増加や気候変動で水はさらに貴重なものに

気候変動により降水量の増減の幅が大きく、干ばつと洪水が世界各地で頻発します。気候災害に備えて水利用と水害への対策を入念に講じておかねばなりません。

21世紀に入り、日本では集中豪雨・局地的大雨（ゲリラ豪雨）と呼ばれる大雨の被害に毎年のように見舞われています。線状降水帯が数時間停滞して大雨を降らせます。1時間に100ミリを超える猛烈な雨が河川の上流部に降り、下流の都市部で河川が氾濫するという予想外の災害を招きます。

2018年7月の西日本豪雨。川からあふれた水が屋根の下まで迫った

● 水を守るためにできること

自然の生態系を守る

河川に流入した汚濁物質（有機物）は微生物の餌となり、水生昆虫は微生物を食べ、水生昆虫は魚に食べられます。こうした食物連鎖を経て、川の水は浄化されます。

食用油や灯油を下水に流さない

動植物油は微生物により処理されますが、ほかの有機物に比べて時間がかかります。石油製品は微生物で処理できません。河川に溜まった油は水中の酸素を吸収し生態系を脅かします。

お風呂の残り湯を再利用する

お風呂の残り湯を洗濯やトイレに再利用することで、水道水の使用量を大きく抑えることができます。

15

7 エネルギーをみんなに そしてクリーンに

【ゴール7】

エネルギーをみんなに、そしてクリーンに

安価で環境にやさしく持続可能な電源へのアクセス権をすべての人びとに確保する

できるだけCO_2排出量の少ない電源を主役に

今から数十万年前、人類はキリモミ式発火法を発見し、狩猟に、獣や虫よけに、夜間の明かりに、肉の調理に、暖房に火を使いました。火を操作する技術の獲得が、ほかの動物から人類を差別化する決め手となりました。そこから長い間、薪や枯葉が燃料だったのですが、産業革命以降、石炭が燃料の主役となり、20世紀になって石油が石炭にとって代わり、石油製品を燃料とする自動車・飛行機がヒトとモノの移動を高速化しました。19世紀末から20世紀初頭にかけて、エジソンの電球に始まる電化製品の発明が相次ぎ、水力・石炭火力発電所から電気を運ぶ送配電網が設けられました。その後、石油・天然ガス・原子力・再生可能エネルギーなど電源の多様化が進みました。

世界に残る未電化地域

2021年の国連の報告によると、サハラ以南のアフリカ、インド、パキスタンなどには送電線がない未電化の地域が少なくありません。

未電化の地域では、比較的裕福な人は蓄電池に電気を充電してもらうなど、電気の量り売りで凌いでいます。電気が使えないのは貧しい人です。

未電化の地域では、貧しい人は灯油でランプを灯します。サハラ以南アフリカの地域では人口密度が低いため送電線を引くことが難しく、貧富の格差が電気の恩恵を受けられるか否かに直結します。

● エネルギーの不公平が生み出すもう一つの不公平

- 降水量の減少による水不足
- 干ばつによる農産物の収量の激減
- 大雨による河川の氾濫
- 海面上昇による国土の浸食

先進国と東アジア諸国の人びとの多くは、電力を多く消費し、乗用車に乗るなどの快適な生活を楽しんでいますが、1人当たりのCO_2排出量はとても多いのです。大気中のCO_2濃度の上昇による気候変動の深刻な被害を受けるのは、電気を使えないサハラ以南のアフリカや南アジアの人びとなのです。

火力発電から脱炭素電源へのうねりが起きている

1kW時の発電に伴うCO_2排出量は石炭火力が最も多く、2020年頃から脱石炭のうねりが巻き起こっています。脱炭素電源は再生可能エネルギーと原子力しかありません。いずれを優先するか、国民の意見は分かれます。

● ロシアのウクライナ侵攻が各国に及ぼす影響

ドイツ	待機中の石炭火力等を期間限定で電力市場に復帰させることのできる法改正が成立
イギリス	2022年中に廃止予定だった石炭火力2カ所を年内に廃止せず運転を延長する方針を発表
オランダ	石炭火力発電所に課していた発電量制限を撤廃し、石炭火力発電の利用を増やす方針を発表
オーストリア	政府と電力大手は、Mellach火力発電所を石炭燃焼に改造し、ロシアからのガス供給制限等の緊急時に再稼働することで合意
フランス	2022年に廃止される予定だった石炭火力発電所について22／23年冬季の再稼働に向けて準備を開始する方針を固めた

出典:資源エネルギー庁「今後の火力改革について」

ロシアの天然ガス供給が途絶え、EU諸国の脱石炭シナリオに見直しが生じました。従来の石炭火力と原発をCO_2排出量の少ない天然ガス火力に置き換え、再生可能エネルギーの比率を限りなく100%に近づけるドイツのエネルギー政策は長期的には堅持されます。

気候変動対策の鍵を握る再生可能エネルギー

洗濯物を乾かすのに必要な太陽熱エネルギーはいくら使っても減ることはなく、燃料費もかかりません。水力、太陽光、熱、風力、地熱などの自然エネルギーのことを、再生不可能な化石燃料と対比させて再生可能エネルギーと総称します。

バイオマス発電
廃材や間伐材などの木質燃料、サトウキビやトウモロコシ由来のバイオ燃料、生ゴミや家畜の糞尿由来のバイオガスなどを燃料とする火力発電

水力発電
水が高い所から低い所に落ちるときの高速・高圧な水の流れ(位置エネルギー)を利用し、水車を回して発電する

地熱発電
地下から取り出した高温の水蒸気でタービンを回して発電する。火山帯の多い日本では貴重な国産エネルギー

太陽光発電
屋根などに設置された太陽電池(半導体素子)により太陽光エネルギーを電気に変換する

風力発電
風の力を利用して風車を回し風車の回転エネルギーで発電する。再生可能エネルギーのエース格

● 再生可能エネルギーのメリット・デメリット

メリット

- 発電に際して廃棄物をまったく出さない
- 設備にお金はかかるが発電コストはタダ
- 小規模分散型であるため広範囲な停電を免れる

デメリット

- 発電量の増減が天候次第
- 初期の設備投資が高くつく
- 小規模なため電力需要の増加に対応しにくい

16

8 働きがいも経済成長も

【ゴール8】

働きがいも、経済成長も

すべての人びとに生産的で働きがいのある人間らしい雇用(ディセントワーク)の機会を提供する

先進国が率先して実現すべき誰もが人間らしく働ける社会

経済が成長するには次の3つのうち少なくとも一つが必要です。①生産に従事する(働く)人の数が増えるか、その能力が高まる。②生産性の向上に寄与する設備が増強される。③新しい生産技術が実用化される。途上国の完全雇用・経済成長を実現させるには、政府開発援助、企業の生産拠点の移転、生産技術の無償供与、学校教育への支援、世界銀行からの融資など、先進国政府と企業による適切な支援が欠かせません。先進国政府と企業は、安価で豊富な労働力を求めて工場を途上国に移転するだけでなく、働きがいのある人間らしい雇用の提供に加え、宗教・文化の多様性を許容し、人権を尊重する寛容さ、児童労働や強制労働を回避する見識を備える必要があります。

「働きがい」ってどういうこと?

働く人それぞれが働くことに満足できることを「働きがいがある」と言います。仕事が楽しい、仕事に没頭する、仕事に生きがいを感じる、仕事を通じて社会に貢献できる、他人のためになる、報酬が応分であるなどが「働きがい」の具体例です。

● 働きがいを感じる働き方

適正な労働時間で働いている

強制される長時間労働は「働きがい」を損ないます。自宅に仕事を持ち帰りテレワークするのもおすすめ。

適正な賃金が支払われている

衣食住に不足はなく、家族を養い、健康で文化的な生活を送れるだけの給与が支払われるべきです。

好き・得意を活かせている

持ち前の能力を活かせるような仕事、やりがいを感じる仕事に就くことが働きがいにつながります。

社会への貢献を実感できる

社会のため、人のために役立っていることを実感できる仕事に就く機会が提供されなければなりません。

● チャップリンの『モダン・タイムス』が問う、働くものの尊厳

1936年のアメリカ映画『モダン・タイムス』は、自動化・機械化が「働きがい」を奪うさまを風刺したチャールズ・チャップリン監督・主演の名作です。1920年代に繁栄を謳歌したアメリカで、1929年に始まる大恐慌以降、次第に蔓延する資本主義経済への幻滅を象徴する映画として大ヒットしました。

児童労働はまた別の問題をはらむ

サハラ以南のアフリカや南アジアの極度に貧困な地域では、親にとって子どもは育てる対象ではなく、働かせてお金を稼ぐための存在なのです。児童労働は貧困の世代間連鎖をもたらします。

● 児童労働の原因

貧困

家庭の貧困が最大の原因です。1960年頃までの日本でも、貧しい家庭の子どもは小学生の頃から働かされていました。

児童労働を当然とする社会

前近代的な社会では12歳以上の子どもは働くのが当たり前だと考えられていました。戦前の日本でも、ほとんどの子どもは小学校を卒業するとすぐに農家・商店・工場に丁稚奉公していました。

スラム街の形成

都市部で多くの貧困者が集まって住んでいるスラム街には、生活費を稼ぐために学校に通わせてもらえず、働かされている子どもたちが少なくありません。

教育機会の欠如

通える場所に学校(教育の機会)がなければ、貧しい家庭は子どもを通学させることができません。

紛争や自然災害

紛争の兵員不足を補うために子どもに銃を持たせたり、自然災害からの復興作業に子どもを動員したりします。

● 日本にも存在する児童労働の実態

- 日本における児童労働者数
  約17万4,000人(推計)
- そのうち危険有害労働に従事している子どもの数
  約14万5,000人

日本の労働基準法は15歳未満(15歳に達した日以後の最初の3月31日が終わるまで)の児童を労働者として雇用することを禁止しています。しかし、風俗関係を中心に児童労働の事例は決して少なくありません。

出典:「日本にも存在する児童労働～その形態と事例～(2019年12月)」(特定非営利活動法人ACE)

「働きがいのある人間らしい仕事」を実現するために

人件費を節約するために労働基準法に違反する企業を監視するのは消費者です。「不買」によって企業の違法労働行為を罰するのが消費者の大切な役割です。

フェアトレード商品を選ぶ

公正な取引のもとで販売されている(発展途上諸国の)製品を意識して購入しましょう。
(P.119をチェック!)

児童労働によってつくられた商品は買わない

人件費の節約のために子どもを働かせている工場で作られた製品を「不買」の対象にしましょう。

原材料や部品の供給網にまで目配りを

一見フェアトレード商品のように見えても原材料までたどればフェアでない商品もあります。「不買」の対象に加えましょう。

多様な状況下にある人びとが自分らしく働けるために

男女、人種、文化的背景、教育のレベル、宗教、障がいの有無などにかかわらず、誰もが等しく自分を活かせる仕事に就けるようにしましょう。

17

9 産業と技術革新の基盤をつくろう

【ゴール9】

産業と技術革新の基盤をつくろう

レジリエントなインフラを構築し、誰もが参画できる持続可能な産業化を促進しイノベーションを推進する

誰もが参加できる経済発展のための基盤づくり

インフラとは、生活の利便性・快適性、産業の生産性を高めるための社会的基盤のことです。日本は国土が狭いために、鉄道・道路・港湾・橋梁・水道・送配電網・有線電話網・携帯電話基地・飛行場などのインフラがとてもよく整備されています。その半面、教育・文化・保健などのインフラ整備は決して十分とは言えません。働く人びとは、自営業あるいは民間企業で働くか、政府機関（学校・病院・警察・消防など）で働くかに二分されます。発展途上国では後者の割合が高く、国が経済をマネジメントしています。今後は、農業・製造業・商業の３つの産業にバランスよく雇用を配置し技術革新と経営効率化により、自立した民間主導の経済運営を図らねばなりません。

私たちの身近にあるインフラ

インフラとはインフラストラクチャー（infrastructure）を略した和製英語で、日本語では社会的基盤と言います。生活・経済・交通・通信・安全などのために国や自治体が税金や公債を使って設営し、利用料金の徴収で採算がとれたようになれば民営化されます。経済発展のためにはインフラの整備が不可欠です。

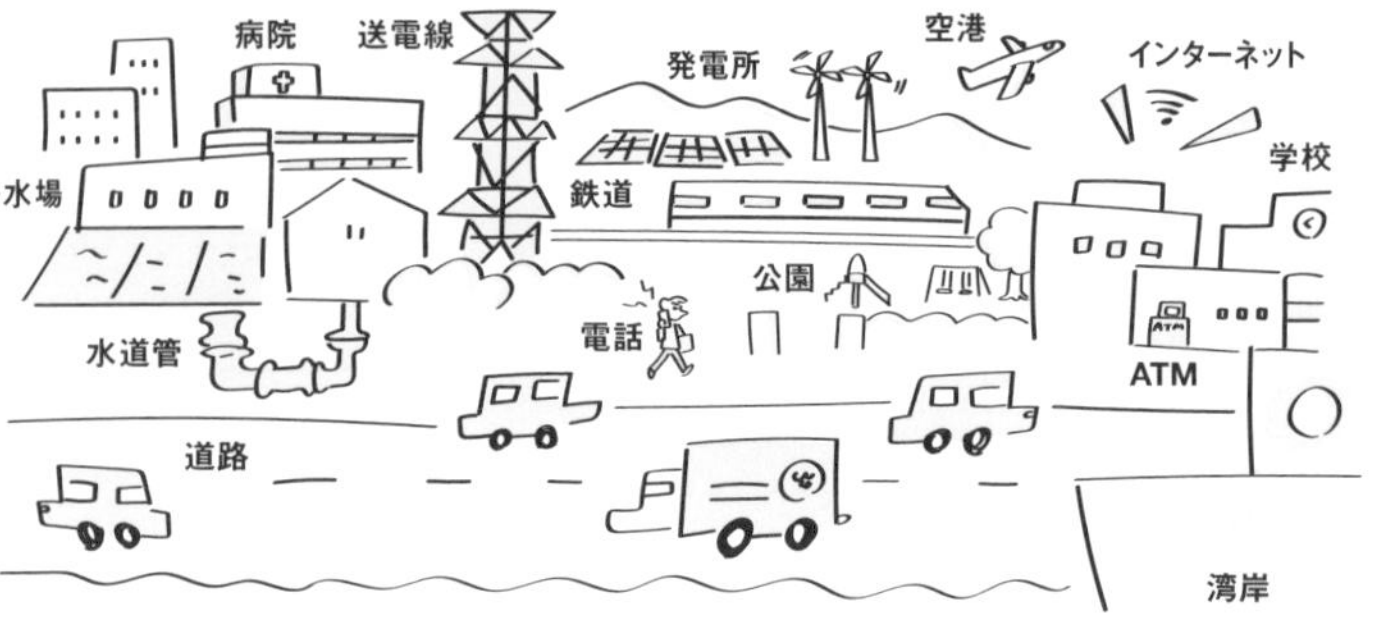
病院
送電線
発電所
空港
インターネット
学校
浄水場
鉄道
公園
電話
水道管
ATM
道路
湾岸

地震などの自然災害で
インフラが壊れると
日常生活も経済活動も
成り立たなくなってしまうよ
災害に強い
インフラづくりが大切だね

今後10年で次々と寿命を迎える日本のインフラ

日本のインフラには戦後復興期（1946~56年）と高度成長期（1957~73年）に建設されたものが多く、老朽化が進行中です。補修・修繕に要する巨額の費用は建設国債で賄われます。

● 日本の老朽インフラ率

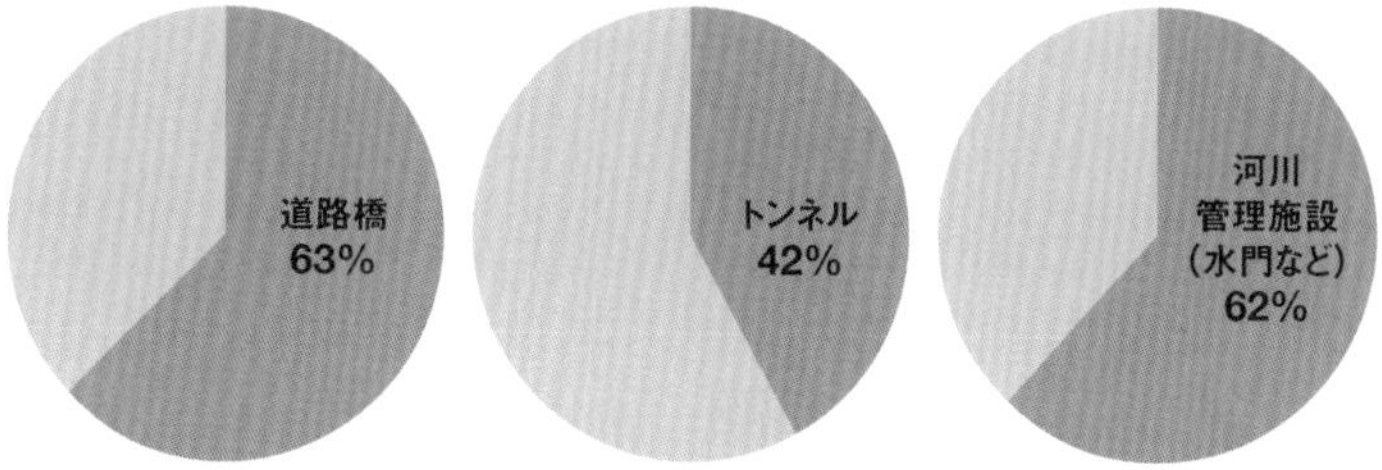
道路橋
63%
トンネル
42%
河川
管理施設
（水門など）
62%

出典：国土交通省

左のグラフは2033年3月に建設後50年以上経過するインフラの割合を示しています。国土交通省によると、2016～2022年度の目視点検では、トンネルの36％が、早急に修繕しないと危険な状況であることが判明。2033年まで待てない状況です。

● 老朽インフラの問題点

- 予算と人手の不足により、劣化のスピードに修繕が追いついていない
- 道路の修繕が間に合わないと、通行止めによって物流が滞り、社会全体に影響が出る

これからのインフラ建設は
長寿化を心がけないとね

世界でインターネットにアクセスできていない人は37億人

インターネット・ユーザーは世界人口の過半を占め、ユーザーの大部分が端末としてスマートフォンを利用しています。スマホの普及がインターネットへのアクセスを飛躍的に推し進めたのです。一方で、インターネットにアクセスできない人は世界で37億人いるのが現状です。

● 世界のインターネット普及率

約81％
約45％
約20％
先進国
発展途上国
後発発展途上国

出所：ITU（国際電気通信連合）（2018年）

インターネットの普及が
進めば、オンライン診療や
新たなビジネスチャンスの
きっかけにもなるね

18

10 人や国の不平等をなくそう

【ゴール10】

人や国の不平等をなくそう

各国内そして各国間の所得分配の格差をできるだけ解消する

ほとんどの先進諸国が抱える所得格差の問題

１９８０年代以降、アメリカ国内の所得格差が急拡大したことが物議をかもしています。資産（株式・債券・不動産など）の大半を富裕層が所有し、所得の増分の大部分が富裕層に分配されます。経済成長の果実は貧困層にほとんどトリックルダウン（滴り落ちる）してきません。所得格差の拡大はほとんどの先進諸国内で現在進行中です。金融経済の肥大化、情報化の進展、金持ち優遇の税制改革などが格差拡大の主な原因です。格差是正のための税制改革・社会保障制度の見直しなどが求められています。国家間の経済格差もまた拡大の一途にあります。最貧国の大部分がアフリカに偏在しており、その多くが食料輸入国、地下資源に恵まれず、政治的不安定を抱えています。

アメリカでは21世紀に所得格差は拡大している

1929年の大恐慌で株価が暴落するまで拡大傾向にあったアメリカの所得格差は、それ以降は縮小傾向に転じたのですが、80年代以降、再び拡大傾向に転じました。経済の主役が製造業から金融・情報通信に転じたためです。

● 上位1%の高所得者の所得合計が全米総所得に占める割合の推移

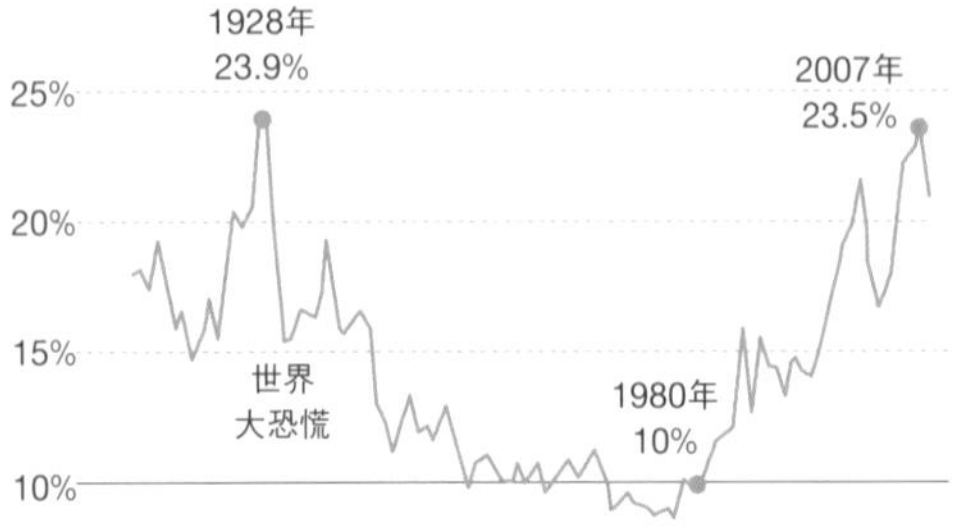

1928年
23.9%
2007年
23.5%
25%
20%
15%
10%
世界
大恐慌
1980年
10%

出典:http://piketty.pse.ens.fr/fr/capital21cより作成

過去の税務統計に基づき、経済学者のピケティが計算した結果です。大恐慌の直前の1928年に所得格差はピークに達し、大恐慌により資産価格が暴落したため格差是正が進み、1970年代末まで格差は縮小傾向です。ところが1980年以降、格差は再び拡大し始め、2010年には1928年と同程度の格差社会に逆戻りしました。

アメリカは世界で一番お金持ちの多い国なんだ。「私たちは99%」というウォール街占拠運動のスローガンの意味がこれでわかったよね
メジャーリーガーの大谷選手の年俸は43億円らしいけど、もっと年俸の高い経営者はいっぱいいるみたい

英米の経済格差を解明した経済学者トマ・ピケティ

1980年代以降、英米両国で所得格差が急拡大しました。特にアメリカの会社役員の年収は数億ドル、IT関連の会社の社長ともなれば年収数十億ドルが当たり前となりました。その理由を解明する著書を刊行して一躍名を馳せたのが経済学者トマ・ピケティです。

トマ・ピケティ(1971～)はパリ経済学院教授。膨大な統計データに基づき欧米主要国の所得格差のゆえんを解明し再分配政策を提案した『21世紀の資本』(2013年)は各国語に翻訳され、空前の世界的ベストセラーとなった

労働に応じて報酬を受け取る給与所得者の所得の平均的な増加率は経済成長率にほぼ等しく、資産(債券・株式・不動産など)を運用する富裕層の利子・配当所得(運用益)の増加率は経済成長率をおおむね上回るから、給与所得者と資産家の所得格差は拡大の一途をたどるのです。

Q&A トマ・ピケティの格差是正の方法とは?

所得税制の累進度を高め、低所得者への支給額の上限を引き上げ、富者から貧者への所得再分配を図り、資産所得(利子・配当等)にも累進課税して、資産所得に起因する所得格差を解消することをピケティは提案します(現状、日本の税率は20%で一定)。

格差是正を求める市民活動も起きた

アメリカでは、富裕層上位1%が全米所得の20%を占め、上位10%が全米総資産の90%を占めています。2011年9月17日、「ウォール街を占拠せよ」「私たちは99%だ」というプラカードを掲げるデモ隊約1000人が夜間のウォール街を練り歩きました。SNSを通じてデモは全米に拡散し11月半ばまで続きました。MDGsが国際間の格差是正のみを目標としていたのに対し、SDGsは国内の格差是正をも求めています。

● 格差が生んだアメリカ国内の「分断」

2016年の大統領選で、不法・合法移民によって仕事を奪われるか、もしくは低賃金に甘んじざるを得ない非大卒白人労働者は共和党のドナルド・トランプ候補を熱狂的に支持し、不法・合法移民に脅かされない大卒ホワイトカラーは民主党のヒラリー・クリントン候補を支持するという「分断」の構図が浮き彫りになりました。両者の間に貧富の格差があることも見落としてはなりません。

2016年12月、大統領選に勝利したドナルド・トランプ氏は、激戦州の筆頭オハイオ州で「サンキューツアー」をスタートとした。オハイオ州は有権者に白人の労働者が多い

19

11 住み続けられるまちづくりを

【ゴール11】

包摂的で安全かつ強くしなやかで持続可能な都市および人間居住を実現する

住み続けられるまちづくりを

都市圏への人口集中によって生まれるさまざまな問題

工業化・サービス化が進むにつれて、都市圏に立地する工場・商店・サービス業の旺盛な労働力需要を満たすべく、農村の若者たちが大挙して都市圏へ移動します。都市圏への人口集中は、自然破壊・地価高騰・大気汚染・交通渋滞・スラム化など数多《あまた》の都市問題を生み出します。日本・韓国・中国のように短期間に工業化した国々では、都市問題が深刻です。都市人口の過密化は、自然災害への脆弱性を高めます。交通渋滞が日常化し、大気汚染物質や二酸化炭素の排出量が激増します。都市勤労者の職住分離がとめどなく進行します。都市機能のコンパクト化、地方分権化、情報化、リモートワークなどを推進して、持続可能なまちづくりに取り組んでいく必要があります。

東京一極集中が抱える問題

1950年代後半、工業化社会へ向けて“離陸”するに伴い、多くの中卒者が農村から東京圏（一都三県）の工場・商店に集団就職しました。東京圏の人口は激増し行政機能はもとより大企業の本社機能も東京に集中し、地方都市は次第にさびれていきました。

防災上の脆弱性

万一、大規模な首都直下型地震が起きれば、電気・上下水道・ガスなどの生活インフラ、交通網、通信網が遮断され空前の大混乱に陥りかねません。

生活環境の悪化

東京圏に居住する人の多くは満員電車での長時間通勤、狭隘な住環境を余儀なくされます。自然環境に恵まれた生活と通勤の利便性とはトレードオフ関係にあります。

インフラの老朽化

インフラの老朽化は大事故の勃発を招きかねません。昼間人口の超過密な東京でインフラ老朽化に起因する事故が発生すれば、被害は空前の規模に達する危険性もあります。

周辺の緑地や森林の減少

東京圏に人口が集中した結果、都心部の地価は高騰し、都心から郊外へと延びる私鉄沿線の駅周辺の緑地や森林を住宅地に転用して人が移り住むという「スプロール化」が現在の東京圏を形づくったのです。

地方の過疎化と経済的な衰退

人口そして企業本社の東京圏への移動に伴い、地方都市は衰退せざるを得ません。関西圏にしても例外ではなく、大阪発祥の企業の多くが本社機能を東京に移転し、関西経済界は往年の覇気を失いました。

● 東京一極集中の原因

- 交通網が東京と地方の時間距離短縮
- 国の行政機能が東京に集中
- 大学や会社本社が東京に偏在
- 人口増と生活の利便性向上の好循環
- メディアが若者の東京志向を醸成

2040年、日本の自治体の約半数が消滅可能性都市に?

約半数の基礎的自治体(市区町村)が、少子化や人口流出に歯止めがかからず、将来、消滅する可能性にさらされています。

2040年までに896の市町村が、消滅可能性都市になるといわれている

青森県・秋田県・岩手県・山形県・島根県の5県については8割以上の自治体が該当

秋田県においては大潟村を除く全自治体が該当

出所:日本創成会議

● 消滅可能性都市問題を解決するには

スマートシティ化

ICT(情報通信技術)を活用して老若男女にとって住みやすく魅力的なまちをつくりましょう。

サテライトオフィスの誘致・設置

会社や官庁の事務的業務の多くがリモート化可能というコロナ禍の教訓を生かし、オフィスの一部を地方都市に移転させる動きが出始めています。

移住しやすいまちづくり

東京から移住しても利便性・快適性がそこなわれないようなまちづくりが求められます。

出産・子育てしやすいまちづくり

産科の医師が少なかったり小中高校へのアクセスが不便だったりといった、地方都市の欠点を補わなければなりません。

コンパクトシティがかなえる持続可能なまちづくり

コンパクトシティとは居住地域が郊外に広がること(ドーナツ化・スプロール化)を抑えて、生活圏を適度に狭めたまちを意味します。

コンパクトシティ内の交通は徒歩、自転車、路面電車、電気バスで十分用が足ります。コンパクトシティ間を結ぶ鉄道で市外の勤務先に通勤し、高齢者は徒歩で買い物に出かけ、児童は徒歩または自転車で保育園や学校に通い、道路の渋滞はなく、路面電車の遅延はなく、市民1人当たりのエネルギー消費や二酸化炭素の排出量は少なく、休日には自転車で郊外に出かけて森林浴を楽しめます。

20

12 つくる責任 つかう責任

【ゴール12】

つくる責任、つかう責任

消費と生産の持続可能な調和を目指す

3Rに支えられる循環型社会の構築

生産と消費は経済活動の中枢です。生産者がつくるモノ・サービスを、消費者は市場で決められる価格で購入します。跡地への植栽をしない焼畑農業や林業、乱獲を繰り返す漁業は持続不可能です。化石燃料を大量消費するモノづくりは持続不可能です。持続可能な生産と消費のために必要なのは3R。廃棄物を最少化するリデュース(Reduce)、モノを捨てずに再使用するリユース（Reuse)、資源として再利用するリサイクル(Recycle)です。目指すべきは3Rが機能する循環型社会です。廃棄食品をリデュースし、ゴミをリサイクルし、古着や中古家具をリユースする循環型社会の構築に貢献し、持続可能性に配慮する企業を応援しましょう。

循環型社会のキーワード「3R」とは

あらゆる資源は有限です。次世代、次々世代のために、資源をムダづかいしない（＝循環型）社会づくりに努めなければなりません。

3R

Reduce《リデュース》	Reuse《リユース》	Recycle《リサイクル》
ゴミを減らす	不用品を再利用する	繰り返し使う
[例] 食べ残しをしない	[例] リサイクルショップやフリマを利用する	[例] 資源ゴミを分別回収する

- 買い物はマイバッグを持参する
- 詰め替え用品を使う
- マイはしを使う

- 不用品を欲しい人にゆずる
- リターナブル容器入り製品を購入する

- リサイクル製品を積極的に使用する
- ゴミをきちんと分別する
- 生ゴミを堆肥に

乱獲をやめ、世界の漁獲量を3分の2に

適正水準を超える過剰な漁獲（乱獲）は水産資源（魚介類）の再生産能力を阻害し資源量の低下を招きます。現在の漁獲量を3分の2程度に抑えなければなりません。

● 世界の漁獲量と養殖生産量

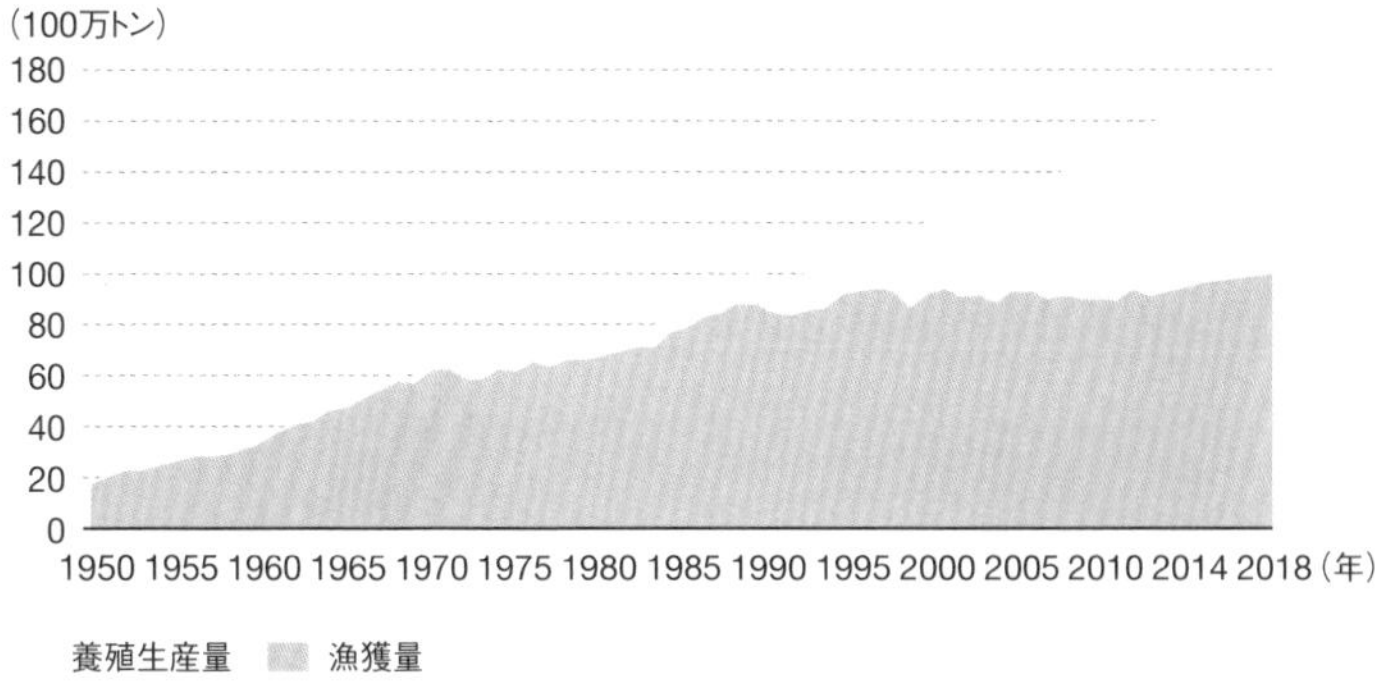

出典：「世界の漁獲量と養殖生産量」（FAO）

Q&A 養殖なら問題ないの？

ブリ・ハマチ、マダイ、カンパチ、クロマグロなど多くの魚が養殖されています。高級魚の養殖用の餌としてイワシやニシンが乱獲されます。のみならず、養殖場を確保するためのマングローブや干潟の自然破壊という問題もはらんでいます。養殖業者は水産資源の持続可能性への配慮を怠ってはなりません。

世界で生産される食品の3分の1は食べられずに捨てられている

まだ食べられるのに捨てられる食品のことを「食品ロス・フードロス」と言います。スーパーやコンビニの売れ残り、レストランの食べ残しが惜しげもなく捨てられます。食品廃棄物はコストをかけて焼却場に運ばれ灰になります。

● 日本の1年間の食品ロス

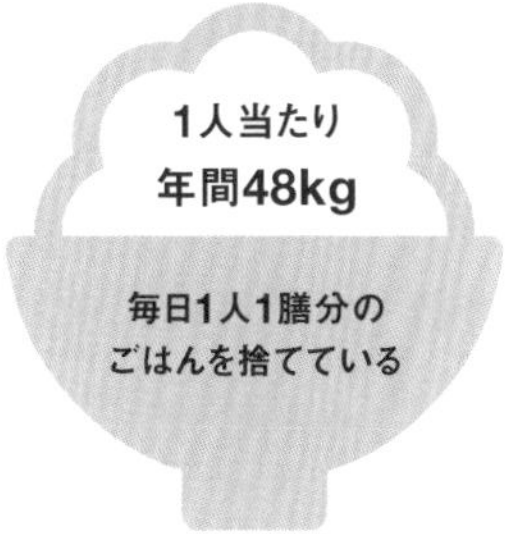

家庭でできる食品ロスを減らす行動

買いすぎない	消費期限内に使い切れるよう買い物に気をつけましょう。
使い切る	買った食品は使い切るよう献立を工夫しましょう。
食べ切る	食べ残ししないよう料理の盛りすぎを避けましょう。

21

13 気候変動に具体的な対策を

【ゴール13】

気候変動に具体的な対策を

気候変動への適切な緩和策と適応策を実施する

地球と人びとを守るためにCO_2排出量の削減を

温室効果ガス（二酸化炭素（CO_2）・メタン・代替フロンなど）の大気中濃度が上がると地表の気温は上昇し、異常気象が頻発します。夏の猛暑・干ばつだけでなく、台風の頻度と強度が増し、局地的な集中豪雨が発生します。南極氷山や山岳氷河が溶融して海面が上昇し、小さな島国は水没の危機にさらされます。気温上昇・降水量増減・海水温上昇は農業や漁業を脅かします。気候変動を緩和するには、まず何よりもCO_2排出量を削減しなければなりません。２０５０年までにCO_2排出量を実質ゼロにする国際合意が成立しています。気候変動への適応策としては、クールビズ、熱中症予防策、農作物の高温耐性向上、渇水・治水対策などが挙げられます。

日本の気温は100年間で1.2℃上昇

大気中の温室効果ガス濃度の上昇が大気温を上昇させ、日本では100年間で1.2℃気温が上がりました。それが集中豪雨や干ばつなどの異常気象、海水温上昇による漁獲の異変を引き起こします。

● 日本の平均気温の経年変化

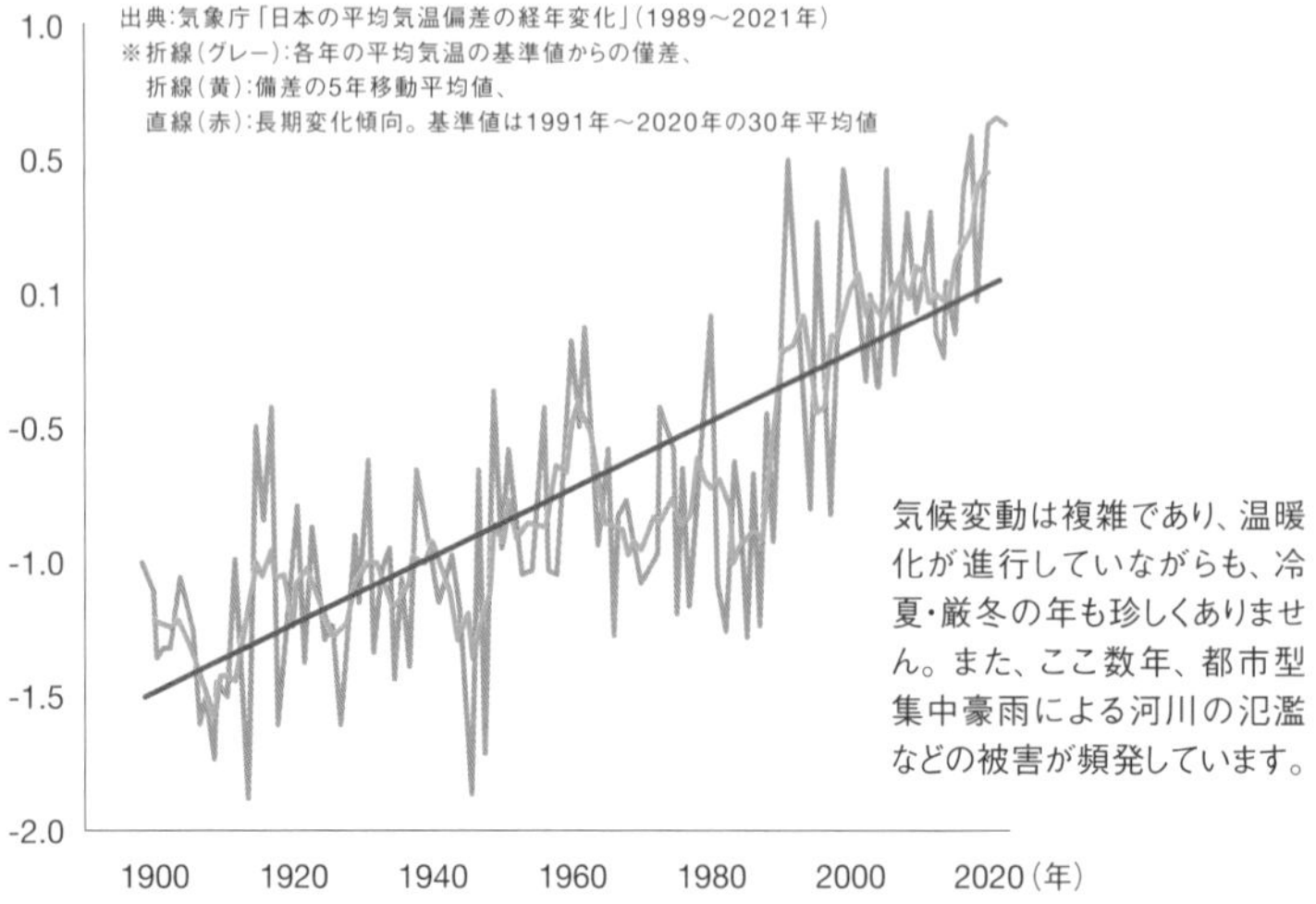

出典：気象庁「日本の平均気温偏差の経年変化」（1989〜2021年）
※折線（グレー）：各年の平均気温の基準値からの偏差、
折線（黄）：偏差の5年移動平均値、
直線（赤）：長期変化傾向。基準値は1991年〜2020年の30年平均値

気候変動は複雑であり、温暖化が進行していながらも、冷夏・厳冬の年も珍しくありません。また、ここ数年、都市型集中豪雨による河川の氾濫などの被害が頻発しています。

郊外に比べ都市部ほど気温が上がるヒートアイランド現象だね

誰がなんのためにCO_2を排出しているの?

家庭は照明・炊事・入浴・冷暖房に、商店・ホテルは照明・給湯・冷暖房に、工場は製造過程で、自動車・電車・飛行機は走行する際に、電力または化石燃料(石油製品・天然ガス)を大量消費しCO_2を大量排出しています。

● 日本の部門別CO_2の割合

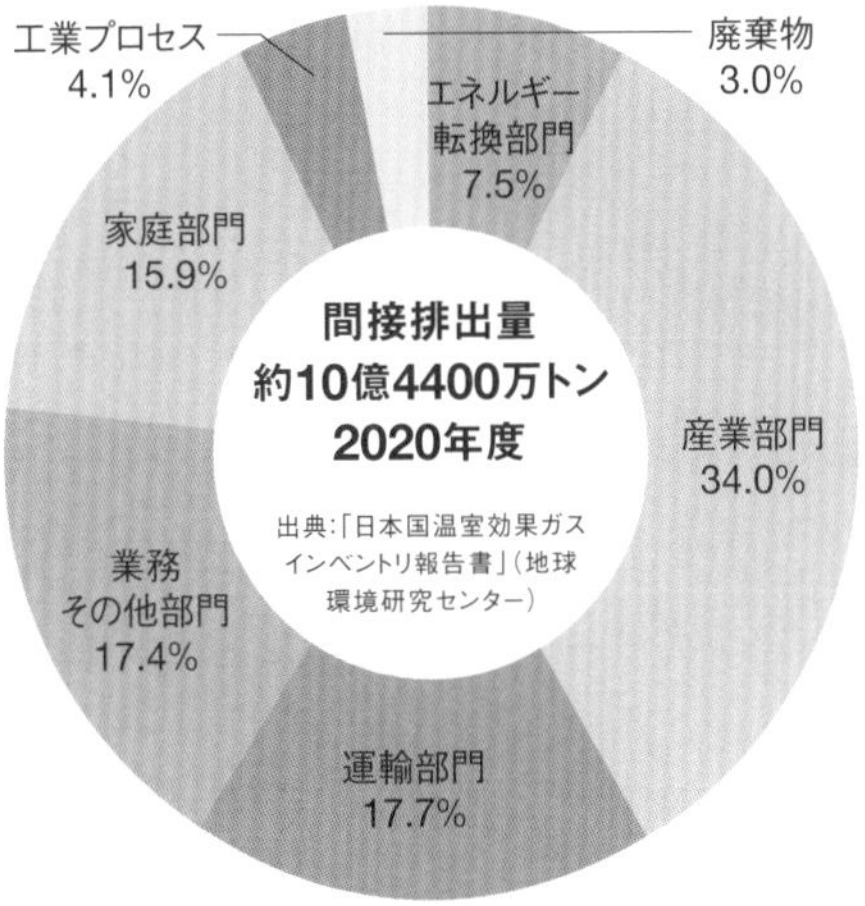

火力発電所でのCO_2排出量を電力消費者側に転嫁している。業務とは小売り・サービス・公務・学校・本社などを意味する

CO_2排出量を減らすためにできること

白熱灯をLEDに切り替える

寿命が長く消費電力は6分の1になります。

住宅の外壁に断熱材を

冷暖房の効率を高めます。窓ガラスをペアガラスにすれば効率はさらに向上。

公共交通機関を優先する

1人を1キロメートル運ぶのに乗用車は電車の約8倍のCO_2を排出します。

エアコンの設定温度を見直す

設定温度を冬は20℃、夏は28℃を目安にしましょう。

気候変動対策の新しい枠組み「パリ協定」

気候変動枠組み条約締約国会議(COP)が毎年開催されます。1997年のCOP3で京都議定書が採択されましたが(P.48)、その後継として2015年のCOP21でパリ協定が採択されたのです。

● パリ協定の長期目標

- 世界の平均気温上昇を産業革命以前に比べて2℃より十分低く保ち、1.5℃に抑える努力をする
- できる限り早く世界の温室効果ガス排出量をピークアウトし、21世紀後半には、温室効果ガス排出量と森林などによる吸収量のバランスをとる

出典:経済産業省資源エネルギー庁ホームページ

パリ協定が採択された瞬間(2015年12月13日)

Q&A

パリ協定が画期的だと評価されているのはなぜ?

京都議定書は先進40カ国のみに温室効果ガス排出削減義務を課し、途上国には削減義務を課さなかったのに対し、すべての批准国に削減目標の報告を義務付けたという点でパリ協定は画期的だと評価されます。

22

14 海の豊かさを守ろう

【ゴール14】

海の豊かさを守ろう

たった一つの海を汚さず、海洋資源の持続可能性を心がけよう

海の持続可能性を保つために海に捨てるゴミを選別しよう

地球の表面積のおよそ70%を占める海は、魚介・海藻・海水塩の供給源として、効率的な輸送の航路として、観光資源として、人類に多大な恩恵をもたらします。と同時に、海はゴミ捨て場。大量の生活排水・工場排水の流入は赤潮の発生を誘います。工場排水に含む化学物質に汚染された魚介類を人が食べて重篤な神経障害（水俣病）を引き起こした苦い経験があります。海中に投棄されたマイクロ・プラスチックを摂食した魚介・海鳥・海亀の生存が危ぶまれています。CO_2が海水に溶けて起きる海洋酸性化はサンゴ・貝・ウニなど炭酸カルシウムを骨格とする魚介の生育を阻害します。海は一つです。海に面する国々が海洋資源の持続可能性に貢献しなければなりません。

地球の7割を占める海は生命の源

数十億年前、地球上はじめての生命体は海で生まれ、地上にすむ動物は海洋生物を食べて生命を維持しました。海洋生物は人手を加えずに海が育んでくれる貴重な生き物です。

世界の1人当たりの魚介の消費量は50年間で約2倍になったんだって

海洋プラスチックゴミも心配だなぁ

● 海が抱える深刻な問題

魚の獲りすぎ

魚介を乱獲すれば持続可能な繁殖を妨げ、漁業の持続可能性を危うくし、漁獲量の低下が顕在化します。

工場排水や生活排水

生活・工場排水は海へ流すのが当たり前になっていますが、生活・工場排水に含まれる有害物質が海を汚染し海の生態系を破壊（例：サンゴ礁を白化）したり、海産物を食べる人間の健康を害したり、海への排水は深刻な環境問題を引き起こします。

海洋プラスチックゴミによる汚染

海に投棄されたプラスチック製品は波で砕かれたり紫外線により分解されてマイクロプラスチックになり、それを食した魚介が死ぬこともあれば、それらの魚介を食した人間の健康が損なわれたりもします。

船の事故などによる油の流出

貨物船が座礁すると、燃料の重油が大量に海に流出します。また、原油を運ぶタンカーが座礁すると深刻な海洋汚染を引き起こします。海の油汚染の海洋生態系への悪影響は数十年続くと言われています。

海中のプラスチックゴミが魚の総量を超える可能性がある

海に投棄されるプラゴミは、日本だけで毎年約800万トン。海にたまったプラゴミの総量は1億5000万トン。このまま投棄が進めば、2050年には海にすむ魚の重さをプラゴミの重さが上回ると予測されます。

● 日本のプラスチックゴミの内訳

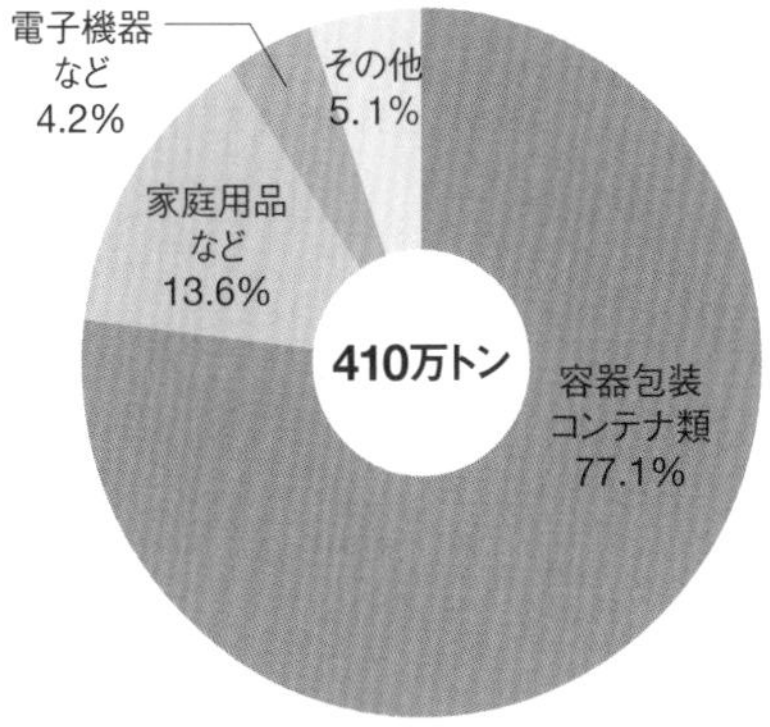

出典:「プラスチック製品の生産・廃棄・再資源化・処理処分の状況」(2020年)

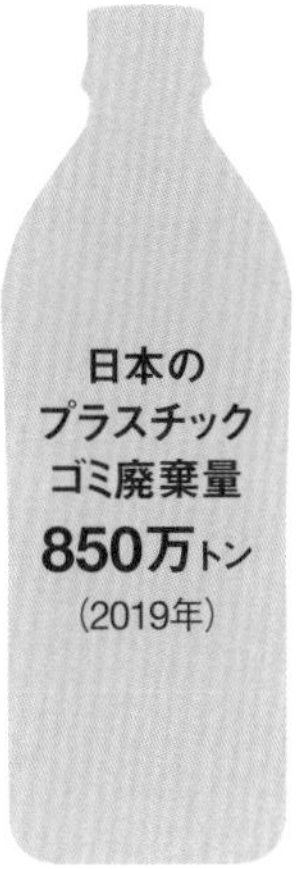

アメリカに次いで
世界2位

1人当たり
32kg/1年間

約40%が
使い捨て
プラスチック容器

Q&A 「マイクロプラスチック」とは?

紫外線や風雨にさらされて5ミリ以下の粒子状になったプラスチックを意味します。回収が難しく世界中の海に拡散し、それを誤食した海洋生物が死に至ったり、成長が損なわれたり、生殖能力が低下したりします。さらにその魚を食べる人の健康を損なうことも懸念されます。

プラスチックゴミを減らすために今日からできること

石油を原料とするプラスチックは合成樹脂とも呼ばれ、天然素材の安価で軽くて便利な代替品として大量消費・大量廃棄されています。廃棄されたプラスチックは自然分解されずに海に流出し、海の生態系に深刻な悪影響を及ぼします。

- □ エコバッグを持ち歩く
- □ ボディソープを固形石けんにする
- □ マイボトルを使う
- □ 裸売りの野菜を選ぶ
- □ 個包装のお菓子を選ばない

Q&A 「プラスチックに係る資源循環の促進等に関する法律」とは?

政府は2019年にプラスチック資源循環戦略を策定し、上記法律を2021年に施行しました。プラスチック使用製品の設計からプラスチック使用製品廃棄物の処理まで、プラスチックのライフサイクルに関わるあらゆる主体に資源循環の取り組みの促進を義務付ける法律です。

23

15 陸の豊かさも守ろう

【ゴール15】

陸の豊かさも守ろう

持続可能な森林経営、砂漠化への対処、土地劣化の阻止・回復、生物多様性の保全に努める

種の絶滅のことごとくは環境の変化か人間の仕業

陸地・湖沼・河川にすむ生物をつなぐネットワークを生態系と言います。ネットワークの中心となるのは食物連鎖（食う・食われるの関係）です。大気中のCO_2を吸収して生育する植物を草食動物が食べます。草食動物の多くは肉食動物に食べられます。環境の激変がない限り生態系は安定しています。食われる種《しゅ》が自然に絶滅したりはしません。過去に起きた種の絶滅のすべてが、環境の変化または人間の仕業です。森林伐採、河川のダム建設、湖沼への汚染物投棄、化学工場跡地の土壌汚染、酸性雨、密猟、外来種などが生態系の調和を乱します。生物多様性の喪失、土地の劣化、砂漠化、湖沼・河川の水位低下、樹木の枯死などが持続不可能な人間活動の証です。

生態系が危機にさらされている

生物多様性は、開発や乱獲による危機、人間の干渉による危機、外来生物や化学物質による危機、気候変動による危機にさらされています。

● 食物連鎖による「食べる」「食べられる」のつながり

植物が光合成により有機物（炭水化物・タンパク質・脂肪）を作り、植物を食べる草食動物を肉食動物が食べ、肉食動物の死骸をバクテリアが分解して植物の肥料となります。

食物連鎖の
どこかが途切れれば、
生態系全体が
こわれてしまうんだ

● 生物多様性の4つの危機

第1の危機	第2の危機	第3の危機	第4の危機
市街地化や森林伐採をはじめとする開発など人間活動による危機	里地里山の縮小など人間の自然に対する働きかけによる危機	外来生物や化学物質など人間によって持ち込まれたものによる危機	気候変動など地球環境の変化による危機

出典：国立研究開発法人国立環境研究所

過去30年間に世界の森林面積が大幅減少

発展途上国で森林の農地への転換、木材輸出のための過剰な伐採や違法伐採が後を絶たず、気候変動由来の森林火災が頻発したため、森林面積が減り続けています。

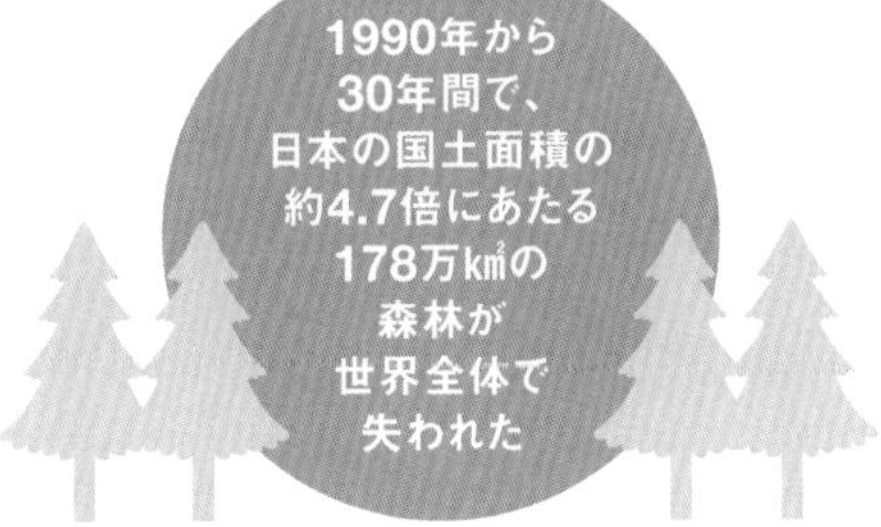
1990年から
30年間で、
日本の国土面積の
約4.7倍にあたる
178万km²の
森林が
世界全体で
失われた

出典:FAO(国連食糧農業機関)/UNEP(国連環境計画)

森林にすむ
野生動物は
どうするのかな
熱帯林の消滅によって
1日におよそ
100種もの生物が
絶滅しているそうだよ

● 森林がなくなると起こること

災害の増加
河川の上流の森林伐採により保水機能が失われれば、上流で土砂災害が、下流で干ばつが起きやすくなります。

大気汚染を助長
有害な汚染ガスを吸収・浄化し、塵埃を吸着する機能が植物に備わっています。森林の伐採は大気汚染の自然浄化を妨げることにほかなりません。

疫病の蔓延
森林伐採と温暖化加速によりデング熱、マラリア、黄熱病などを媒介する害虫が爆発的に増加して北上し、伝染危険地帯が広がります。

紛争の頻発
森林伐採を発端とする紛争、外国企業と先住民の争い、森林所有権を巡る争いなどが東南アジアやオセアニアで頻発しています。

日本の森林を守るためにできること

日本は国土面積に占める森林面積比率の高い国です。言い換えれば、可住地面積比率の低い国です。そのため、森林を伐採して可住地開発を行うことにより、土砂災害への脆弱性が高まります。

● OECD加盟国の森林率

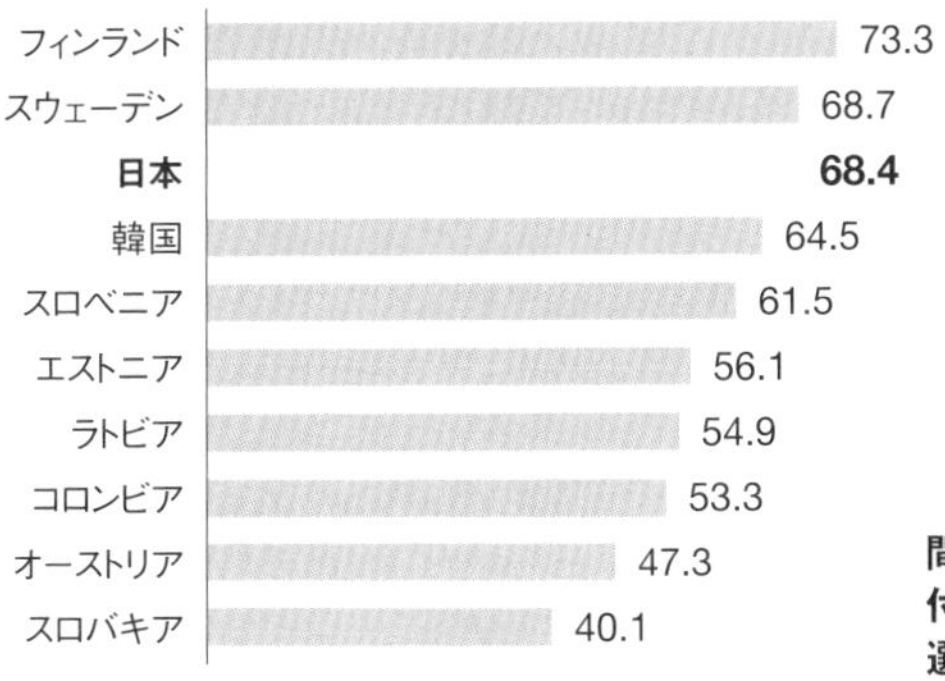
フィンランド 73.3
スウェーデン 68.7
日本 68.4
韓国 64.5
スロベニア 61.5
エストニア 56.1
ラトビア 54.9
コロンビア 53.3
オーストリア 47.3
スロバキア 40.1

出典:「Global Forest Resources Assessment 2020」(FAO)
※OECD加盟国は37ヵ国(2020年7月現在)

● 森林を守るためには

- □ 国産の木製品を使う
- □ 国産材で家を建てる
- □ 森にゴミを捨てない
- □ 森林を育てるために伐採された「間伐材」を使う

間伐材マークの付いた商品を選ぼう

間伐材マークは紙製品や家具などに用いられている

24

16 平和と公正をすべての人に

【ゴール16】

平和と公正をすべての人に

紛争と排除のない社会を目指し、すべての人に公正な司法へのアクセス権を保証する

紛争・暴力・人権侵害を世界から根絶する

国際・国内紛争から家庭内暴力・暴力的犯罪まで、争いや暴力はとどまることを知らず、少数民族・女性・性的少数者の差別と排除もまた後を絶ちません。持続可能な開発の妨げとなるのは紛争と排除です。多様性を相互に認め合う包摂的社会を目指さなければなりません。国際紛争は戦争ではなく国際法に基づく司法的解決または外交交渉に委ねるべきです。武力に頼る戦争は持続可能性を損なう最悪の解決法です。他国内の人種的対立や差別への抗議は内政干渉との批判を生みかねません。強制労働を低賃金で雇用する工場の製品を不買にするなど経済的制裁が精一杯。差別・暴力を取り締まる実効性ある国内法の整備、被害者の告発・訴訟を容易にする司法改革が必要です。

数字で見る子どもや女性への暴力

子どもへの暴力は、両親、近親者、学校の友達・教師など、顔見知りで子どもが信頼する人によるものが多く、女性への暴力には、夫やパートナーなどによるもの、性犯罪やセクシュアルハラスメントに類するものがあります。

世界で5分に1人の子どもが暴力で亡くなっている
出所:日本ユニセフ協会

日本の女性の約4人に1人が配偶者から暴力を受けたことがある
出所:内閣府(2021年)

世界で3人に1人の女性が一生のうちで身体的または性的暴力を経験するといわれている
出所:国連人口基金の活動 持続可能な開発目標(SDGs実現のために)

2～4歳の約4分の3が家庭内での体罰や精神的虐待を受けているという調査がある
出所:内閣府(2021年)

● 私たちの身近にある暴力

虐待	繰り返しもしくは習慣的に、身体的暴力または心理的暴力を加えること。心理的虐待としてはネグレクト、セクハラ、アカハラなどのハラスメントが挙げられます。
DV	家庭内暴力(domestic《ドメスティック》 violence《バイオレンス》)の頭文字を並べたもの。一般に、配偶者またはパートナーが振るう暴力を意味しますが、被害者の多くは女性です。
いじめ	子どもがなんらかの関係ある人から、心理的・身体的暴力を振るわれ、精神的苦痛を被ること。苦痛か否かは、いじめられた子ども自身の判断次第です。
ネットいじめ	SNS(ソーシャルネットワーキングサービス)上で、誹謗中傷する言葉や嘘の情報を拡散させたり、人に見られたくない写真を投稿したりして、特定の個人または団体を傷つける行為です。

世界で起きている人権侵害という名の暴力

人権とは、人間が幸せに生きてゆく権利のことです。人権は尊重されなければなりません。女性、子ども、高齢者、人種、障がいのある人、性的少数者などの差別・排除は人権侵害という暴力です。

● ジョージ・フロイドさん死亡事件

2020年5月25日、アメリカのミネソタ州ミネアポリス近郊で、アフリカ系アメリカ人男性ジョージ・フロイドさんが警察官の不適切な拘束方法により殺害された事件をきっかけに、全米にブラック・ライブズ・マター運動と暴動が起こりました。

黒人男性死亡事件を受けてニューヨークで行われた抗議デモ(2020年6月2日)

黒人差別への抗議がアメリカ全土に広がるきっかけとなった事件だよ

Q&A 「ブラック・ライブズ・マター」とは?

2012年2月にアメリカのフロリダ州で黒人少年が元警官の自警団員に射殺された事件をきっかけに、SNS上で#BlackLivesMatter(黒人の命を守れ)というハッシュタグが拡散され、黒人への暴力(特に警官による)と人種差別撤廃を訴える国際的な運動に発展しました。

一人ひとりが尊重される社会へ

人間は多様です。男女、人種、人相、体格、善悪・賛否の判断基準、好き嫌いなど人それぞれ。民主主義・自由主義・個人主義は多様性を尊重する社会の思想なのです。

● 世界人口に占める同性婚を認める国の割合

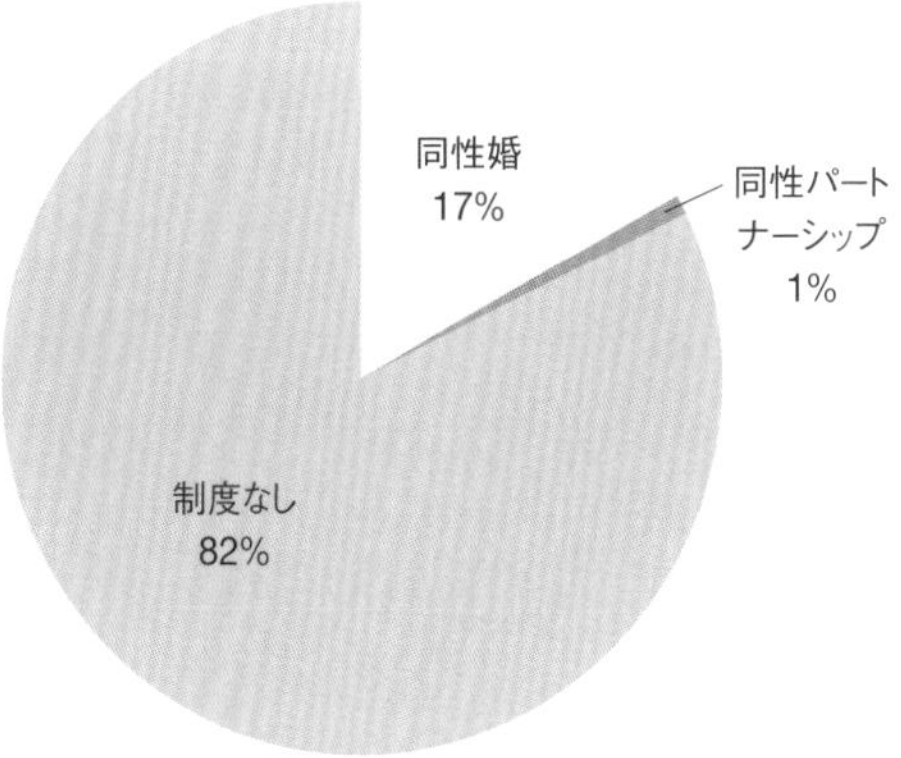

出典:NPO法人EMA日本

同性婚の法制化に賛成する人の割合(日本)

2018年調査	2020年調査
78.4%	82.2%

出典:「LGBTQ +調査2020」(電通ダイバーシティ・ラボ)

G7諸国で同性婚を認めていないのは日本だけだよ

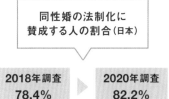

25

17 パートナーシップで目標を達成しよう

【ゴール17】

パートナーシップで目標を達成しよう

地球規模の持続可能な開発目標を達成するにはグローバル・パートナーシップが欠かせない

世界中の人びとが力を合わせて地球規模のSDGs達成を目指そう

発展途上国にとってSDGs達成は、資金・人材・技術の不足ゆえに困難を極めます。地球規模のSDGs達成のために先進国は政府開発援助による資金面での支援に加え、SDGs達成を効果的かつ効率的に進めるための人材養成や専門家派遣などの協力が求められます。先進国の企業は環境に配慮した技術や情報通信技術を移転するだけではなく、途上国の技術開発能力の向上をも支援し、途上国の持続可能な経済成長を促すために、途上国の輸出競争力の向上への適切な措置を講じる必要があります。政府・企業・NPOそして個人のそれぞれが国際的パートナーシップを築き、地球規模でのSDGs達成へ向けて力を合わせることが欠かせません。

先進国は政府開発援助（ODA）で途上国を支援

国民1人当たりのODA（P.51）を国際比較すると、北西ヨーロッパ諸国、ドイツ、フランスが上位を占めます。

● 国民1人当たりのODA負担額

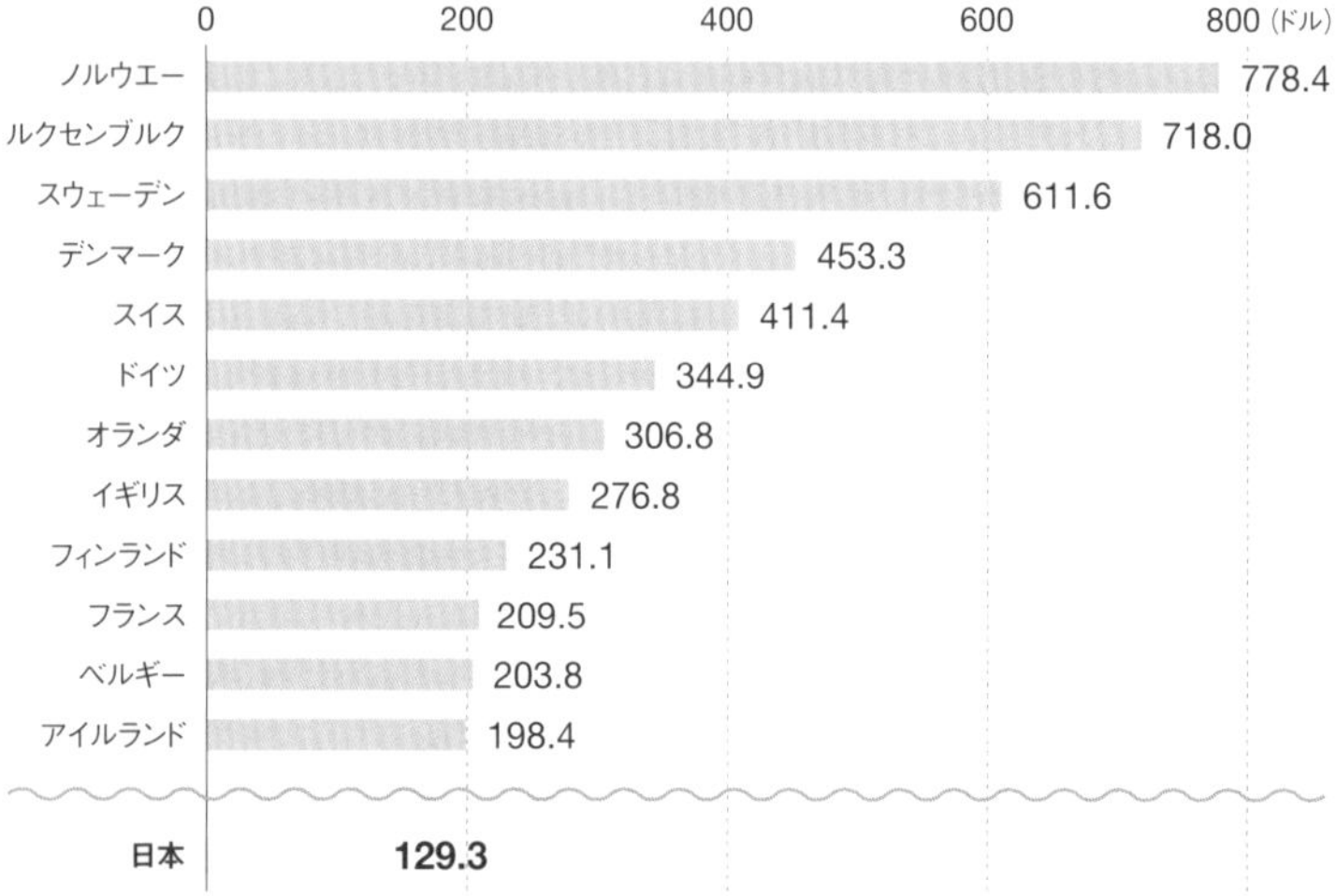

出典：外務省「DAC諸国における政府開発援助実績の国民1人あたりの負担額（2020年）」

途上国支援が先進国を含む世界中の人びとの幸せに

先進国の政府や企業が途上国のSDGs達成に協力することは、回りまわって自国の企業や人びとのためになるのです。

政府開発援助（ODA）

- **多国間援助**
  - 国際機関への出資・拠出
- **二国間協力**
  - お金を貸す
  - お金を贈る（無償資金援助）
  - 技術協力
  - その他（ボランティア派遣など）

ODAの援助方法は
大きく分けて
2つあるよ

Q&A 南南協力・三角協力って何？

ある分野で開発が進んだ途上国が、開発が遅れた途上国を援助することを南南協力と言います。南南協力に必要な資金や人材を先進国や国際機関が提供することを三角協力と言います。

地球上に住むすべての人がパートナー

SNSのおかげで、地球上どこにいようとも、言葉が通じさえすればパートナーシップを築けます。SNSによるパートナーシップの構築は、SDGsの目標達成へ向けて地球的規模のうねりを起こす可能性を秘めています。

私たちが今日からできること

- □ 17の目標を意識しながら暮らす
- □ SDGsに取り組んでいる企業の商品を購入する
- □ 身近な人とSDGsについて話をしてみる
- □ 子どもとSDGsに取り組む

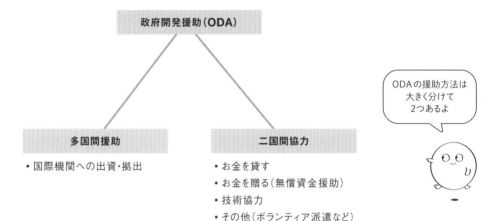

SDGs成立を
見守った
赤阪清隆さんに聞く

今さら聞けないSDGs Q&A

SDGsの誕生から達成の可否、ポストSDGsまで、
SDGs創設当時の国連で広報担当事務次長を務めた
赤阪清隆さんに聞きました。

Q1 SDGsはどうやって生まれたの?

このページもチェック!
P.30 P.46 P.62

A1

2000年から2015年までの目標を定めた「ミレニアム開発目標（MDGs）」の達成期限が近づくにつれ、「次はどうするのか」について、国連でかなりの時間をかけて議論されました。MDGsは極度の貧困と飢餓を少なくするなど、達成すべき8つの目標を掲げていましたが、それらは2015年9月に開催された国連持続可能な開発サミットの成果文書「2030年アジェンダ」に引き継がれています。

MDGsもSDGsもいずれも期限を定めて、具体的な数値目標を設定していますよね。あまりよく知られていませんが、1996年に経済協力開発機構（OECD）が策定した新開発戦略が、数値目標を定めて期限内での達成を目標とするという形式をとっています。私の見るところ、MDGsもSDGsも、OECDの新開発戦略を模範にしたのだと思います。その新開発戦略策定のリーダー役を務めたのがほかでもない元外交官の小和田恒さん（皇后雅子さまのお父上）なのです。ですから、SDGsの生みの親は、実は日本だと言っても過言ではありません。

Q2 なぜ今SDGsなの?

このページもチェック!
P.74 P.76

A2

MDGsの目標は、貧困の削減、教育の男女平等、子どもの病気や死亡の予防、妊婦の救命、マラリアやHIVの撲滅などでしたが、一番力点を置いていた「極度の貧困の削減」は、MDGsの期限である2015年までにほぼ達成されました。中国とインドがものすごい勢いで貧困をなくすために努めたためです。ただ、その間、「sustainability（持続可能性）」という観点はおざなりになっていたことがあり、「今こそSDGs」という機運が高まりました。

INTERVIEW / **赤阪清隆**（あかさか・きよたか）

公益財団法人ニッポンドットコム理事長

PROFILE / 1971年外務省に入省。1988年GATT（WTOの前身）事務局、1993年世界保健機関（WHO）事務局、2000年に国連日本政府代表部大使を務める。2007年～2012年まで国連広報担当事務次長（広報局長）として国連の広報強化に尽力。2012年～2020年公益財団法人フォーリン・プレスセンター理事長。2022年より現職。

Q3 「SDGs」の名称の由来は?

このページもチェック!
P.26 P.46 P.76

A3 1987年に、ノルウェーのブルントランド元首相が委員長を務めた「国連の環境と開発に関する世界委員会」が、「持続可能な開発」（SDGs）という新しいアイデアを打ち出したのが始まりです。「将来の世代の欲求を満たしつつ、現在の世代の欲求も満足させるような開発」を目指すべしというアイデアなのですが、なかなか理解しにくい抽象的な言葉ですので、「持続性」と日本語訳して議論する専門家もいます。要するに、経済開発・社会開発・環境保護・という3つの要素を相互に調和的に推し進めること、これが持続可能な開発の意味するところです。ユネスコ（UNESCO:国連教育科学文化機関）やユニセフ（UNICEF:国連児童基金）はカタカナでは書けるから日本ではなじみやすいのですが、MDGsやSDGsはカタカナで書けないから、果たして日本で普及するかどうか、いささかならず懸念していたのですが、結果的に、今、これだけ浸透を遂げたのはみなさんの努力のおかげだと思っています。

Q4 「持続可能な開発」ってどういうこと?

このページもチェック!
P.26 P.50

A4 「持続可能な開発」とは、要するに長持ちさせることのできる開発のことです。天然ガスや石油など有限な化石燃料がなくなったらどうなるのでしょうか? 化石燃料を枯渇に近づけたのは私たち現世代の責任です。将来世代が私たちと同じような豊かで快適な生活を楽しめるよう、太陽光や風力など、化石燃料に代わる再生可能エネルギーを用いて発電するためのインフラの整備を、現世代が進めておかねばなりません。持続可能な開発とは、現世代の便益を多少犠牲にしようとも、将来世代にツケをまわしたりしない開発のことなのです。

今さら聞けない
SDGs
Q&A

Q5 達成度はどうやってはかるの？

このページもチェック！
P.170 P.172 P.184

A5 各国のSDGsの達成度が、毎年、国連の研究組織「持続可能な開発ソリューション・ネットワーク（SDSN）」により評価されています。評価結果は各国の点数とランキングで公表されるのですが、2022年の報告書によると、1位フィンランド、2位デンマーク、3位スウェーデンと北欧諸国が続き、日本は19位でした。まずまずの成績です。ちなみに、ドイツ6位、イギリス11 位、カナダ21位、アメリカ41位です。このようなランキングが示されると、よい意味で各国の競争意識が芽生えて、目標の達成に貢献することになります。

SDGs達成度ランキング

順位	国名	スコア
1	フィンランド	86.5
2	デンマーク	85.6
3	スウェーデン	85.2
4	ノルウェー	82.4
5	オーストリア	82.3
6	ドイツ	82.2
7	フランス	81.2
8	スイス	80.8
9	アイルランド	80.7
10	エストニア	80.6
11	イギリス	80.6
12	ポーランド	80.5
13	チェコ	80.5
14	ラトビア	80.3
15	スロベニア	80.0
16	スペイン	79.9
17	オランダ	79.9
18	ベルギー	79.7
19	日本	79.6
20	ポルトガル	79.2
≀		
41	アメリカ	74.6
≀		
56	中国	72.4

出典：持続可能な開発ソリューション・ネットワーク（SDSN）「持続可能な開発レポート2022」

Q6 SDGsは達成できる?

A6　SDGsの17の目標はいずれも相当ハードルが高いので、2030年までにすべてを達成するのは難しいと思います。例えば、MDGsの第1の目標は「貧困率を半減する」ことだったのですが、SDGsの目標は「貧困をなくす」ことですから達成は相当難しいですよね。 国連統計局が、さまざまな統計的指標を定めていますが、そのような指標に従って、2030年の段階で達成できたかどうかが判断されます。目下のところ、達成できない目標が数多く残る見通しとなっています。例えば、日本は、教育、産業・技術革新、平和目標はすでに達成していると判断されますが、ジェンダーの平等など、その他の目標は今後の課題となっています。

Q7 ポストSDGsはどうなる?

A7　2030年まであと数年という頃になれば、次はどうするかの議論が始まるはずです。 過去の事例を振り返ってみても、このような大きな国際的な合意が形成されるのには、10 年くらいの長い時間を要するのが普通です。SDGsは経済・社会・環境に関わる極めて幅広い問題をカバーしていますから、2030年以降も何らかの形で「継続」されるものと予想されます。日本は、これまで「人間の安全保障」といった国際的な構想をリードする役割を果たしてきています。ポストSDGsについても、多くの国々と連携して、積極的にアイデアを模索する議論の先頭に立ってほしいですね。

SDGsは、「持続可能」であることがとても大事なんだ。2030年以降も継続していく必要があるね
SDGsって、将来の世代の人びとにツケをまわさないための開発なんだね

COLUMN3

私たちのSDGs

地球温暖化を身近に感じた出来事

季節感が薄れ、春と秋が短かすぎること。ここ数年、お気に入りの秋のコートを着る機会がなくクローゼットに入ったままです。

著者／泉 美智子

小学生の頃、小学生向けの雑誌で目にしたインドについての記事。「インドの気温は40℃もあるんだって！」と驚いて親に話したのを今でも覚えています。今ではそんなインドと変わらない日があり、気温上昇を実感しています。

デザイナー／阿部智佳子

私の住む京都市北区は20世紀末まで冬は降雪しきりでしたが、今や年間の降雪量はほとんどゼロになりました。海水温上昇ゆえに、おいしい鮮魚が手に入りにくくなりそうなのが残念至極です。

監修者／佐和隆光

桜が咲く時期です。30年数前の自身の小学校入学式のときは桜が咲いていたような記憶がありますし（東海地方）、20年前の大学の新歓でもお花見をした記憶があります（関西地方）。でもここ数年は、東京では4月まで咲いているソメイヨシノは少ないですよね……毎年怖くなります。

編集／上原千穂

当たると痛いほどの激しい夕立に遭うと、日本も熱帯地域の仲間入りをしたのかなぁと思います。学生の頃に旅行で行ったインドネシアで、毎日夕方にスコールが降っていたことを思い出すので。

ライター／元井朋子

Chapter3

みんなのSDGs

住む場所も、仕事も性別も年齢も異なる
9人のSDGsの取り組みを紹介！
SDGsを「自分ごと」としてとらえるヒントを見つけましょう。

1

SDGs × 日常

まずは「知る」ことから始めたい 私たちの身のまわりでできること

一人ひとりの小さな意識の変化が現状を変える大きな一歩に

持続可能な世界の実現のために「自分にできることは何か」を考えるとき、世界の現状に目を向けるのも大切なこと。報道番組でも国内ニュースの割合が多い日本では、積極的に海外ニュースメディアを視聴するなど、まずは関心を持ち、行動することがSDGsの第一歩です。

例えば車を使わない日を設けたり、買い物の際に産地をチェックしたり……いつもの行動をもう一つ先に進めることが、もしかしたら地球の裏側の子どもを助けることにつながるかもしれません。「私一人が頑張ってもどうせ変わらないから」と何も行動しなければ、地球はいつまでも同じ状態のまま。一人ひとりが危機感を持ち行動に移すことでしか、現状を変えることはできないのですから。

関心を持ち行動することが重要

今、世界で何が起こっているのか、どんな問題を抱えているのかを知り、自分にできる身近なことから行動を起こしてみましょう。

公共交通機関を利用する

車の利用を1日10分少なくすると、冷暖房の温度を1℃調整する18倍ものCO_2削減効果があるという。電気自動車への乗り換えも有効。

節電・節水を心掛ける

節電や節水は省エネの基本。海外の安全な水がない地域で多くの子どもや女性が、1日の大半を水汲みに費やしていることも大きな問題。

売っているものの産地をチェック

地産地消や近隣県からの購入を心がければ、輸送エネルギーの無駄が省けてCO_2排出量も抑えられる。生産者を守るフェアトレード商品もおすすめ。

プラスチック製品は買わない

プラスチックは自然分解されずゴミとして海に流入し、海洋生物が食べてしまったり、微細粒子になって体に入り込む。人体にも影響があるとも。

国際ニュースに目を向ける

海外ニュースサイトや動画配信サービス、SNSなどを使って、積極的に国際ニュースに触れると、世界の現状を知ることができる。

ゴミを減らす

過剰包装を断る、ウェットティッシュの代わりにおしぼりを使うなど、ゴミを出さない工夫でCO_2を減らせる。リサイクルショップの有効活用も◎。

寄付する

慈善団体やNGOなどを介した寄付が一般的。「女性や子どもの人身売買」や「環境保全」など、支援したい目的によって寄付先も選べる。

フードロスを減らす

日本の年間食品ロスの量は、国連食糧計画が1年で世界に援助している食品の2倍。不要な買い物をせず、食事は食べ切るなどの工夫を。

私たちのアクションは何につながる?

私たちの「小さな行動」は、世界の誰のどんなサポートにつながっているのか。それを知ることは、アクションを起こす者の責任でもあります。ここでは寄付とフェアトレードについて紹介します。

● 寄付したお金の使われ方

ユニセフの例

募金

日本ユニセフ協会
＋
日本政府からの拠出

ほか33の国と地域も
同様に行われている

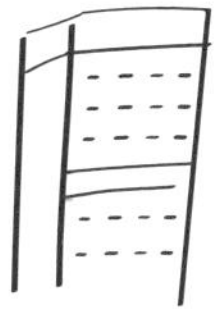

ユニセフ本部

世界の子どもたちへ

保健、栄養、
水と衛生、教育、
暴力などからの保護

募金は所得控除の対象になることも。
節税しながら人の役にも立てるね

● フェアトレードとはなんなのか

1946年	アメリカのNGO(Ten thousand village)が プエルトリコの手工芸品を販売
1860年代	ヨーロッパで消費者運動が始まる
1988年	オランダで「マックスハベラー」ラベルが開始
1992年	ドイツでトランスフェアインターナショナルが組織される
1997年	国際フェアトレードラベル機構(Fairtrade International) が設立(日本も参画)
2002年	国際フェアトレード認証ラベルが完成
2020年	生産者71カ国、190万人、35000点以上の製品が認定

極端に安く
売られている商品は
産地で不当な
取り引きが行われている
かもしれない!?

FAIRTRADE

国際フェアトレード
認証ラベル

フェアトレードの対象の多くはバナナやコーヒーなどの食品農産物です。生産者が安全で高品質のものを作り続けるには、労働環境や生活の保障が必要です。

フェアトレード基準で定められた最低価格保証で購入。さらに労働組合や生産地域の開発・発展のために奨励金(プレミアム)も支払われます。

フェアトレードの原料は、ほかのものと混ぜずに区別して製造されます。パッケージにはフェアトレードのマークを付け、ほかの商品と区別して販売します。

フェアトレードマークの付いた商品を積極的に購入すると、生産者のサポートになります。マークはいろいろな商品についているので、探す楽しみもあります。

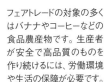

家庭内で育まれた「多角的な視点」「世界への興味」が私の原点

人は幸せになるために
生まれてきたのですから、
自分以外の人の幸せを
考えられることが、
「真の豊かさ」だと思います。

INTERVIEW / **桐島かれん**（きりしま・かれん）

モデル

PROFILE / 1964年、作家・桐島洋子さんの長女として神奈川県に生まれる。86年にモデル活動を開始し、93年に写真家の上田義彦氏と結婚、4児の母。現在は、さまざまな国の手仕事や文化をエッセンスにしたファッションブランド「HOUSE OF LOTUS」のクリエイティブディレクターも務める。

母と一緒に訪れた世界各国の手仕事の美しさ、素晴らしさに魅了された

――アジアやアフリカなどの手仕事雑貨や手工芸品を買い付けていらっしゃいますが、きっかけはどんなことでしたか。

母に連れられて幼少期から世界を旅するうちに、観光よりも、その国の人たちがどんな服を着て、どんな食器で食事をしているのか、そんな人びとの日常の暮らしや文化に深く興味を持つようになりました。日本では失われつつある手仕事が、例えばインドやタイ、インドネシアではまだまだ残っていて、まるでタイムトラベルしたような新鮮な驚きがたくさんあったんです。

日本ではプラスチック製の大量生産品がもてはやされた時代、丁寧に編まれたカゴやひと針ひと針刺繍された服など……とにかく美しく魅力的に感じて、自分のために工芸品を買い集めました。

世界各地の優れた手工芸品は完成度が高くて、真似できない素晴らしい技術がたくさん詰まっています。決して劣っているわけではないのに、ブランド化されていないために知名度が低く、正当に評価されていないのが残念です。

——それがご自身のブランドにつながったんですね。

世界各国で集めた手工芸品を日本でも紹介できないかと、30代の頃は自宅を開放して陳列することもありました。来てくれた人たちは「まるで世界を旅した気分」と反響も大きかったのですが、雑貨ですから大した利益は出ませんし、周知にも限界がある。そこから始まったのが「ハウス オブ ロータス」です。

伊勢丹での期間限定ショップから始まり、雑貨だけでなく服づくりに着手することになりました。インドにはハイメゾンのオートクチュールにも対応できる技術がまだまだ残っているので、上質な服の制作が可能なんです。

(上)以前あったハウス オブ ロータス 青山店のパティオにて開催していたモロッコ雑貨のイベント「Essence of Morocco」の様子。(下)衣装に小さな鏡の小片を縫い付けるミラーワーク刺繍は、インド西部のグジャラート州を代表する手仕事で、ハウス オブ ロータスの商品にはなくてはならない伝統工芸のひとつ。女性たちにより、小さな鏡の周りを刺繍糸でかがり、布にとめていく細やかな作業(提供:ハウス オブ ロータス)

強い思いがあれば手段や策を講じて解決への道は開ける

——買い付けなどでアジアのシビアな現実を目の当たりにすることもありますか。

家計を支えるために子どもが働く姿を見たり、若い女性の人身売買の話を聞くこともあります。深刻な問題を抱える国は多いのに、実態はこちらからは見えない。これが一番の問題ですよね。

質のよい手工芸品や農産物を必要以上に安く買おうとすることで、作り手や生産者を苦しめたり、チャイルドレイバー（児童労働）を生むかも……と日本で買い物をするときに意識することが大事だと思います。

――お母様の代からミャンマーの寺子屋教育にサポートを続けていらっしゃいますね。

祖国・ミャンマーを国際的に支援しやすいという理由から日本に帰化された、セインさんという方がいらして、この方に協力できないかと思ったのがきっかけでした。

ミャンマーには国が管理する「公立学校」と、お寺の中にある「寺子屋」、2つの正式な教育課程があります。ただ公立学校には制服やお弁当が必要で、それすら用意できない貧困家庭にとっては、給食が無料で配布される寺子屋は重要な教育拠点です。

――寺子屋建設では大変なこともありましたか。

日本で寄付を募りましたが、着古した服や3センチくらいの鉛筆などしか集まらず、「これが豊かな日本の寄付なのか……」とがっかりしたこともあります。結局自分の貯金で、ヤンゴンのお寺に保健室と井戸のある寺子屋を建てました。

ミャンマーは長かった軍事政権時代が終わり、民主化が進んではいますが、まだまだ政治不安が残る国。学校を建てるための寄付は難しく、お寺へのお布施という形でなら可能でした。この活動でわかったのは、困難があっても強い思いがあれば、解決策を捻り出して叶えられるということです。

自分以外の人の「幸せ」を考えられるのが、真の豊かさ

――かれんさんにとって「働きがい」を感じるときは？

「働きがい」というより、「生きがい」でしょうか。最近、私たちはなんのために働くのだろうとよく考えます。我々日本人の多くは、「好き」や「楽しい」を我慢し、自己犠牲のもとに仕事へ向き合う傾向にあると感じることがあります。好きなことを仕事にし、収入につながれば素晴らしいことですが、残念ながらそれはひと握りの方々です。となれば、ワークライフバランスに着目し、プライベートも充実させられるような働き方を探ることが重要です。一人ひとりが満足した生活を送るためには社会全体で助け合い、お互いが思いやりを持って協力し合う仕組みも必要になりますね。

かれんさんが小学生のときの写真。左から、かれんさん、妹・ノエルさん、母・洋子さん、弟・ローランドさん。一家が長く住んだ横浜で。当時は近辺の山下公園や港界隈をよく散歩していた

――「豊かに生きる」とはどういうことでしょうか。

私が買い付けに行くのはいわゆる「発展途上国」と呼ばれる国が多い

ですが、私自身はこの呼び方に強い違和感があります。貧しいかどうかは経済力で測るけれど、それが本当の「豊かさ」なのかと。格差があるのは問題ですが、車を持っていないから貧しいのか、働き蜂のように生きているのが豊かで幸せかというと疑問です。

人は幸せになるためにこの世に生まれてきたのですから、自分以外の人の幸せを考えられることが「真の豊かさ」だと私は思います。

自己中心的な考えではなく多角的・批判的な視点を持ちたい

——2030年はどんな未来になってほしいと思いますか。

「ジェンダーの平等」「平和で公正な社会」「貧困・飢餓をなくす」は、とても気になるテーマです。今は偏った情報や極端な考え方が、インターネットで一気に広まる時代。陰謀論などが拡散される一方、本来は民主主義の国が強権的になったり、ポピュリズムの考え方に偏ったりしていますよね。自分自身のアンテナを張って、各自がクリティカルシンキング（批判的思考）をしないと間違った方向に流されてしまいます。

母は私が世間話をすると嫌な顔をするような人で、家族で世界のニュースの話をするのが日常でした。「多角的にものを見る力」は、その習慣や話し合いの中で育まれたもの。母には本当に感謝しています。

今は家にいても世界の問題に意識を向けて、情報収集することができますよね。

未来を担う子どもたちには「日本や自分だけよければいい」というガラパゴス化した感覚は捨ててほしい。もっと視野を広げて、地球環境のことや他国の問題を身近なこととして考えられるように、広い視点を持ってもらいたいと思います。

ハウス オブ ロータスのオリジナルアイテムに、欠かすことができないインドのブロックプリント。図案を彫った版木に一色ずつ染料をつけて、スタンプのように手作業で生地に押していく技法。一反の生地を仕上げるためには気が遠くなるような工程が必要だが、工房で職人さんたちがポンポンポンと版を押していく様子は、なんともリズミカル。繊細な図案を、線や色が大きくズレたりしないように押していくのは、熟練がなせる技（提供:ハウス オブ ロータス）

2

SDGs × 日本の伝統

自然を敬い、関わり合い共に生きる
日本の伝統文化で見つかるSDGsのヒント

無駄のない丁寧な暮らし 伝統の中に息づくSDGs

日本人の持つ自然観や伝統文化は、SDGsの考え方と似ているといわれます。厳しい自然環境で暮らしてきた私たちは、自然をコントロールするのではなく、敬い共生する道を選んできました。その結果、「ものを大切にする」「壊れたら直して使う」「地域性を活かす」など、世界が「見直そう」としている習慣を、すでに暮らしの中で実践しています。

例えば「茶道」。道具やしつらえでも無駄を省き、華美にならず、質のよいものを持つことがよしとされます。壊れたら修繕し、その工程も楽しみ、仕上がったものを愛する文化が根付いているのです。今こそ日本人が大切に守ってきた文化や風習を見直し、原点に立ち戻るときなのかもしれません。

昔の暮らしからヒントを得る

狩猟社会(Society1.0)から始まり、私たちは仮想空間と現実空間を融合したSociety5.0に突入しようとしています。それぞれの暮らし方の一部が、これからのヒントになるかもしれません。

古代〜中世 狩猟や漁労をし洞窟で暮らす生活から、稲作の伝来によりムラを形成。自然と共生する工夫・知恵が生み出された。

近世 身分制度ができ、農工商業の分業が進んだ。都市部の人口が増加し、使われた資源を回収して修理・再利用する文化が発達。この循環システムが多くの雇用も生む仕組みに。

Society1.0
Society2.0〜3.0
かつての習慣や考え方を現代の暮らしに取り入れる

現代 デジタル化が加速する一方、自然破壊が進み、地球環境への負荷が限界値を超えている。2080年には世界人口は100億人を超えるといわれ、食料やエネルギー不足などが懸念される。

近代 産業革命後は近代的工業化が進み、大工場や企業に労働力が集約。都市部と農村部の生活様式に格差が生まれ、特に都市部の地域コミュニティや家族機能が後退した。

日本の伝統文化はSDGsの宝庫

日本は古くから無駄を嫌い、質素でものを大切にする文化が根付いていました。それは茶道などの芸道や伝統工芸品、郷土料理などにも生きています。それぞれSDGsの考え方とつながる部分を考えてみましょう。

P.126～裏千家・千宗室さんのインタビューをチェック！

● 茶道

奈良時代に中国からもたらされ、千利休が発展させた茶道。客人にお茶をふるまうというシンプルな行為のなかに、もてなしの心、侘び寂びの精神などが盛り込まれています。茶道のなかに「ものを大切に扱う」「足りないものは別のもので見立てて使う」など、SDGsの要素が数多く含まれています。また、お茶やお菓子、室内のしつらえの資材や炭に至るまで、農業や林業と密接に関わり合っているのも特徴です。

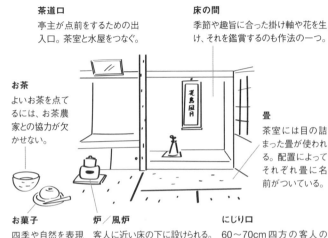

茶道口
亭主が点前をするための出入口。茶室と水屋をつなぐ。

床の間
季節や趣旨に合った掛け軸や花を生け、それを鑑賞するのも作法の一つ。

お茶
よいお茶を点てるには、お茶農家との協力が欠かせない。

畳
茶室には目の詰まった畳が使われる。配置によってそれぞれ畳に名前がついている。

お菓子
四季や自然を表現したお菓子が、お茶とともに供される。

炉／風炉
客人に近い床の下に設けられる。炉は寒い時期に、部屋の隅に置く風炉は暑い時期に使う。

にじり口
60～70cm四方の客人の入口。誰もが頭を下げて入るため、平等を示すといわれる。

● 工芸品

地域や気候に適した材料を使い、多くは職人の手作業によって作られる工芸品は、高い品質を誇り修理しながら長く使えることも特徴です。また自然素材を使用したものが多く、大量生産ができないため製造過程での環境負荷が少ないといわれます。

金継ぎ

陶磁器が割れたり欠けたりしたとき、漆で接着して修復し、仕上げに金をかけて装飾する。室町時代にお茶文化が隆盛したときに生まれた、ものを大切に使うための技術。

漆製品

漆はウルシの樹液。乾くと強く固まり、生産時や加工時の環境負荷が少なく、天然物なので廃棄の際にも自然に返る多方面にやさしい素材。

● 郷土料理

日本各地の素材を活かし、風土に合った調理法で作られる郷土料理。国土が南北に細長く、四季の移ろいがあるおかげで、日本にはその土地ならではの個性豊かな名物料理が揃っています。生活習慣病対策としても見直されている郷土料理は、地産地消・地域活性の担い手としても注目されています。

地産地消

地域活性

「茶のこころ」に持続可能な世界を目指す糸口がある

うまくいった話、成功した事例ばかりをあげつらってもためになりません。SDGsに関しても、失敗談にこそ、成功へと導く道しるべが潜んでいます。

INTERVIEW / **千 宗室**（せん・そうしつ）

茶道裏千家16代家元

PROFILE / 1956年京都府に生まれる。同志社大学卒業後、臨済宗大徳寺管長・僧堂師家 中村祖順老師のもとで参禅得度、斎号『坐忘斎』を受く。（公財）京都文化交流コンベンションビューロー副理事長、同志社大学客員教授。

過去を振り返ったうえで先を見ることがSDGs実現のヒント

――日本が世界に誇る伝統文化である茶道。450年以上の歴史がありますが、文化の継承には、たゆまぬ努力がおありだったことと思います。また、そこにSDGs実現のためのヒントがあるように感じます。

何をやるにしても新しいことをやろうとすると、〝いいですね、やりましょう、拍手喝采〟というわけにはいきませんよね。長い歴史の中で茶道も、伝統を守るだけではなく、今に合わせて何かを変えようとすると、最初は、揶揄されたり反対意見を唱えられたりすることがほとんどです。しかし茶道の歴史をさかのぼ

京都市上京区にある裏千家の今日庵（こんにちあん）。重要文化財の指定を受けている

ってみますと、結局のところ、伝統を守ることだけに終始したわけではなく、有意な変化は時を経るうちに賛同され、今では伝統として根付いたものが少なくありません。もちろん賛同者を得ることなく立ち消えた変化もあれば、粘り強く賛同者を集め、伝統に食い込んだ変化もあります。幹は変わらず、枝葉を時代に合わせて先代たちが付け替えてきたのが茶道の歴史なのです。

ＳＤＧｓはこれから先の社会・経済・環境をどうしていくかについての目標です。世の中では、先を見て語ることばかりに熱心ですよね。でも、これまで踏んできた「日数（ひかず）」を確認する作業をおろそかにする未来予測は夢物語にすぎません。

もし重ねてきた日々を振り返って、間違ったことをした日があったり、しくじった日があったりしても、失敗した日々があったからこそ次に進めたわけですし、次の日々、すなわち未来があったのだと思います。過去は共有できるけれども、未来を経験した人はいません。ＳＤＧｓに対しても、過去を振り返らず先だけ見て語るのは慎みたいですね。過去を振り返ったうえで先を見ること、温故知新を大切にしてほしい。成功した先に未来があるわけではなく、わずかな成功とたくさんの失敗の先に未来があるということを、若い方々にもよく理解してほしいと思います。

茶の湯の精神「和敬清寂」を下から読んだ「寂清敬和」がＳＤＧｓ17の目標につながる

――茶道の精神には、現代を生きる私たちが暮らしで活かしていくべき心得が詰まっています。お茶の心とは？

一人ひとり、それぞれの受け取り方によって、お茶の心は変幻自在です。茶の湯の心を知りたいから教えてくださいと言われても、その人がお茶にどれくらい関心を持って、何をどれだけ知りたいのかによって、伝え方が変わってきます。そうですね、茶の湯の心を言葉で言い表せば「和《わ》敬《けい》清《せい》寂《じゃく》である」と答えておきましょうか。

　千利休が大切にしていたのは、「和敬清寂」の四文字だと推察されます。この四文字熟語の意味するところは、時代文脈によって異なるはずです。つまり、千利休の茶道は幹であって、時代の文脈によって枝葉が違ってくるのです。ですから、利休居士だったらどう伝えるかではなく、私の言葉で「和敬清寂」を説明しましょう。

抛筌斎（ほうせんさい）という茶室。床の間前の2畳だけを貴人向けの高麗縁にしているが、上段を設けていないのが特徴の一つ

　「和」とは「仲良くしましょう」です。「敬」は「相手を敬いましょう」、「人となごみましょう」、「あら探しをやめましょう」ですね。もう少し言うと、「一つだけでも相手のよいところを見つけてあげましょう」。一つ見つけようと思えば、必ず見つかります。そうすると、もう一つくらいよいところが見つかるかも。最初からだめだと思い込んでしまうと何一つ見つけられません。相手を敬えば気持ちがなごみますよ。

　「清」とは「清らか」なことです。清らかな気持ちを持ちましょう。打算的ではなく自分の気持ちをきれいにしましょう。清らかになろうと心掛けるのではなく、自分の心の中に清らかさが根付くように心掛ける。人間ですから、完全無欠の清らかさはありません。清らかになる機会がだんだん増えていけば、それでいいじゃありませんか。

　「寂」は寂しいではなく「何もない」ことです。人は、もともとは純粋無垢なのが、見栄を重ねて、重ねて、さらに重ねて歳をとる。積み重ねてきた見栄をぜんぶとっぱらって、純粋無垢の自分に戻る。それが「何もない」ということですね。上から読むと和敬清寂ですが、下から読むと寂清敬和。まずは積み重ねたものをとっぱらって、みずから清らかになる。そして相手のよさを見つけて仲良くする……と戻っていけばどうでしょうか。答えは見えてきますね。

床の間に掛けられた「和敬清寂」の掛け軸

その先に見えてくるのが、ほかでもないＳＤＧｓの17の目標ではないでしょうか。

自分の「見立て」を「私のＳＤＧｓ」に活かす

——日本の文化や芸術の世界には「見立て」という芸術表現があります。茶道においても、しばしば「見立て」が使われますね。

お茶碗や花入など、本来の目的とは違う用途に流用・活用して、その趣向を楽しむことを「見立て」と言いますが、本来「見立て」というのは、何をどうしたらよいかを考えることです。大上段に構えるのではなく、ごくごく身近なことから何かを考えましょうということです。私の場合はプラスチック問題に関心があるので、外で飲むものに付いてくるストローは必ず持ち帰ります。誰もかれもが声高に分別ゴミと言っているのに、なんでこんな小さなことができないのだろうかと不思議に感じるときがあります。

手の届く範囲内でできることは何でもやる。他人に面倒をかけるのではなく、自分でひと手間かけるということではないでしょうか。これが私の「見立て」です。

みんなが自分の「見立て」で何かを考え、何かをする。それがＳＤＧｓの求めていることなのではないでしょうか。

「失敗談こそ成功の鍵」これはＳＤＧｓにおいても言えること

——ご自身にとってのSDGsとは？

今、ここでお話しているのは、私が日頃心掛けていることなのです。ですから、自分がかつてできなかったことを話しているのです。失敗談は人の参考になります。成功談は話としては痛快かもしれませんが、それをなぞって成功する人はいません。

ＳＤＧｓに関しても、うまくいった話、成功した事例ばかりを取り上げてもためになりません。失敗談にこそ、成功へと導く道しるべが潜んでいるという逆説で、私の話をしめくくらせていただきます。

お茶だけでなく、茶碗や器、お菓子を通して、もてなしの心を伝える

3

SDGs × ジェンダー

女は文系、男は理系はナンセンス

女子大に工学部が設置された！

「強さ」より「発想力」の工学へ
女子大初のエンジニア養成の場

２０２２年４月、日本の女子大史上初めての工学部が奈良女子大学に設置されました。これまでの工学部は「理系が得意な男性の学問」というイメージが強く、女子学生の割合は10％台。さまざまな分野でジェンダーレスが進んではいるものの、世界的にも女性エンジニア不足は大きな課題でした。しかし今や「より速く・より強く」の工学ではなく、発想力やデザイン、使いやすさなどソフト面を強化した工学へシフトチェンジするとき。これまで「男性中心」「就職が心配」「３Ｋのイメージ」などで二の足を踏んでいた工学の道を、女性はもう諦めなくていいのです。そしてものづくりの場の男女比が是正されることで、新たな可能性も広がるでしょう。

そもそも工学とは何を学ぶ学問か

工学は、数学や化学、物理学、自然科学などを学び、実験や分析を通して今後の世の中に必要なものや仕組みを作り出す学問です。

工学
Engineering

従来は…軍事産業や建設・土木に関係する技術を研究・開発。産業革命以後特に発展し、人間に役立つ技術を追究している。

建築　土木　機械　船舶　航空
電気　電子　応用科学　化学
石油　金属　鉱業　など

近年は…人間工学や都市工学などの人文・社会科学、海洋工学や生物工学などの自然科学にも絡む学問領域も生まれているなど細分化・専門分化している。

医療　介護　スポーツ
原子力　制御　都市　航空
宇宙　エネルギー　応用科学　情報
材料　人間　システム　など

身のまわりのものを
作るのに必要な知識
……というわけか

大学の学部別進学状況の現状は?

以前から薬学・看護学部は理系でも女子の割合が高い傾向でした。工学部もこの20年で大幅に女子学生増加しているものの、未だ15%にとどまっています。

● 専門分野別に見た女子学生分布

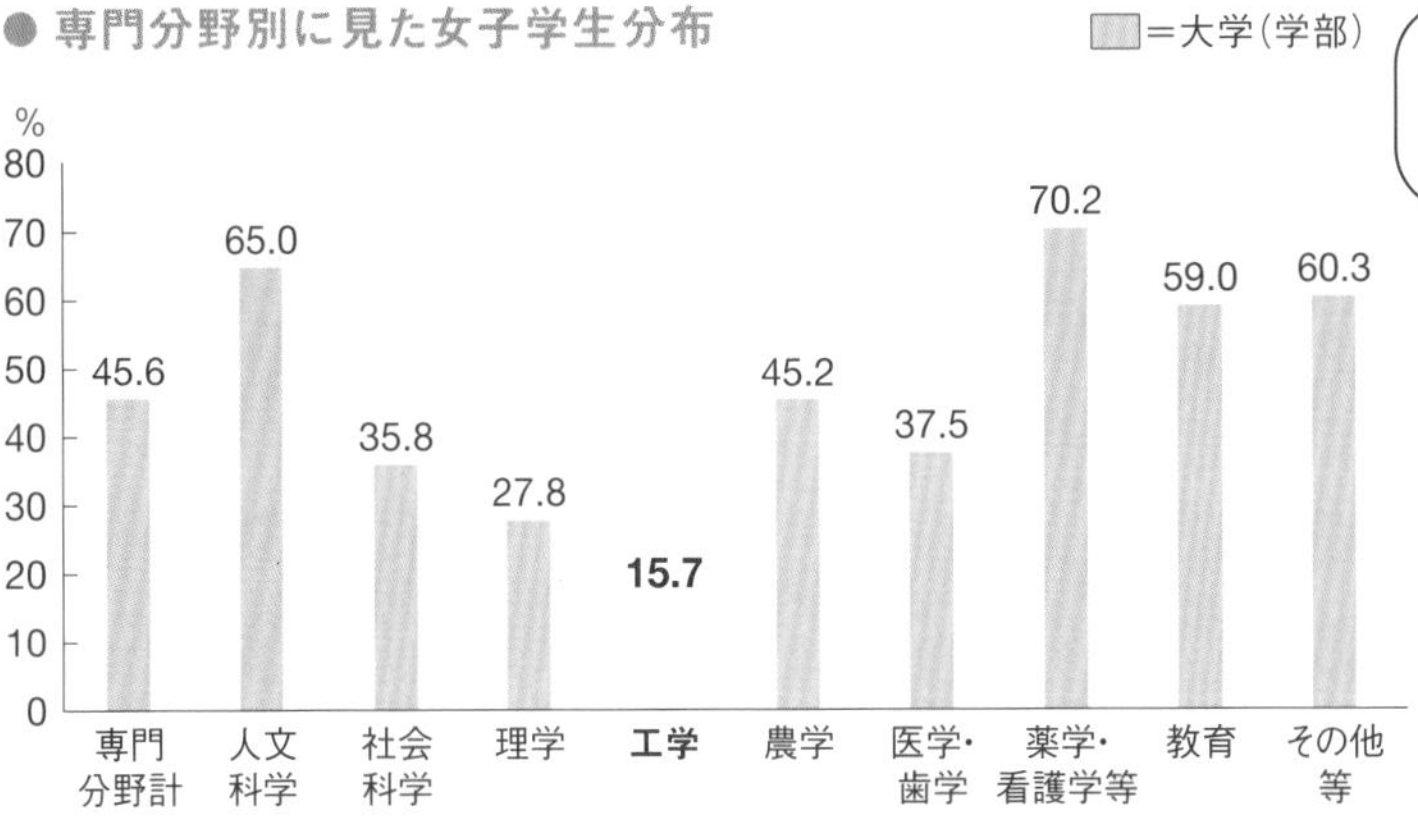
=大学(学部)
%
80
70
60
50
40
30
20
10
0
45.6
65.0
35.8
27.8
15.7
45.2
37.5
70.2
59.0
60.3
専門分野計
人文科学
社会科学
理学
工学
農学
医学・歯学
薬学・看護学等
教育
その他等

出典:男女共同参画白書(令和4年版)

工学は
極端に
少ないね

薬学・看護学部は
女子学生のほうが
多いんだ

大学を取り巻くジェンダー感

女性の大学進学率は50.7%と、40年前の12%と比較しても右肩上がりに増えています。しかし学部に対する固定観念はまだまだ根強いのが現状です。

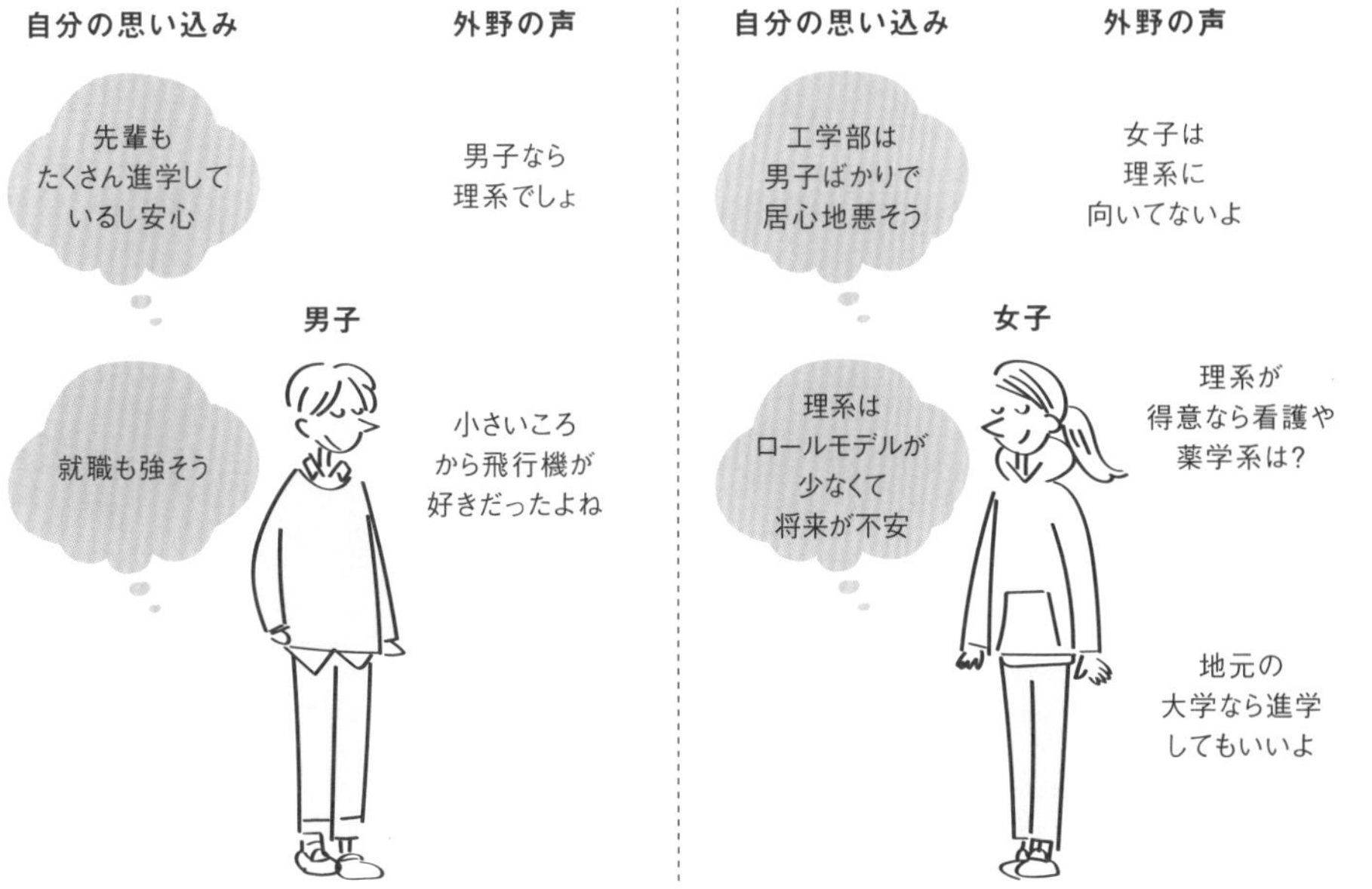
自分の思い込み
外野の声
先輩もたくさん進学しているし安心
男子なら理系でしょ
男子
就職も強そう
小さいころから飛行機が好きだったよね
自分の思い込み
外野の声
工学部は男子ばかりで居心地悪そう
女子は理系に向いてないよ
女子
理系はロールモデルが少なくて将来が不安
理系が得意なら看護や薬学系は?
地元の大学なら進学してもいいよ

女性が工学を学ぶ意義

工学とは、そもそも人びとの暮らしをより便利に快適にするための学問。しかし、もの作りに携わるエンジニアのほとんどは男性という長年の課題があります。女性が工学を学ぶ意義とはなんでしょうか。

Before

男性視点で作られた製品が女性にとっては使いづらいことも……

After

両性の意見をふまえた製品作りができるから生活が便利に、快適になる。フェムテック製品の充実も

● 女子大の工学部DATA

P.134～
藤田学部長の
インタビューを
チェック!

	国立大学法人 **奈良女子大学** （奈良県）	**国立大学法人** **お茶の水女子大学** （東京都）

学部・学科名	工学部 工学科	共創工学部 人間環境学科 文化情報工学科
開設	2022年4月	2024年4月（予定）
特徴	リベラルアーツ（一般教養）にアート系、人文・社会科学系の科目を充実させ、独創的な価値づくりを行うことを目指す。生体医工学エリア、情報エリア、人間環境エリア、材料工学エリアを横断的に学ぶことができるなど、キャリア選択の幅が広い。	データサイエンスと人工知能を基盤としながら、工学の知識や技術と文系の知とを協働させる。Society5.0への取り組みを前進させ、イノベーションを推進できる人材の育成を目指す。

共学の工学部の
特徴も
知りたくなるね！

女子大ならではの
学びや視点が
あるのかな？

奈良女子大学
オープンキャンパス体験

女子大の工学部ってどんなところ?
新設の学部の施設の充実度は?
2022年夏のオープンキャンパスにお邪魔しました。

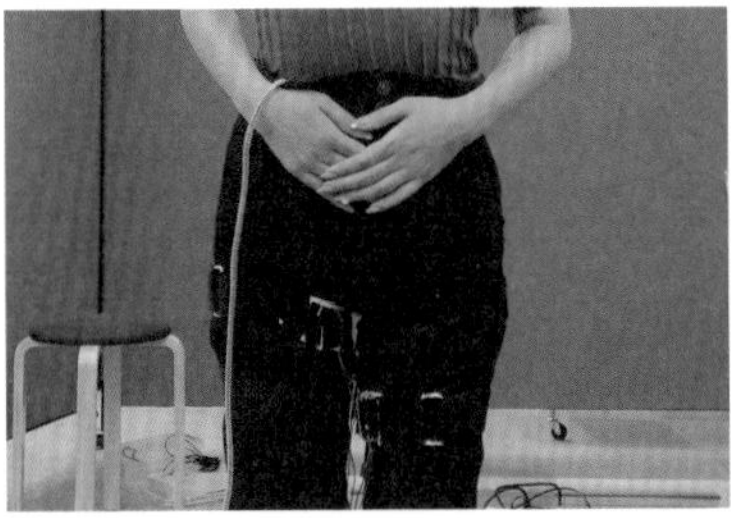

月経痛体験システムで医療に貢献

月経痛体験システムを開発。電極パッドや温感を起こす装置などを組み合わせて月経痛のつらさを体感できる。

医学×工学を融合した生体医工学も学べる

医学と工学の領域を融合した生体医工学。工学だけでなく、生理学・認知科学、計測技術やデータ解析など広い知識を学ぶ。

木工室が完成

2022年秋には中庭に木工室が完成。大きな家具なども自分で作ることができるようになった。

「工作室」の機器設備が充実

各種3Dプリンタやレーザーカッターから業務用ミシンまで。多目的工作室にはさまざまな機器設備が充実。誰でも、いつでも使用できる。

国内の教育機関で最大級の「人工気候室」

温度や光など、生活環境を変えられる人工気候室。さまざまな条件下における、人体の生理的・心理的反応をとらえる実験が行える。

既存の「生活環境学部」と「理学部」から一部教員や設備が引き継がれているので、新設だけど充実した教育を受けられるってわけ!
奈良女子大学工学部は「工学科」の一学科。その中が生体医工学、情報、人間環境、材料工学に分かれているんだね

女性の工学部出身者の不在は〝有事レベル〟の緊急事態である

人口の半分は女性なのに
ものづくりの場に
女性エンジニアがいないのは
どう考えてもおかしい。
その不均衡が、さまざまな
可能性を奪っています。

INTERVIEW / **藤田盟児**（ふじた・めいじ）

工学博士、奈良女子大学工学部学部長

PROFILE / 1984年東京大学工学部建築学科卒業（工学士）、91年東京大学大学院工学研究科博士課程修了。奈良国立文化財研究所研究員、名古屋造形芸術大学助教授、広島国際大学教授を経て2017年より現職。

入試やカリキュラムを工夫し文系でも工学を学べる場に

——女子大の工学部設置は「日本初」だそうですね。

これまでの工学は、ものづくりのハード面に関わる技術を担っていましたが、現在はソフトウェア中心へと変化し、「人と社会のためのもの」「快適さ・便利さ」が求められるようになりました。

「力の工学」から「知の工学」への変化により、女性が学ぶハードルも下がるのではないかと期待します。工学部の女性の割合は年々増えてはいますが、それでも15％ほど。まだまだアンバランスな状態です。

——工学部設置のきっかけはなんだったのでしょうか。

工学部設立のアイデアはもともとありましたが、大きなきっかけは2018年の奈良教育大学との法人統合の合意でした。女性エンジニアの不足、中高生の理数離れなどの課題に対し、両大学の工学や情報学の教員が協力してできることはないかと考え、工学部設立に踏み切りました。

ものづくりの現場においても、エンジニアのほとんどが男性というのは可能性を半分にしているのと同じです。企業でも女性エンジニアを求める声は高く、卒業後の進路も心配ありません。

――入試やカリキュラムに特徴があるんですね。

大学入学共通テストではなく、レポート作成やディスカッションで選抜する「探究力入試『Q』」を導入。学校推薦型の個別学力検査を面接だけにするなど、高校で文系を選択していた人たちも入学できるような工夫をしています。

またカリキュラムでは、幅広い分野を横断的・総合的に学ぶ「リベラルアーツ」を身につけ、その後で専門科目を組み込むという従来にはない形を取りました。学科やコースは作らず、卒業に必要な単位の半分は自分で選ぶ「自由履修制度」が大きな特徴でもあります。

――どんな人材育成を目指していくか、また今後の展望などをお聞かせください。

大量生産・大量消費の時代は終わり、これからは個人に合わせた消費行動がどんどん増えていくでしょう。そのためには学生の個性も尊重した教育が必要です。そして一つの専門性を極める学びよりも、横断的・広角的な異分野融合型の教育を進めていきます。

世界的には、女性の研究者が工学の分野でどんどん活躍している時代です。日本では工学を学ぶ女性が少ないうえに活躍する場も乏しい。本校では世界の第一線で戦える女性エンジニアの輩出、そして同時に女性の教員・研究者も育てていきたいと思っています。

「一期生」に聞く

工学部に対するもともとのイメージは〝作業着を着て何か作る〟〝男子ばっかり……〟。でも実際に入学すると「まるで芸術学部？」と思うほどの型破りな学校という印象を持ったという。

一般教養では工学全般の知識を広く基幹科目で学びつつ、「批判的思考（多角的・論理的に考える思考法）」の観点から、歴史学、心理学、哲学など、工学とは関係ないように見える人文系の授業も充実している。

右／徳田仁美さん
左／田中友望さん

徳田さんは、テレビ番組で知った「ガーナのゴミ問題」についてSDGsの観点からレポートにまとめ、一般教養の授業で発表した

4

SDGs × 林業

今こそ見直したい森と人の関係

森林を生かし、よみがえらせる林業へ

人が手をかけて守らなければ森林はその能力を生かしきれない

国土の約67％が森林という日本では、その恩恵を受けながら人びとは生活してきました。多種多様な生物を育み、水を蓄えて土砂災害を防ぎ、二酸化炭素を吸収してくれる森林は存在自体が大きくＳＤＧｓに貢献しています。戦後、木材の輸入自由化で急激に林業が衰退した日本では手入れされずに放置された森林が多く存在します。間伐をしない森は過密のため木々が細く、地面にまで光が届かずに下層の植生が保てません。つまり私たち人間が手間暇をかけて森林を管理・保全しなければ森林からの恩恵は受けられないのです。紙や木材などの自然素材が再び注目されている昨今、50年後、１００年後を想定する林業は、まさに未来を考えるＳＤＧｓの取り組みそのものです。

森林が果たす役割は多岐にわたる

SDGsが叫ばれるずっと前から、人間と森林はギブ・アンド・テイクの関係を続けてきました。現代は当たり前にあると思っていた森林を、意識して守る時代です。

上記の役割のほか、音や風を防いで人間が住む環境を快適に調整してくれたり、行楽や山登りの場になったり、人間社会にとっても欠かせない存在になっている。

宮城県・鳴子温泉地域がめざす「循環する林業」とは

森で育てた材料を建築や燃料で使い、そこで生まれた熱も住宅に供給。森で生まれた利益を、また森に還元する循環型の取り組みを行う街があります。

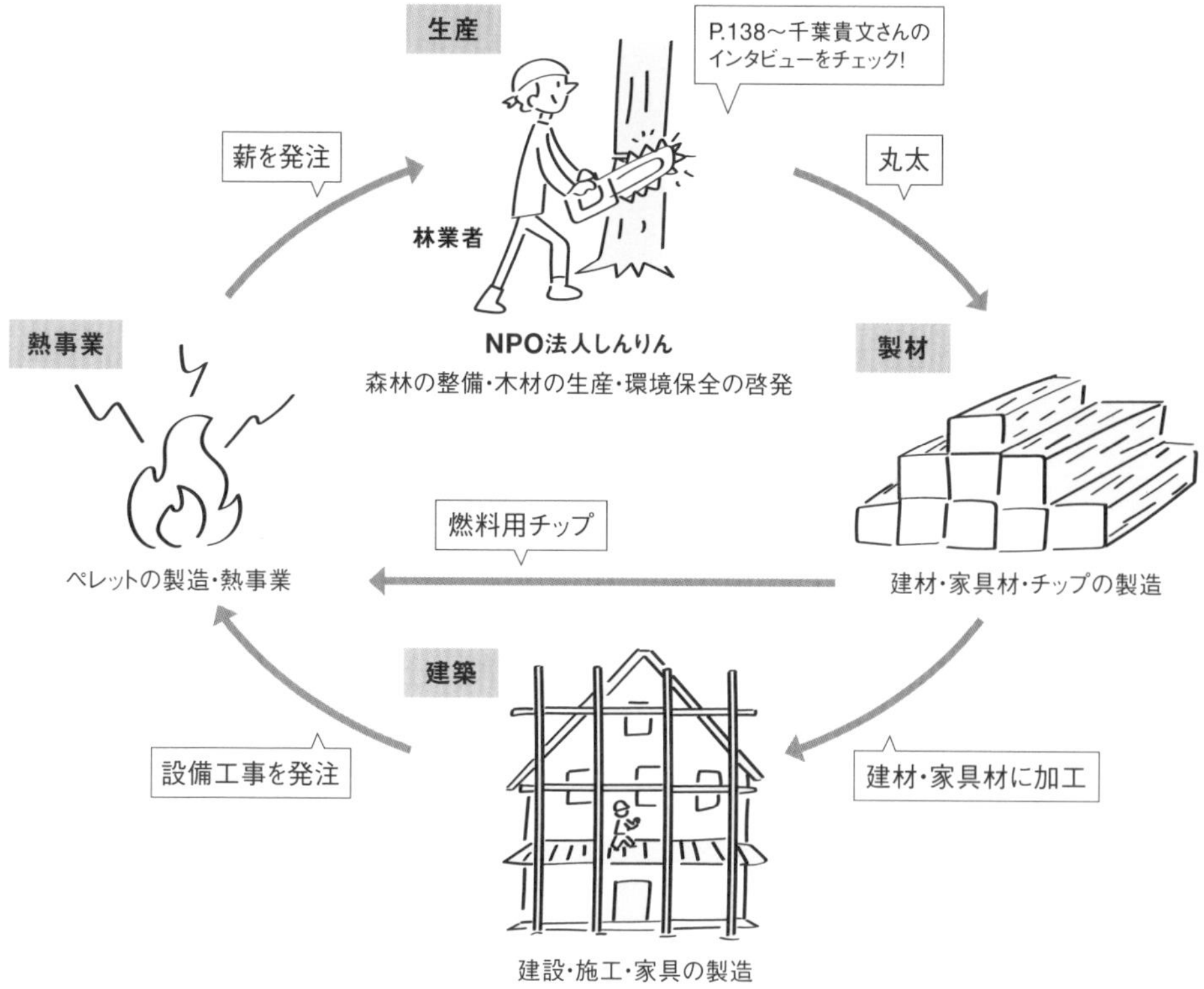

スギと広葉樹が共存する針広混交林のメリット

日本では全森林の4割以上が針葉樹の人工林ですが、今、針葉樹と広葉樹が入り交じった針広混交林に関心が高まっています。社会全体に有益な影響を及ぼす森林機能の発揮が期待される針広混交林とは?

広葉樹は紅葉するので景観が美しくなり、四季折々の風景を楽しめるようになる

生物多様性が高い

人工林に比べて天然林に近いため、さまざまな生き物や植物の種類が多くなり、生物多様性が高まる。森林生態系が豊かで複雑に変化する。

病虫害が拡散しにくい

樹木が密集していないので、害虫が拡散しづらい。また種が多様だと病原菌が感染しづらい種類も交ざるので、病気の感染率が下がる。

災害に強い

針葉樹と紅葉樹が入り混じり下層植生が増えると、土壌を支える力がついてしみ込む雨量も減り、山崩れなどの土砂災害に強い森林になる。

長期にわたる伐採計画が組める

樹齢の異なる針葉樹と広葉樹では伐採時期がずれるため、一斉に伐採せずに長期にわたる計画を組むことが可能になる。

山を育てる林業で木とともに生きる若い木こりの暮らしに溶け込むSDGs

間伐して管理されていなかった山に日の光が入るようになると、山がまるで生き返ったみたいに感じる。それがとても気持ちがいいんです。

INTERVIEW / **千葉貴文**（ちば・たかふみ）

木こり

PROFILE / 1999年宮城県栗原市に生まれ、現在も暮らす。木こり歴2年目の24歳。工業高校の機械科を卒業したのちに、地元建設会社に就職。転職し、NPO法人しんりん所属の木こりに。趣味はお酒を飲みながら、動画を見ること。

山を育てながら少しずつ木を切る林業に感銘し、木こりに

——なぜ林業に携わることになったのですか。

もともとうちは農家で山を持っていて、ひいおじいさんが山を管理していたんです。農家をやりながら山で椎茸の原木栽培をしていたそうです。昔は父親も手伝いで山の仕事をしていたという話を聞いているうちに、自分もひいおじいさんのように山の管理をしてみたいという気持ちが湧きました。

——数ある林業の会社や団体の中で、NPO法人しんりん（以下、しんりん）で木こりになることを選んだ理由を教えてください。

しんりんが、山を育てるような林

業をしているからです。一般的な林業では効率を重視するために、「皆《かい》伐《ばつ》」といって山の木をすべて伐採します。この、林木を伐採する時期のことを「伐《ばっ》期《き》」というのですが、ほとんどが樹齢50年程度、長くても樹齢80年から１００年の間にはすべての林木を切って、リセットしてしまいます。

丸裸になった山は大雨が降ると土砂災害の危険性も出てきますし、再び植林し直してから50年待たないと、森は育ちません。その間、林業者の収入は絶たれるので、生活費は補助金で賄うしかなくなるんです。補助金をたくさんもらうためには、いくつも山を持つ必要がありますし、効率よく作業するために、重機も大きくしなければなりません。ところが、大きな重機は森を傷めて、山を壊してしまう。そういった林業は森を汚すだけではなく、めぐりめぐって水を汚すことにもつながるんです。

しんりんでは、皆伐はしません。過密になった樹木の一部を伐採する「間伐」という方法で、森を育てながら少しずつ木を切ります。間伐にすれば森が循環していくので、僕たちには「樹齢50年だから伐採する」というような伐期の概念がありません。そして、山を壊さないように最小限の大きさの機械を使い、状況に合わせて山で伐採した木材を馬で運ぶ「馬《ば》搬《はん》」をする林業を行っています。

しんりんでは、ＳＤＧｓが広まるずっと前から、こうした山にやさしい林業をしてきたそうです。僕も森を守り、山を育てる林業がしたいと思い、ここで木こりになることを決めました。

林地残材まで残さずに使い切る

――山の作業で心掛けていることはありますか。

強いて言うならば、木を大事にすることでしょうか。山に入ると、まず木の状態を見るようにしています。そして、切る木はもちろん、周りにある木も傷つけないように注意を払いながら切って倒し、大切に運ぶようにしています。伐採した木は、傷ついていると建築用材に使えなくなってしまうんです。周りの木も傷つくとその後の生育に影響します。木を大事にすることは、最後まで無駄なものを出さずに使い切ることにつながるんです。

また、林地残材を極力残さないようにすることも心掛けています。通常の林業では伐採した木を丸太にする際に出る木の枝や皮など、建築資

大きな重機は使わない

傷つけずに雑木を生かすことで、森林が持つ公益的機能が発揮される針広混交林になる

材にならないものを山に置いたままにしてしまうことが多いのです。これを林地残材と言うのですが、そのままにしておくと、日光が地面に届かなくなるので、林地残材をしっかり回収することが重要なんです。

――ベテランの木こりさんから学んだことで印象に残っていることはありますか。

雑木《ぞうき》を残しながら丁寧に木を切ることの大切さですね。伐採するスギやヒノキなどの針葉樹の間に、ピョンピョンと小さな雑木が生えています。雑木は成長すればやがて立派な広葉樹になるのですが、一般的には邪魔だからとチェンソーで切られてしまいます。しかし、しんりんでは、小さい雑木も傷つけずに残します。すると、やがて針葉樹と広葉樹が交じり合った、素敵な山になるんです。

雑木を残しながら切るには技術が必要です。木を倒す方向によっては雑木がつぶれてしまいますから、それを防ぐために作業の方法を変える判断も現場で行います。木の生え方一つで工程を変えるのは当たり前。それくらい木を大事に思う姿勢を学びました。

日本の森林の未来を悲観していない

――今、日本の森林が危ないと言われていますが、どう思われますか。

しんりんに入る前に参加した林業の講習会で、木を皆伐することに疑問を持っている人たちにたくさん出会いました。「自伐型林業」という言葉をご存じでしょうか。簡単に言うと、業者に任せずに、自分たちの山は自分たちで切って管理しましょうという林業です。ここでも皆伐ではなく、間伐を丁寧に繰り返し行いながら１００年、２００年と続く森を残していくのが特徴です。林業には欠かせない作業道も、壊れにくくして、山へのダメージを最小限に抑えます。自伐型林業を支援する自治体もあり、山を持っていなくても、林業を始める若者や移住者が増えています。だから僕は、日本の森林の未来について、悲観することばかりではないと思っています。

――林業について、もっとこうなったらいいなと思うことはありますか。

林業に従事するすべての人に、山を大事にしようという思いを持ってもらいたいです。山を守る気持ちがあったら、「この木は残して育てよう」という感覚になると思うんです。ところが、生産性を上げることを重視している人が木を切ると、やっぱり山は壊れていきます。「この仕事を通して、森を育てています」という信念を持ちながら林業に携わる人たちが、もっと増えてほしいです。

興味を持つことが、森を育てる第一歩

——森を守るために、私たちにできることはなんでしょうか。

家を建てるときにどんな木を使うかということも大切だとは思いますが、それよりももっと大切なのは、〝気持ち〟です。先ほどすべての林業従事者に森を大切にしてもらいたいと言いましたけれど、一般の人たちに関しても、そこが重要だと思っています。

僕もしんりんに入る前はまったく山に興味がなかったんです。でも、実際に山に入っていろいろなことを知り、意識が変わりました。

山の木をすべて伐採してしまったら、森が育つのに50年の年月がかかるとわかれば、木を大事にしようと思うのではないでしょうか。まずは森や山に興味を持ち、木を大事にする気持ちを育んでもらうことが第一歩だと思っています。

仕事のやりがいは自分が切った木が無駄なく使われていること

——木こりの仕事のやりがいを教えてください。

通常、木こりには自分たちが切った木が最終的にどうなるかということは見えません。伐採した木はそのまま原木市場に行って、どこかの誰かが買います。でも僕たちは自分たちの伐採した木がどんなふうに使われているかを知ることができます。

伐採した木は、グループ会社に運ばれ、そこでまず製材されます。製造過程で廃棄される木の皮や木屑などは、また別のグループ会社に運ばれてペレットなどの燃料になります。最後に製材された木材はグループの会社が建築に使います。僕が住んでいるアパートも自分たちの切った木で建てられているんですよ。こうして自分たちの切った木が無駄なく使われている過程を近くで見ることができることに、大きなやりがいを感じています。

あとは大層なことではないのですが、もう一つあります。やっぱり間伐すると山がとてもスッキリするんです。管理されていなかった山を間伐して日の光が入るようになると、下草が生えてきて山がまるで生き返ったみたいに感じるんです。それがとても気持ちがいいんです。これからも木こりを続けて、木こりとして生きていきたいと思います。

間伐や下草刈り、植林などの地道な作業によって、100年、200年続く森が作られる

5

SDGs×行政

地方創生とSDGsの最強タッグ

持続可能な自治体のつくり方

SDGsへの取り組みが地方の問題解決の糸口に

政府主導で自治体が推進している「地方創生SDGs」。日本の地方自治体とは、都道府県や市区町村を統括する行政機関のことで、各地域の実情に合わせて自主的に運営されています。少子高齢化や人口減少、労働力の低下、東京への一極集中などの問題に対し、政府は地方の活性化を目指した「地方創生」を2014年から打ち出していました。SDGsの目指すゴールや「誰ひとり取り残さない」という考え方が、急速に衰退する地方の活性化と重なることから、SDGs推進を自治体活性化の原動力にしようというのが、「地方創生SDGs」に託した政府のねらいなのです。2018年度からは先駆的かつ優れた取り組みの自治体を選定し、支援を行っています。

内閣府が主導する「地方創生SDGs」

地方創生SDGsを進めるうえで、内閣府は3つの具体的な取り組みを推進しています。持続可能な社会を目指して「経済・社会・環境」を横断する施策を紹介します。

「SDGs未来都市」「自治体SDGsモデル事業」の選定

地域の自律的で優れた取り組みを選定し支援する。民間企業などと連携することで、地域活性化や魅力向上につなげる。

「地方創生SDGs官民連携プラットフォーム」運営

民間企業や大学、NPO・NGOなどと連携し、プラットフォームを構築する。課題解決に向けたマッチング支援などを推進する。

「地方創生SDGs金融」推進

SDGsに費やす資金を地域の事業者や金融機関に流入させ、自律的な好循環を生む。資金の還流と再投資のサイクルを創出。

2018年にスタートした取り組みだよ

● 普通地方公共団体とは

都道府県 ―統括― 市・区・町・村

- 人口50万人以上 **指定都市**
- 人口20万人以上 **中核市**
- 法律改正前の特例市 **施行時特例市**
- 人口5万人以上 **その他の市**

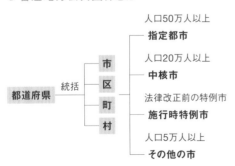

自治体の規模や特色に応じて自治体みずからSDGsに関する取り組みを行っているんだ

「SDGs未来都市」の取り組み例

内閣府は、持続可能なまちづくりのため地方創生につながるSDGsに取り組む都市を「SDGs未来都市」に、先導的な取り組みを「自治体SDGsモデル事業」に選定。特に経済・社会・環境において、新しい価値の創出に注目しています。2019年以降のモデル事業に選定された地域を紹介します。

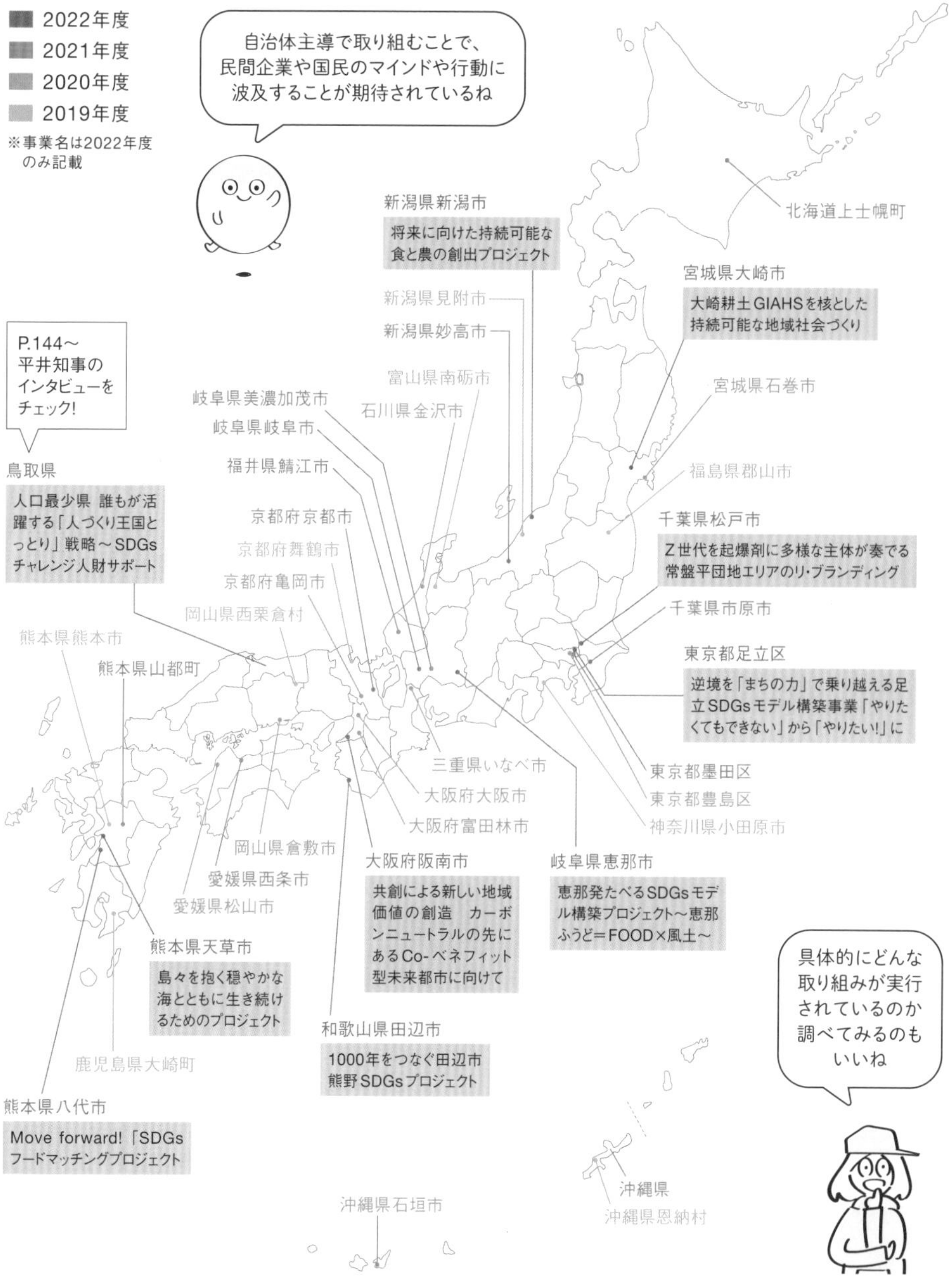

小さな鳥取県をSDGsの実験の場に！行政ができることは、いくらでもある

老いも若きもが共感し合い、
自分のできることをやる。
それらを積み重ねてゆけば、
必ずSDGsが目指す
調和的な地域社会が作れます。

INTERVIEW / **平井伸治**（ひらい・しんじ）

鳥取県知事

PROFILE / 1961年東京・神田に生まれる。東京大学法学部卒業。自治省（現総務省）に入省。99年に鳥取県庁へ出向して鳥取県総務部長を務め、2001年に全国最年少で鳥取県副知事に就任する。07年、知事選初当選。16年手話を広める知事の会会長に就任。

若者や子どもたちの意見に耳を傾け、地域の将来と行政のあり方を考える

――鳥取県は、「第4回地域版SDGs調査2022」の住民によるSDGsへの取り組み評価ランキングで3年連続1位を獲得。「SDGs先進県」として、認知が広がっていますが、そもそもSDGsについて、知事はどのように考えていますか。

SDGsは国連が定めた17の目標ですが、いずれも人類にとっての普遍的な価値の追求にほかなりません。17項目それぞれを個別に見るだけではなく、それらに共通する「価値観」を読みとることが大切です。つまり地球上で生き続けるために人類が依拠すべき共通の価値を、さまざまな

分野で実現するのがＳＤＧｓの目指すところではないでしょうか。

――全国知事会長として「共に闘う知事会」を目指しています。「共に闘う」ことは、ＳＤＧｓを推進していくうえでも重要な考えですね。

いずれの県にも共通する課題もあれば、それぞれの県固有の課題もあります。自治体に課せられたさまざまな課題を解決するには、全国の自治体の連携と協働が必要です。そのためには、まず課題の共有化を図り、課題解決のための指針について議論を重ねたうえで、その成果を自治体に持ち帰り、具体的な課題を一つひとつ解決してゆこうというわけです。環境問題を例に挙げると、二酸化炭素の排出量を削減するために自治体レベルで何ができるのかについて、全国の知事が一堂に会して意見を出し合う。こうした自治体間の連携がこれまではありませんでした。

産業界や市民団体の協力を勝ち得るためのノウハウについての意見交換もします。若者のみならず、未来を担う子どもたちの意見に耳を傾け、地域の将来を見すえて、今の行政のあり方を考えなければなりません。県民の老いも若きもが共感し合い、それぞれが自分のできることをやる。それらを積み重ねてゆけば、必ずＳＤＧｓが目指す調和的な地域社会が作れると確信しています。

子どもたちがＳＤＧｓを楽しく学べるカードゲームを学生が制作

――鳥取県ではどんなことを？

一つは「広げていこう」を目標に、ＳＤＧｓの伝道師を募集しました。「やります！」と手を挙げてくれた方を伝道師に任命します。また、認証制度を作って本格的にＳＤＧｓに取り組む企業の数を増やしています。企業は認証され表彰されることで、金融機関から融資を受けやすいという特典につながるためか、当初の想定より多い27社が認証を受けました。ＳＤＧｓ教育にも力を入れています。高校生と大学生が、小学生や中学生向けのカードゲームを作成しました。学校で楽しく学べるＳＤＧｓを広げるのは、とても歓迎すべきことですよね。鳥取県のような小さな自治体では、物ごとがとても速く進みます。鳥取県くらいの規模だからこそ、初等・中等教育の現場にＳＤＧｓを学ぶ機会を広く提供するのも可能になります。

子どもから大人まで楽しみながらSDGsの課題を考えられるカードゲーム

知事主導の女性管理職登用で行政の男女平等1位に

――ジェンダー平等の実現にも力を入れてきました。

ＳＤＧｓの一つであるジェンダー問題についてですが、県庁の女性管理職を増やそうと10年間ずっと取り組んできました。女性管理職を増やすには、組織のあり方自体をそれなりに変更しなければなりません。しかも、困ったことに、女性の多くが管理職になりたがらない。なぜかというと、たとえ管理職といえども女性が議会で発言する機会は男性に比べて少ないし、仮に発言してもちゃんと議員さんに聞いてもらえないからなど、消極的な意見が多かったのです。これには驚きました。私は「それは単なる思い込みですよ。答弁責任者である私が、ちゃんとフォローしますから」と一生懸命説得しました。その結果、今では管理職の女性比率が24・8％になりました（２０２３年４月）。

2018年、鳥取県庁では女性管理職が2割を達成した

総務省時代、とある在米の国際機関に出向していたとき、私の上司は女性でしたが、女性が上司であることにまったく違和感はありませんでした。幸い鳥取県での改革は実を結び、今や鳥取県は行政分野のジェンダーギャップ指数でダントツのトップです。

鳥取発のさまざまな取り組みで誰もが生きやすい地域社会を

――２０１３年、鳥取県は手話言語条例を制定しました。

あるとき、聴覚障がい者の方から「音声言語以外の手話を言語として認める条例を作ってほしい」との陳情を受けたのがきっかけです。障がい者が社会参画できる社会を作ることは重要だと考えて、四苦八苦したあげく、なんとか実現にこぎ着けました。

学生時代に日本赤十字社でボランティアをしていたとき、手話に接する機会が多かったこともあり、私自身、手話になじみがあったのです。ところが、いざ条例を制定するとなると、否定的な意見も多く、長時間の熟議を重ねました。結果、全会一致で可決・成立しました。改革は難しいけれど、なせば成るということです。

ＳＤＧｓを達成したいという思いを広げていくのが自治体の役割

――ＳＤＧｓに取り組むうえで、自

日本海の荒波によって形作られた美しい景観が広がる山陰海岸ジオパークの浦富海岸

治体の最大の役割とはなんでしょう。

私たちの地元の自然は豊かです。海も山も陸も豊かで美しい。そこに息づく生き物と環境を守るのが自治体の責務だと考えています。

県民のボランティア活動もまた欠かせません。鳥取県では、身近なＳＤＧｓの達成に貢献しているとの自負を誰もが抱いています。次のステップとしては、県全体の数値目標を定める。例えば、鳥取県の二酸化炭素排出量の60%削減を目指すことです。そうした数値目標の達成へ向けて、一人ひとりが自分のできることをやる。大切なのは企業や個人が共感すること。共感の媒介役を担うのが自治体なのです。

〝人と人は互いに補い合うべき〟という共生の哲学が原点

――ご自身にとってのSDGsとは?

学生時代に体験した手話から、共生の哲学を学びました。障がいの有無にかかわらず、人と人はお互いに補い合う関係にあることを学んだのです。

鮮明に覚えているのは、とあるダンスパーティの会場で、障がい者の方が車椅子に乗って健常者とダンスを楽しんでいたことです。その様子を見て感動しました。ＳＤＧｓの目標にも関連しますが、今でも、私は手話を勉強し続けています。そのおかげでコミュニケーションの場が広がるのは、とてもよろこばしいことです。

自分ではない誰かのために 人道支援を行う国際NGO

歴史ある人道支援の考え方は SDGsの根幹を成すもの

ＳＤＧｓが叫ばれるずっと以前から、世界には人道支援を行う国際的な団体や組織が存在しています。１８５４年、クリミア戦争に従軍したナイチンゲールの活躍が人道支援の始まりと言われ、ヨーロッパ10数カ国が署名した赤十字社の設立につながりました。その後、２つの世界大戦を経て国連が発足したのは１９４５年。この頃に国連児童基金や国連難民高等弁務官事務所などの国際的な人道支援機関が相次いで設立されたのです。

ＳＤＧｓには①貧困をなくそう、②飢餓をゼロに、⑩人や国の不平等をなくそう、といった人道支援と重なる目標がたくさんあります。ＳＤＧｓの取り組みが進むことで、人道危機を誰もが自分ごととしてとらえられることが期待されます。

さまざまな国際NGO組織がある

支援を必要としている国や地域は世界中にたくさんあり、それを支援する団体の種類や支援内容もさまざま。ここでは全世界に支部を持つ代表的な団体を紹介します。

団体名	内容	活動開始時期	近年の活動
BRAC（バングラデシュ）	農業開発・教育・保健支援	1972年～	女性の自立を助けるマイクロファイナンスでノーベル平和賞を受賞。公文教育研究会と提携し、バングラデシュ国内の教育支援なども行っている。
国境なき医師団（フランスで創設）	医療支援	1971年～	現在世界約70の国と地域で医療援助活動に加え、現場で目撃した人道危機を社会に訴える「証言活動」にも重きを置いている。
セーブ・ザ・チルドレン（イギリス）	子どもの支援・権利保護	1919年～	SDGsのなかでも特に子どもに関連する目標に力を注ぐ。近年は日本国内の子どもの虐待や教育格差、貧困問題にも取り組んでいる。
ワールドビジョン（アメリカ）	開発援助・政策提言	1950年～	支援する子どもと手紙などで交流ができる「チャイルドスポンサー」が特徴。現在、日本で5万人のスポンサーが6万人の子どもの支援を行っている。
オープンソサエティ（アメリカ）	市民社会団体への助成	1993年～	社会正義や経済的公平、メディアの独立に焦点を当てた独自の取り組みを行っている。慈善家・投資家のジョージ・ソロス氏による国際的な助成団体。

今さら聞けない「国境なき医師団」とは

紛争地や被災地で医療支援を行う「国境なき医師団(MSF)」。医療従事者以外のスタッフも多数在籍し、医薬品の調達や環境整備などのサポートを行います。世界で最も有名な人道支援団体の一つ、MSFの組織を紹介します。

● 活動時の組織

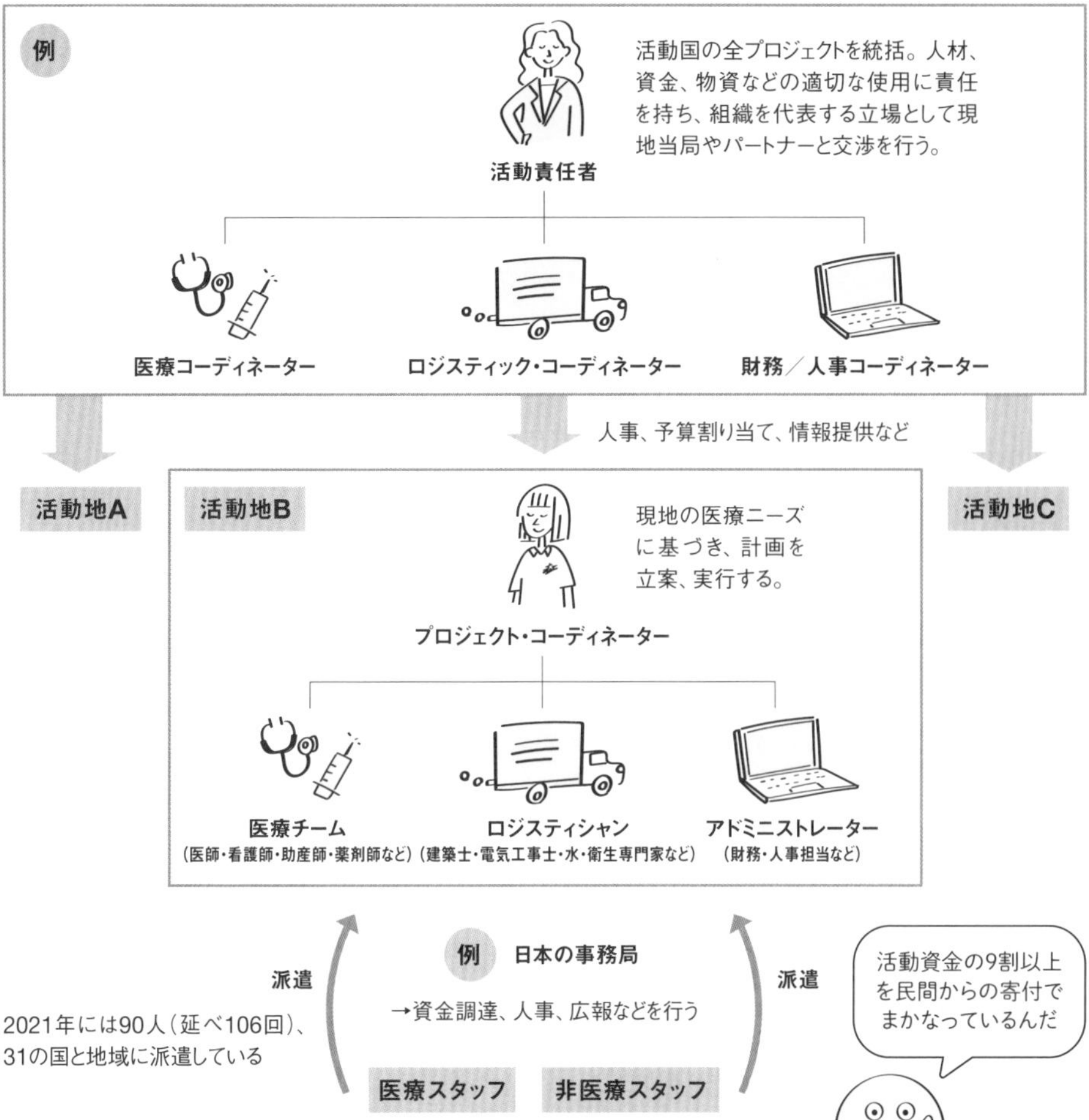

人材確保が喫緊の課題

人道支援の人材確保には多くのハードルがあります。例えば国境なき医師団の派遣は数週間から数年単位で行われますが、その期間を休職できずに、多くが仕事を辞めるなどして参加しているのが実情。志があっても派遣を諦めざるを得ず、人材確保をより難しくしているのです。人道支援に携わる人のキャリア断絶にならないよう、社会理解やボランティア休暇の浸透が課題です。

現地の文化とそこに暮らす人びとを尊重する思いが医療援助の支えに

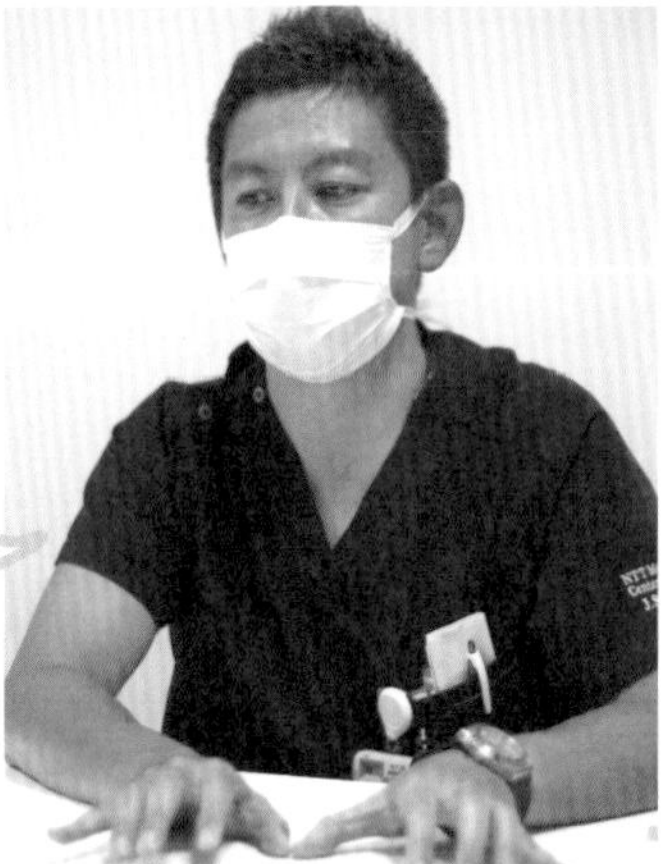

南スーダンの人たちは
誇り高い民族で、
この国をよくしていこう
という気概にあふれてます。
確かに貧しいのだけど、
強くて美しいと思います。

INTERVIEW / **佐久間 淳**（さくま・じゅん）

国境なき医師団、外科医

PROFILE / 早稲田高校卒業、琉球大学医学部医学科卒業。現在、NTT東日本関東病院の外科に勤務。所属学会は外科学会、消化器外科学会、内視鏡外科学会、臨床外科学会、食道学会、胃癌学会ほか。MSF活動歴：南スーダン・ベンティウ（2021年11月〜22年2月）

突然不幸に陥った人を救いたいという思いから国境なき医師団へ

——もともと国境なき医師団への関心があったのでしょうか。

本当のきっかけは実はよく覚えていないのですが、小学生の頃の卒業文集にアフリカで国際協力の仕事に就きたいということ、国境なき医師団（以下、ＭＳＦ）という名称まで書いていたんです。大学に入ってからはさまざまな活動に参加させていただく中で、〝一番困っている人たちのところで仕事がしたい〟と考えるようになりました。

僕にとっての〝困っている人〟というのは、外的要因で突然、究極に不幸な状況に陥ってしまった人たちのことを言います。具体的には、被災地、戦場、難民キャンプですね。

そういった問題を解決するためには、知名度や人的資源も圧倒的なＭＳＦに所属して活動をしていきたいと強く思うようになりました。もともとは感染症やＨＩＶの知識を持ってアフリカに赴きたいという思いがありました。ですが、アフリカに感染症の専門医はたくさんいますよね。大学時代にアフリカに繰り返し行くようになり、現地で普段からＨＩＶの患者さんと接している人たちには知識や技術で太刀打ちできないと、そのときに実感したのです。それで僕は外科医になって技術を身につけることを決意しました。

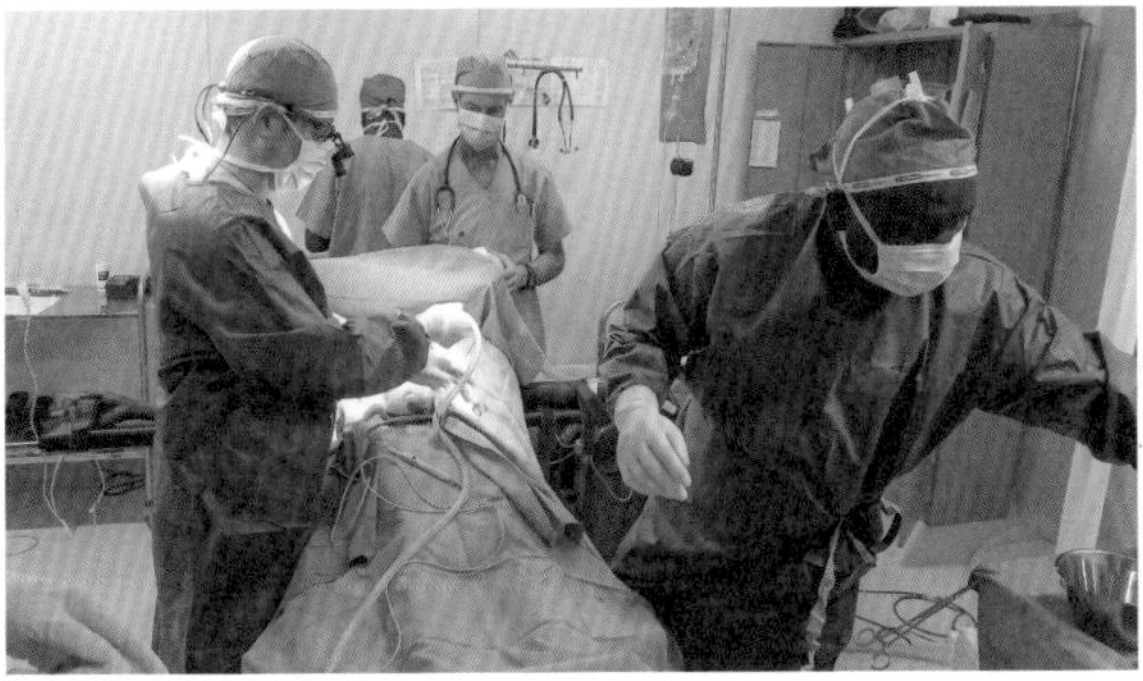

ベンティウの国内避難民キャンプに併設された病院で手術をする様子。
（写真提供:国境なき医師団）

伝統医療を信じる
現地の文化を尊重しつつ
診療にあたる

——どういった経緯で南スーダンに行かれることになったのですか？

僕は入職当時からずっと「ＭＳＦに行きたい」という意思表示をし続けていました。そして外科医としてある程度落ち着いてきたのが、2、3年前。ちょうど新型コロナが広がってきていた時期に、初めてＭＳＦに応募をしました。けれど、不採用になってしまったんですね。ＭＳＦというのは案外ハードルが高くて、いろいろなことを要求されるんです。具体的には重度の外傷管理や、帝王切開、自然分娩の知識も必要です。そういった技術や知識を持ち、ＭＳＦの採用基準を満たせば合格という形になります。その後、勤務先の病院での研鑽や諸調整を経て合格し、ＭＳＦから南スーダン派遣のオファーを受けました。実は初回派遣の場所は選べないんです。

——派遣された活動地はどのようなところだったのでしょうか。

僕が派遣されたのはベンティウという地域です。8年前に国連が作った5キロ四方の難民キャンプがあり、10万人くらいの人がそこに暮らしています。国連軍に守られている地域で治安はよいです。長くＭＳＦが活動していることもあり、設備がかなり整っている病院でした。冷房が効いていてきれいで衛生的な手術室もありました。規模としては２００床くらいの大きな病院で、難民キャンプだけでなく、周辺の地域からの患者さんも受け入れていました。

——南スーダンの人びとは、医療に対してどのような考えをお持ちでしたか。

　まずＭＳＦは現地の国民からとても信頼されていて、現地のスタッフも誇りを持って仕事をしています。患者さんに手術が必要だという話をすると、医療を受ける判断をされる方がほとんどです。一方で、手術を伴わない結核やエイズ、ちょっとしたやけどや骨折などは、トラディショナル・ヒーラーという、現地の伝統医療を受ける人が多いんです。病院よりもそちらを信頼する人たちもいる。そういった現地の文化を尊重しつつ、診療にあたります。

現地スタッフたちと行う病棟での回診（写真提供：国境なき医師団）

目の前の患者さんをよい状態にしてあげられるのか苦悩

——南スーダンは２０２３年現在、「世界でいちばん新しい国」ですが、新しい国であるがゆえの貧しさを感じたエピソードや、教育面について感じたことなどをお聞かせください。

　外科医の意見として聞いてください。国連やＳＤＧｓ的な物差しで測れば、南スーダンという国は確かに貧しいと思うんです。学校もまともにないし、地元の病院も道もない。ＭＳＦの現地スタッフは休み時間に子どもたちの算数の問題の丸付けをしているんですよ。一日中ＭＳＦの仕事をしていながら、空いた時間に難民キャンプで塾をしているんです。

　南スーダンの人たちは誇り高い民族で、この国をよくしていこうという気概にあふれています。確かに貧しいのだけど、強くて美しいと思います。

——南スーダン派遣中に最も悩んだことや大変だったことはなんでしたか。

　現場の外科医は僕一人だったので、専門外の患者さんをたくさん診なければいけません。スーパーバイザーの医師や、日本にいる知り合いの先生方に連絡を取り続けて患者さんの診療にあたりました。自分が目の前の患者さんを本当によくしてあげることはできるだろうかということが、やはり一番苦しく悩んだ部分です。

　活動中、ジレンマを抱えた事例も

ありました。現地の女性は出産回数が多いので、できるだけ帝王切開を避けるのが基本です。帝王切開をしてしまうと、次回以降の出産の際に母体や赤ちゃんにかなりのリスクが生じるからです。

しかし、僕の任務中、自然分娩の最中に赤ちゃんの状態が悪くなってしまい、助けられないことがありました。悲しんでいる彼女たちがそれを最善だと思っているとは感じられませんでしたが、それでも切開は極力避けるべきだという現地での考え方もあり、その狭間でとても苦しみました。

「お父さんのような仕事をしたい」息子の一言が背中を押した

——ＭＳＦの任務に就いて、最もやりがいを感じたことはどんなことでしょうか。

必要な人に医療を届けて、患者さんが元気になって笑顔で帰っていくことです。現地の病院では本当に治療が必要な人たちが、何日も歩いて病院に来ることがあります。本当に苦しんで、治療を必要としている人が来るのです。こうした環境下、自分のやっていることに対してシンプルでいられます。目の前の患者さんに対して、雑念なく１００％助けるという気持ちがブレないからとても仕事がしやすいんです。

現地の少ないリソースで患者さんの診療にあたることで、日本では誰も教えてくれないような知識や技術の幅が広がり、対応できることがどんどん増えていきました。これらの学びを次の派遣につなげていきたいと思っています。

——ＭＳＦに参加して、派遣前と派遣後で周囲の反応は変わりましたか。

産婦人科医の妻はもともと国際協力をする人で、お互いに同じようなことをずっと考えてきたので理解はありました。とはいえ、子どもが３人いることもあり、葛藤はあったと思います。

僕がＭＳＦに所属する決め手となったのは、子どもたちが「かっこいい」と思ってくれたことでした。小学５年生の長男は、ＭＳＦで国際協力をしたいと言う僕に対して、「お父さんのような仕事をしたい」と言ってくれています。その言葉が、妻の背中も押したのではないかと思っています。

手術室で働いた仲間たちと（写真提供：国境なき医師団）

紛争地や被災地を物流で支える「ロジスティシャン」という仕事

現状を目の当たりにしたからこそ、「自分ごと」として深く考えられるようになりました。

INTERVIEW / **越部 真**（こしべ・まこと）

国境なき医師団、サプライ・ロジスティシャン

PROFILE / 学習院大学卒業後、SBSロジコム株式会社に入社。2021年に同社を退職し、同年7月よりMSFに参加。21年7月から22年2月までリベリアにてサプライ・ロジスティシャンとして活動し、現地での物資調達、フランスからの医薬品・医療機器の輸入、および物資の管理・配布を担当。

刻一刻と変化する状況に対応しながら必要な物資を確実に届けるという使命

——まずロジスティシャンの仕事内容について教えてください。

紛争地や災害の被災地で医療活動をするには、必要な物資を用意し、迅速に活動地へ送る必要があります。そのための倉庫の設営から物資の確保・調達・輸送、業者との契約などを行います。

ロジスティシャンは多くの予算を使う役回りでもあるので、正しく予算が使われているかを管理しながら、刻一刻と変化する状況に対応し、必要な現場に必要な物資を供給する仕事です。

——国境なき医師団（以下、MSF）に

ウクライナ中部ビンニツァの倉庫で物資の保管や買い付け、配布などを行う（写真提供：国境なき医師団）

参加した動機は？

　小学生の頃から国際交流プログラムなどに参加して、高校ではニュージーランドに留学しました。そのときクライストチャーチ市で起きた地震で被災した経験から、災害時などに対応できる人材になりたいと思ったことがきっかけです。そして帰国後、東日本大震災で甚大な被害があった岩手県の陸前高田市で、ボランティア活動を行って、その思いがより強まりました。就職活動ではＭＳＦのロジスティシャンを目指して知識を培うため、物流系の仕事を選びました。

――アフリカ・リベリアへの派遣の後、ウクライナにも行かれたんですね。

　２０２１年7月から約7カ月間リベリアへ派遣され、リベリアから帰国後すぐの２０２２年3月から大規模な戦争が始まったばかりのウクライナに入り、緊急援助チームの一員として約2カ月半活動しました。ウクライナが戦争下であることに恐怖もありましたが、だから行かないという理由にはなりません。ＭＳＦでは危険な地域にも派遣があることを理解していましたし、そこから求められるのは光栄なことでもあります。家族からは反対されましたが、話し合いを重ねてなんとか送り出してもらいました。

――ウクライナでの活動・生活について教えてください。

　派遣された当初、物流システムを構築する間にも物資は常に必要とされているので、現地調達するために車で買いに回り輸送したこともありました。最前線ではないものの、ミサイル攻撃などの脅威はあるので、空襲警報アプリを入れてアラームが鳴ると建物外に出るなどの対応をしてましたね。

　街中には土嚢が積んであるような場所もありましたし、学校などは休みになっていましたが、人の行き来はあり、ウクライナの人たちはいつも通りの自分たちの暮らしを守ろうと必死に努力していました。

――派遣を経て感じたことは。

　世界各国で起きている問題は、実際に目の当たりにしないとなかなか想像できませんよね。僕も現地に滞在したことで、初めて戦争や平和について「自分ごと」として深く考えられました。自分の仕事が人命に直結しているという意識がやる気やプレッシャーになり、大きく成長できました。僕の経験を伝えることが、世界の人びとの問題を考えるきっかけになってくれたらと思います。

7
SDGs × 人類学

契約からは人とのつながりは生まれない

信頼社会を取り戻す

人間同士の関わりから生まれる「信頼社会」が持続可能への道

私たちは今、デジタル社会に暮らし、人間同士の関わりよりも情報収集に時間を多く費やしています。人とのつながりを手放して、代わりに手に入れた世界は、私たちに何をもたらしたのでしょう。

人工的に作り出せる利便性や安全、契約に基づく関係に対し、安心や信頼関係は人との関わりのなかから生まれ、決して一人では得られません。実はこの「安心できる信頼社会」こそが誰ひとり取り残さない持続可能な世界のキーワードです。私たちが取り戻そうとしているバランスの取れた自然は、生物同士が密にコミュニケーションを取り合い、共に暮らす世界。私たちは命と命のつながりや生物同士の関わり合いを自然界から読み解き、謙虚に学ぶべきなのかもしれません。

契約社会と信頼社会の違い

生活様式の変化に伴い、人びとが助け合い支え合っていた信頼社会から、契約社会へと変化しました。SDGsにつながる信頼社会とは、どんな社会なのでしょうか。

信頼社会（古代～狩猟農耕社会）	契約社会（産業革命以降）
助け合い　社交　話し合い	雇用・売買などの契約
共存　人とのつながり	分業化　お金で解決
再生可能　循環	交渉・争いは法廷で
作ったものをみんなで食べる	先進国に必要なものを途上国に作らせる

人間同士がつながり、心を通わす社交こそが「信頼社会」の基本。さまざまな国の多様な文化を認め合うことも、SDGsへの糸口に。

人との関係が契約をよりどころに生まれる「契約社会」。力を持つ者に有利な契約が結ばれ、弱者は虐げられる。

社交を取り戻すヒントとは

SDGsに足りないもの、それは「文化」です。国ごと、人種ごと、地方ごとの文化の多様性こそが「社交」を取り戻す鍵。日本の街並みをヒントに考えてみましょう。

現代の街のあり方

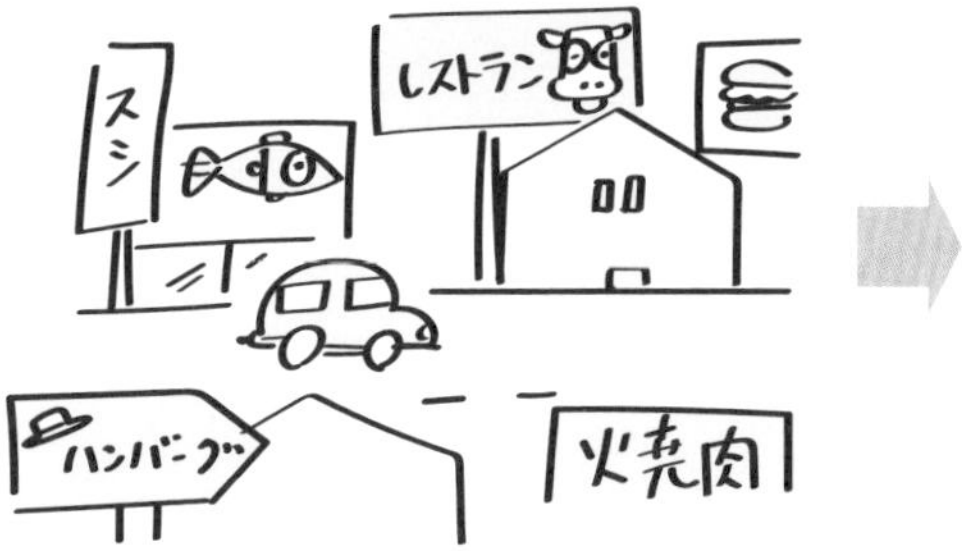

ロードサイド店舗やショッピングモール

地方でも都市部でも、大きな道沿いにはチェーン店が立ち並び、どこを走っても同じような風景が広がる。またどの地区のショッピングモールでも、同じ店舗展開がなされている。

理想の街のあり方

個人商店が並ぶ商店街

その地域の物産や、季節が感じられる農産物などが売られている個人商店、店主と顔を合わせ、その土地の言葉でおしゃべりしながら買い物をする商店街は、まさに社交の場。

消費者と生産者をつなぐビジネス

インターネットを通じて、生産者から直接消費者が商品を購入する仕組みが進みつつあります。「新鮮な商品が手頃な値段で手に入る」という目に見えるメリット以上に、作り手と使う人の「つながり」や「共感」が生まれることが重要です。

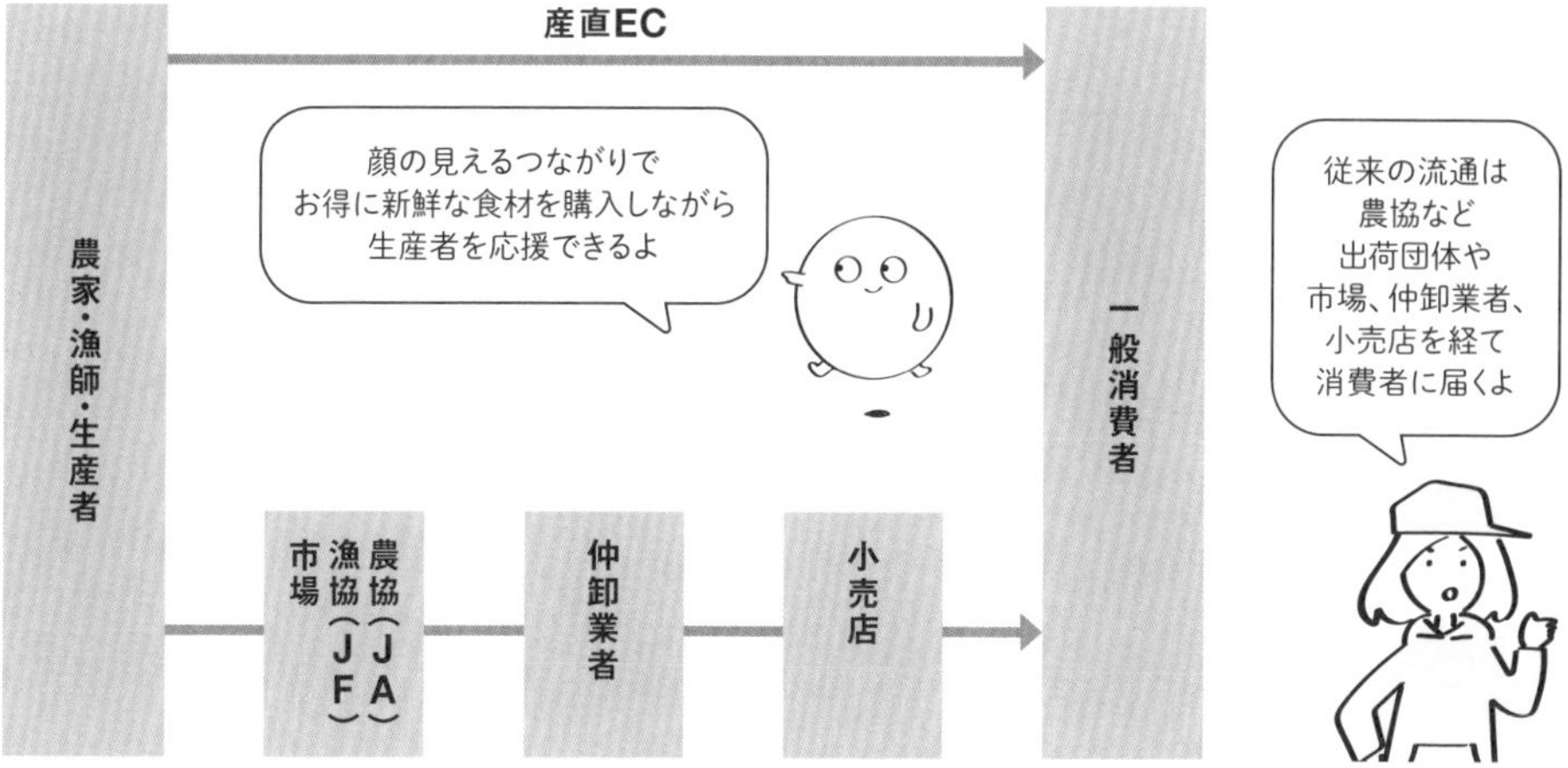

地球環境問題は人間の文化の問題？ 人類学を起点にSDGsの本質を探る

誰ひとり取り残さない「信頼社会」を作り、人と人をつなぎとめる糸が社交。地球的規模での社交の回復こそがSDGsの本質です。

INTERVIEW / 山極壽一（やまぎわ・じゅいち）

総合地球環境学研究所 所長

PROFILE / 1952年東京生まれ。京都大学理学部卒、同大学院で博士号取得。(財)日本モンキーセンターリサーチフェロウ、京都大学霊長類研究所助手、同大学理学研究科助教授、教授、理学部長、理学研究科長を経て、2020年9月まで京都大学総長を務める。21年より現職。

森林が地球の陸地の3割になり、ウイルスと人の距離が縮まった

――感染症のパンデミックは人類の危機の象徴のように言われますが、そうだとすれば、人間の進化とはいったいなんだったのでしょうか。

新しいウイルスが、今後も人間を脅かし続けるという可能性は否定できません。世界の人口は80億、家畜の頭数もそれぞれの種で10億を超えている。地球にすむ哺乳類の9割が人間と家畜なのです。しかも野生動物がすむ森林は、地球の陸地の3割を占めるにすぎなくなった。牧場と畑が4割以上を占めています。ウイルス性感染症や細菌性感染症のほとんどが家畜由来です。要するに、感

染の広がる個体群が大きくないと広がらないわけですから、「家畜を経て人間」という経路がウイルスや細菌にとって一番たどりやすいのです。

——科学の力でウイルスの蔓延を食い止めることはできないのでしょうか。

ウイルスが人間に戦争を仕掛けているわけではないのだから、ウイルスと共生する状況をいかにして作るかを考えないといけない。人間は物言わぬ自然を支配しようとしてきた。それが間違いだということを思い知らされたわけです。自然と共生する方策を探らないといけません。

世界中の人がつながり合い 誰ひとり取り残さない 「信頼社会」の回復を

——共生という言葉を手がかりにして、SDGsについてのお考えを教えてください。

ＳＤＧｓの17の目標の一つひとつが独立しているわけではなく、それらを一つのシステムとしてとらえることによってトータルな目標のなんたるかが見えてくると思います。17の目標があって、より具体的な１６９の数値化されたターゲットが並べられています。それらを個々別々に達成したからといって、全体としての目標が達成されるわけではありません。「持続可能な開発のための実施手段を強化し、グローバル・パートナーシップを活性化する」という目標17がありますよね。世界中の人びとがつながり合って、誰ひとり取り残さないようにというわけですが、それは信頼社会の構築にほかなりません。

とはいえ、実際には、信頼社会は壊れ始めていますよね。信頼を欠く社会では、契約があらゆる関係のよりどころとなる。先進国と途上国の間に契約に基づく分業体制が確立され、先進国の人びとが欲するものを途上国の人びとに作らせる。契約は先進国に利益をもたらすようにできている。今ある奇妙な契約社会を信頼社会に戻すことこそが、ＳＤＧｓの目指す究極の目標ではないでしょうか。

信頼社会を作る原資は社交なのです。人と人をつなぎとめる見えない糸が社交なのです。地球的規模での社交の回復こそがＳＤＧｓの本質だと僕は考えます。

ＳＤＧｓに欠けているものは何かというと、それは「文化」です。地球研初代所長の日高敏隆先生は、「地球環境問題を解決するのは自然科学ではなく文化である」とおっしゃった。２００１年にパリで開催さ

地形の原風景になじむように設計された地球研の建物。環境への配慮が評価され、2007年 MIPIM Asia Awards 環境調和部門最優秀賞受賞

れたユネスコ総会で「文化の多様性に関する世界宣言」が採択されたのですが、その第1条に「生物の多様性が生物にとって重要であるのと同じく、文化の多様性が人間にとって重要である」と書かれています。

　ところが現実に目を向けると、文化の無国籍化、すなわち多様性の喪失が限りなく進行しています。多様な文化によってレジリエンスを高めてきた人類にとって、文化の均一化は陥ってはならない罠だったのです。ですから今求められているのは、文化の個性化、つまり無国籍化してしまった文化の多様性を取り戻し、認め合うことではないでしょうか。

日本人が大切にしてきた文化や共に助け合う心をないがしろにしない

——風力や太陽光などの再生可能（自然）エネルギーの活用を、どのように評価されますか。

化石燃料から自然エネルギーへの転換はいいことだという思い込みが文化を破壊している。つまり長い歴史を経て築いた景観という文化を壊していると感じています。

　欧州からの訪問客が日本に来てまず驚くのが、日本の都市に緑が多いことです。その緑のあり処《か》は神社です。キリスト教の教会にもアラブのモスクにも緑はありません。しかも、その神社が都会の真ん中にある。そして日本の誇るべきもう一つの景観が里山です。日本の景観を太陽光パネルで埋め尽くそうとするのは、文化の破壊以外の何ものでもありませんね。

——ＳＤＧｓというと、すぐに再生可能エネルギーを連想する人が多いようですが、個別の目標にこだわりすぎて全体を見失うというわけですね。

　京都の京北町で地元の高校生とＳＤＧｓに関する対話をしたとき、ある生徒が「山極先生、どこの会社もＳＤＧｓを推進しているようですが、ＳＤＧｓが会社の隠れ蓑になっていませんか」と言いました。「君たち鋭いなあ」と感心しましたよ。それぞれの会社が自社の目標を達成すること自体はいいことですが、一つだけやってもだめだということです。

　菅前首相が言った「自助・共助・公助」のうち、ＳＤＧｓ達成のために大切なのは共助です。人や企業が共助しながら、全体としてのＳＤＧｓ達成を目指さないといけない。

日本人が長い時間をかけて作り上げてきた棚田と雑木林などが織りなす典型的な里山の風景（1997年、大阪府能勢町）

類人猿と分かれた人間が最初に持った文化装置「食」からSDGsを考える

――地球を脅かす問題はさまざまありますが、最も危惧されているものはなんでしょう。

今、最も深刻な問題はフードロスです。食料は人間が生きていくうえで必要不可欠なのは無論のことですが、飢えに苦しむ人が地球上に10億人以上もいる。農林水産業を貨幣経済から救出して、地産地消という本来の姿に戻さないといけない。

僕自身のやっていることを紹介させていただくと、消費者である僕が、生産者である農家や漁師さんに一定額を投資すると、その返礼として、僕が欲しがりそうなものを生産者の目線で選択して送ってくれる。消費者と生産者がお互いに共感によってつながることが肝心なのです。

――最後に、ご家庭でのＳＤＧｓについてお話しください。

家庭というと食ですね。類人猿と分かれた人間が最初に持った文化装置である食事、つまり食物を分けあって一緒に食べることが、家庭の基本です。お互いの信頼関係を高め、信頼社会を作るための最古の仕組みが食事なのです。食を通じて、人間は集団の規模を大きくしてきたのです。だから、孤食になったりレトルト食品に頼ったりするのは、しがらみを抜け出す自由をもたらすかもしれないけれど、その代償として「信頼」という関係を手放すことになる。

肉食動物とは違って、人間は一日に複数回食べないといけません。食事のためには、食材のほかに、調理をする人、場所、服装、調度品が必要です。それらすべてが社交の要素です。食事は、人間にとって最古の文化であると同時に最古の社交なのです。そんなわけで、食事が僕のＳＤＧｓの原点です。

最も深刻な問題はフードロスだと語る山極所長。地産地消や生産者から食材を直接購入する仕組みに活路を見出す

8

SDGs × 雇用 フードロス

雇用を作り、フードロスを減らす
小さな仕事から自立へ向かう

「助ける」のではなく パートナーとして対等に前進する

現在、日本の全人口の6人に1人、ひとり親家庭の半数以上が相対的貧困（P.78）状態にあります。年間500万トン以上の食品を廃棄している日本でも、満足に3食を食べられない子は多く、貧困問題は対岸の火事ではありません。例えばホームレスの人が雑誌を販売する「ビッグイシュー」では、販売者とは「卸と小売」の関係で、互いがビジネスパートナーとして対等な立場でつながっています。労働によって得られるのは経済的自立だけでなく、社会の一員だと実感することや自尊心、人とのつながりです。「助ける」対象として貧困問題を考える時代はもう終わり。社会の持続可能性を高めるために、貧困から脱却する手立てや仕組みを考えるときです。

「ビッグイシュー」が目指すこと

質の高い雑誌をつくり、ホームレスの人の独占販売事業にすることで自立を応援します。有限会社ビッグイシュー日本が運営。ロンドン発祥で日本版は2003年にスタートしました。

● ビッグイシューの構造

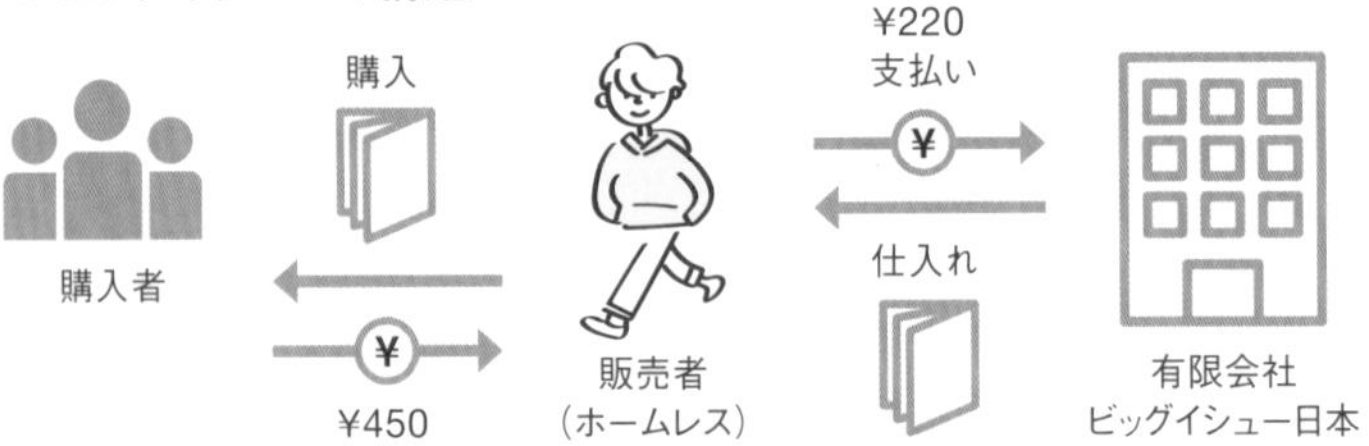

販売者が雑誌『ビッグイシュー』を1冊220円で仕入れ、路上で450円で販売する。仕入れ価格の差分（1冊あたり230円）を利益として確保できる。当初は失敗を懸念する声ばかりだったが、のべ2009人の販売者が累計約15億円の収入を得られた。（22年3月末時点）

● ビッグイシューの課題

- 知名度の低さ
- インターネットの台頭による雑誌業界の低迷

新しい支援モデル「夜のパン屋さん」の仕組み

売れ残ったパンを買い取り、夜に販売する「夜のパン屋さん」。パンの回収と販売はホームレスの人や生活困窮者が、仕事として行います。新たな雇用が生まれ、フードロスも同時に解消できる新しい仕組みです。

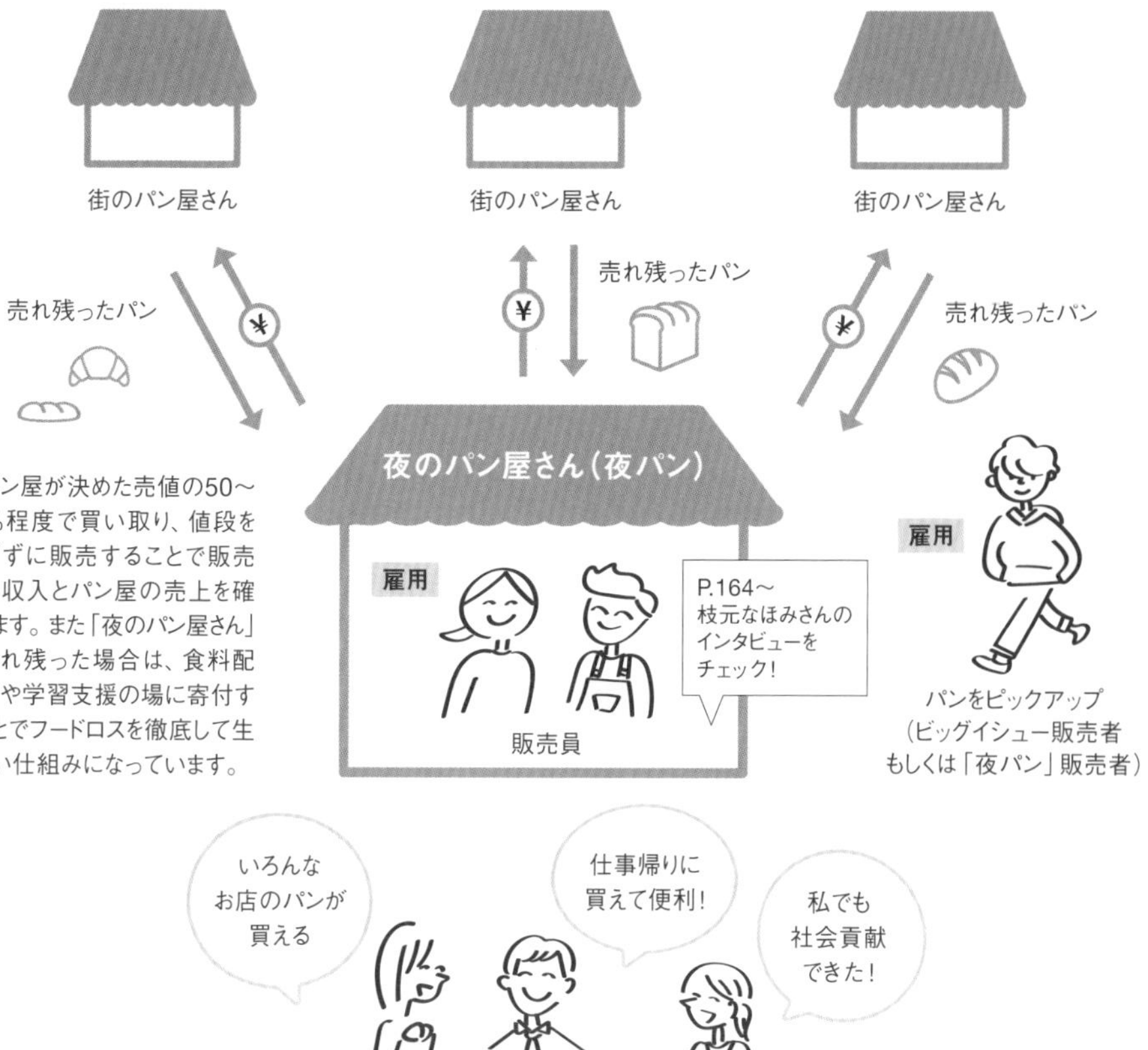

各パン屋が決めた売値の50～60%程度で買い取り、値段を下げずに販売することで販売者の収入とパン屋の売上を確保します。また「夜のパン屋さん」で売れ残った場合は、食料配布所や学習支援の場に寄付することでフードロスを徹底して生まない仕組みになっています。

仕事帰りにふと足を止める人も多い。お客さんとの会話も楽しみの一つ

パン販売を通じて自立生活を実現

ダンサーの本職を持ちながら、以前は東京・新宿で路上生活を送っていたという西さん。週3回の夜のパン屋さんの仕事を始めたことで、一定の収入が得られるようになり、生活が一変したと言います。「知人のつてで部屋を借りることができ、久しぶりに住民票を取得できました」と、笑顔で語ってくれました。ホームレスの経済的自立とフードロスの削減、2つの問題の解決の糸口がここにあります。

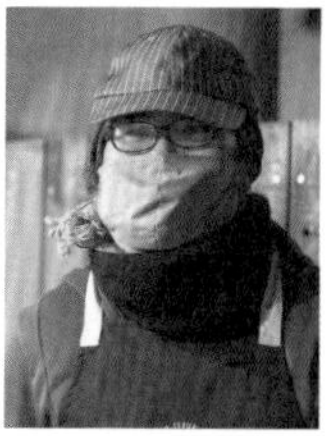

夜のパン屋さん・
ビッグイシュー販売者
西篤近さん(44歳)

する・されるの垣根なくごちゃまぜの場が心地よい持続可能な世界を作る

対立ではなく温かさで、
内側から溶かしながら
変えていきたい。

（写真提供:枝元なほみ）

INTERVIEW / **枝元なほみ**（えだもと・なほみ）

料理研究家、認定NPO法人ビッグイシュー基金共同代表

PROFILE / 横浜生まれ。明治大学卒業後、劇団員時代に無国籍レストランでシェフとして働く。1987年に料理研究家として活動を始め、テレビや雑誌などで活躍。食を考えるには農業や漁業などの生産の現場を支えることが必要と、「チームむかご」を設立し、農業生産者のサポート活動も行う。

食べ物が間にあると会話も温かく人と関わりやすくなる

――「夜のパン屋さん」(以下、夜パン)を始められたきっかけは?

「何か社会で循環することに生かしてほしい」と寄付をくださった方がいて、食に関する循環の仕組みを作れないかと考えていました。そんなとき北海道のパン屋・満寿屋《ますや》さんが各店舗で売れ残ったパンを本店に集めて夜間に売っていると聞き、「やってみよう」と思い立ったんです。

パンの回収や販売の仕事も作ることができ、フードロスも減らせる、合理的で誰もがハッピーになるアイデアだと思いました。移動販売車ならパンの回収や販売にも使えると勇み足で車を購入しましたが、実際は協力してくれるパン屋さんを探すほうが大変でした。それでも２０２０年の10月16日、世界食料デーに合わせてオープンしました。

　現在は東京・神楽坂のかもめブックス前をはじめ都内3カ所で、夕方から夜にかけて定期的にパンを販売しています。渋谷や新宿などの人混みではなく、夜道にぽつんと明かりが灯って、道ゆく人が「なんだろう」とふらりと立ち寄れるような場所です。まさに大量生産・大量消費とは真逆のスタイルですね。

かもめブックスの軒先で火・木・金曜日にオープンする夜のパン屋さん

――オープンまでに一番苦労されたことは？

　当初、製粉会社やスーパーなど大手企業の協力を得ようと各社を回りましたが、日本のシステムの限界を感じて挫折しました。私の知人でオリンピックの選手食堂のフードロス解消に取り組もうとした人が、やはり同じ壁にぶつかって諦めています。そのときも必ず出てくるのが「ブランド力の低下」という言葉。「ブランド力」とは一体なんなのでしょう。海外ではＳＤＧｓの取り組みをする企業ほどブランド力がアップするのに、本当に不思議です。

　夜パンで働くビッグイシューの販売者さんは「ロストジェネレーション世代（＊1）」の方も多く、売れなかったパンも「ロスパン」。この「ロス」は人間の都合で生み出されたものであり、利益優先など勝手な都合で捨てられるものがあってはならないと心から思います。

サポートされる人が堂々としていられるそれが理想の支援

――夜パンＢ＆Ｂカフェというイベントも主催していらっしゃいますね。

　練馬区にある築１５０年の古民家を借りて、定期的に実施しています。パンや野菜の販売、本の交換会、余った食品を交換できるフードドライブなど、食事をしても1日ぼーっと過ごしてもいい、のんびりしたイベントです。ここでは「支援を受ける方、どうぞ」というスタンスではなく、主催者も支援する側もされる側も、参加者も出展者も誰が誰だかわからない最高の「ごちゃまぜの場」です。

　先日マッサージコーナーのスタッフが、「子連れのお母さんが来て、〝私、お金ないので福分け券（＊2）〟で、

幕末期に建てられた築150年の古民家は、日当たりのよい広い庭もあり、イベントには最高のロケーション

ってすごく凛とした笑顔で言ってくれたの」と嬉しそうに報告してくれました。今は生きることが大変でも、それは一時的なこと。支援する側もされる側も、混ざり合って垣根がない。サポートしてもらう人が肩身の狭い思いをしない場が大事だと思います。

ビッグイシューは「雑誌を渡して売ってもらう」のではなく、販売者は個人商店として仕入れて販売するという対等でフラットな関係なのですが、これがとても大事だと思います。

——今後取り組んでいきたいことはありますか。

ビッグイシュー基金では、「おうちプロジェクト」という空室を活用する取り組みを始めています。また、「食」の分野からサポートできないか、食に関わる私だからこそできることはないかを考えたいです。夜パンもそうですけど、食べ物が真ん中にあると「おいしいね」「どうやって作るの？」と会話が生まれやすくほっこりします。貧困もフードロスも深刻な問題ではあるけれど、「あら、おいしそう」という言葉から始められれば、その関係は温かく誰もが関わりやすくなります。

岩合光昭さん撮影の猫の写真とともに各地の方言で憲法前文を紹介した本をご存じですか。「誰ぁれも飢えることがねぇように」と、各地のお国ことばが温かくて大好き。自分の幸せや人の幸せを願う、温かい気持ちこそがＳＤＧｓの基本かな、と。私はいろいろなことに怒りを感じて、「お金はないけどなめんなよ」と思って生きてますけど（笑）、対立構造では問題解決はできない。力で壊すのではなく、内側から溶かしてワームホールを作るように変化させられないかといつも考えています。

＊1　1990年代後半〜2000年代前半に社会に出た就職氷河期世代
＊2　先に来た人が後の人のためにお金を支払う、このイベントのシステム。払うも使うも自由な券

この日は小笠原から届いた新鮮野菜のマルシェや、店舗を持たない花屋のお店も出店

縁側のある古民家で、ゆったりとした時間を過ごせる

夜パンの出張販売も。フェアトレードのコーヒーも楽しめる

枝元さん
オリジナルレシピ
のランチが
食べられる！

小さな子どもも、もちろんウェルカム！　庭の一角にキッズコーナーが設けられ、子どもは泣くも走るも自由

COLUMN4

私たちのSDGs

おすすめしたい サステナブルな 商品やサービス

自分の持ち物を極力減らすミリマリズムの暮らしをおすすめします。持つ必要のないモノを持たない、賃貸で足りるモノは賃貸ですます、いわゆるシンプルライフです。

監修者／佐和隆光

カフェが大好きな私は、障がいのある方が働くお店によく行きます。以前、地方に住んでいたときにも通っていたのですが、障がいのある店員さんたちのおもてなしが本当に心地いいのです。障がい者の自立支援を目的に運営されているカフェが近くにあればぜひ行ってみてください！

著者／泉 美智子

『82年生まれ、キム・ジヨン』（筑摩書房）の大ヒット以降、韓国文学にはまっています。ここ数年で私が手に取ったほとんどの作品が、大なり小なりジェンダー問題を書き表していて「なんと意識が高い！」と驚きます。そういう作品ばかりが翻訳出版されているだけかもしれませんが……。外国文学なので客観視できつつも、同じ東アジアの日本でも同じような現象があることを自覚させられます。

編集／上原千穂

手ぬぐいは、カバンの中に1枚入れておくと便利。雨が降ったら頭にかぶり、寒い時（冷房など）は首に巻き、風呂敷代わりにもなり、見せたくないものをちょっと隠したりもできて、濡れても広げるとすぐに乾きます。小さく畳めてタオルより重宝するけれど、サステナブルなのかと聞かれると……ううむ。

ライター／元井朋子

パッカブル仕様のレインジャケット。とてもコンパクトになり軽いので、エコバッグのような感覚で持ち歩いています。急な雨でもビニール傘を買うことがなくなりました。

デザイナー／阿部智佳子

Chapter4

SDGsと未来への道のり

2030年のSDGs目標期限を前に、私たちができることはなんでしょう。
次世代に未来をつなぐための大切な考え方を探ります。

1 取り組み状況と進捗

SDGs達成度は国別に採点されている

日本の課題はゴミ問題とジェンダー格差

「持続可能な開発ソリューション・ネットワーク」が、ＳＤＧｓ達成度の評価報告書を毎年発行しています。17の目標ごとに各国の達成度を百点満点で採点し、平均点でランク付けしています。２０２２年版報告書によると、欧州各国が上位を独占。非欧州国で最高点の日本が19位につけています。中国56位、アメリカ41位など非欧州諸国の達成度は総じて低いようです。日本の課題として次の点が指摘されています。電子機器廃棄量とプラスチックゴミ輸出量が多い。女性国会議員数が少ない。男女間の賃金格差が大きい。国内でのCO_2排出量のみならず、輸入品のCO_2排出量もまた多い。ただし、日本の企業も子どもたちも、ＳＤＧｓへの関心の高さにおいては世界屈指です。

2022年の日本の達成度ランキングは19位

2022年の日本の達成度は19位とまずまずの結果を残しています。ただし、最大の弱点は男女不平等（ジェンダー格差）です。国会議員、企業・官庁の幹部職員に占める女性の比率は世界屈指の低さです。

● 日本のランキング推移

2016年	18位（75点）	―
2017年	11位（80.2点）	↗
2018年	15位（78.5点）	↘
2019年	15位（78.9点）	→
2020年	17位（79.1点）	↘
2021年	18位（75点）	↘
2022年	19位（79.6点）	↘

出典：「持続可能な開発報告書2022」

● 日本の達成度とトレンド

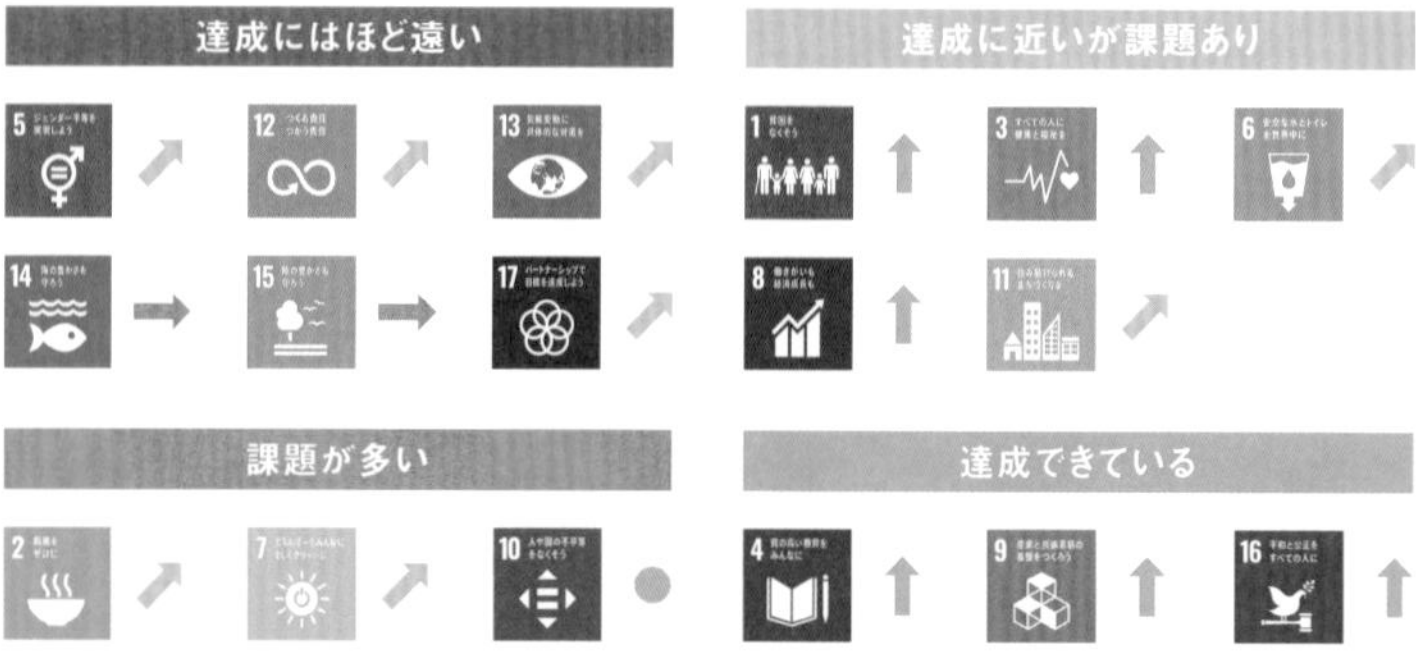

⬇悪化　➡現状維持　↗改善　⬆達成もしくは達成予定　●不明　出典：「持続可能な開発報告書2022」

世界ランキングのベスト10とワースト10

地球規模の環境保全に熱心な国の人びとは十分「豊か」であり教育水準が十分「高い」そうです。1990年代末、日本は1人当たりGDP世界第3位、高校進学率100%近くだったにもかかわらず、北欧諸国民に比べて日本人の環境保全への関心が乏しかったのは、なぜでしょうか。数字はともかく、本当の「豊かさ」にも、教育水準の本当の「高さ」にも程遠かったからではないでしょうか。

● SDGs達成度ランキング 上位10カ国

1	フィンランド	86.5点
2	デンマーク	85.6点
3	スウェーデン	85.2点
4	ノルウェー	82.3点
5	オーストリア	82.3点
6	ドイツ	82.2点
7	フランス	81.2点
8	スイス	80.8点
9	アイルランド	80.8点
10	エストニア	80.6点

● SDGs達成度ランキング 下位10カ国

154	アンゴラ	50.9点
155	ジブチ	50.3点
156	マダガスカル	50.1点
157	コンゴ民主主義共和国	50.0点
158	リベリア	49.9点
159	スーダン	49.6点
160	ソマリア	45.6点
161	チャド	41.3点
162	中央アフリカ共和国	39.3
163	南スーダン	39.0点

出典:「持続可能な開発報告書2022」

気になるアメリカと中国の最新動向

アメリカと中国は強大な経済力と軍事力の持ち主であり、政治・経済のみならず環境においても、両国の動向は地球規模のインパクトを及ぼします。しかし、両国のSDGs達成度の順位はかなり低くなっています。

● アメリカ:41位

「達成にはほど遠い」とされたのは

アメリカの主な問題点は①法的に禁止されている人種問題が今なお残っている。②所得格差の大きさは先進国の中で最も高い。③パリ協定(P.103)から離脱するなど気候変動緩和策に否定的な政治家が少なくない。④遺伝子組み換え食品の比率が極めて高い。

● 中国:56位

「達成にはほど遠い」とされたのは

中国の主な問題点は①二酸化炭素の排出量が世界最大。②新疆ウイグル地区での強制労働。③経済成長の過程で都市と農村の所得格差が大幅に拡大している。④大量のプラスチックゴミ廃棄による深刻な海洋汚染。

2

残り8年間でできること

世界の平均点を4点引き上げ70点以上に

達成の遅れている途上国への支援が不可欠

ＳＤＧｓ達成度の世界の平均点は、２０１０年の61点強から19年の66点までほぼ直線的に向上し、コロナ禍とウクライナ戦争のあおりを受けて20年以降は微減で推移しています。せめて世界平均点が70点を超えたいところですが、目標とする30年まであと８年。世界平均点を４点引き上げるためには先進諸国の政府開発援助を、費用対効果の優れたものに集中すべきではないでしょうか。資金の援助に加え、有能な人材の派遣が効果的です。達成度ランキングの下位にいる国々への援助は、費用対効果において優れているはず。達成度の遅れている途上国への支援が、地球環境の保全と人類生存に不可欠なことを肝に銘じておきたいです。

世界のSDGs達成度はどうなっている?

2019年以降の3年間、SDGsの進捗状況に異変が起きました。評価点数は3年続けて横ばいです。コロナ禍という名のパンデミックが大きな原因となっています。

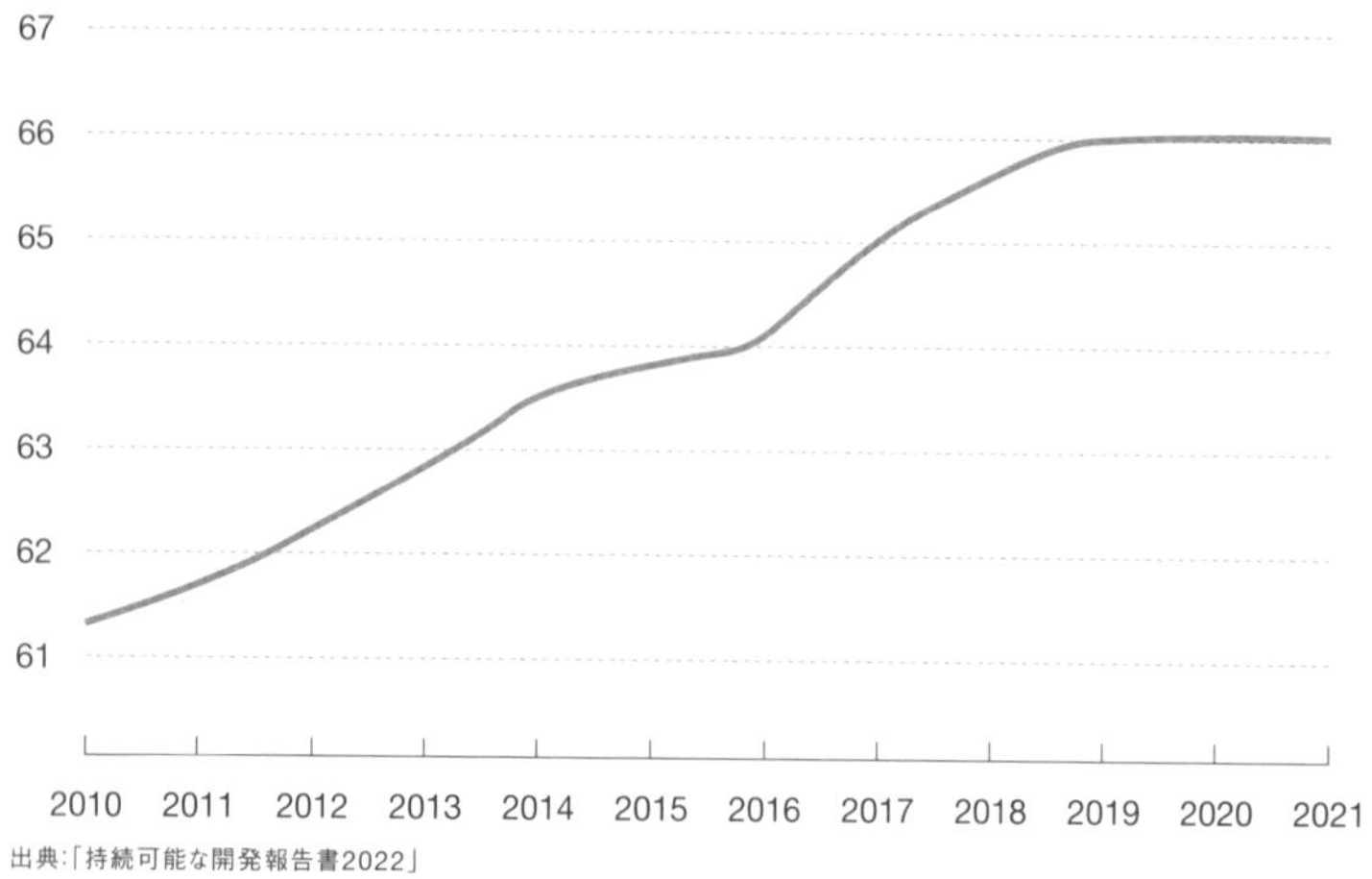

出典:「持続可能な開発報告書2022」

コロナ禍によるSDGsへの影響

コロナ禍により、ほとんどの国の経済成長率が急降下しました。その結果、貧困が再来し飢餓に苦しむ人も増えました。都市のスラム化、大気汚染、海洋汚染、自然破壊など、経済停滞が、SDGsの達成を妨げているのが現状です。

新型コロナウイルスの影響

懸念されるロシアのウクライナ侵攻の影響

2022年2月にロシアのウクライナ侵攻が始まりました。両国の戦争は今後数年間続くものと予想されます。戦争は資源の浪費と環境破壊の元凶であり、SDGsの17目標すべてに逆らうものです。これまでの努力や成果を戦争が台無しにしかねません。目標年次2030年のSDGs達成度は、ウクライナ戦争の戦況次第だと言っても過言ではありません。

パートナーシップで「目標達成」するために

高所得国は、気候変動対策、循環型社会形成、海陸の生態系保全などの領域で課題を残しています。低所得国は、気候変動対策において優秀（CO_2排出量が少ない）とされますが、それは貧困という理由が背景にあり、その他目標の達成には、高所得国と低所得国の適切なパートナーシップに期待するしかありません。

● 地域別・所得グループ別のSDGs達成状況

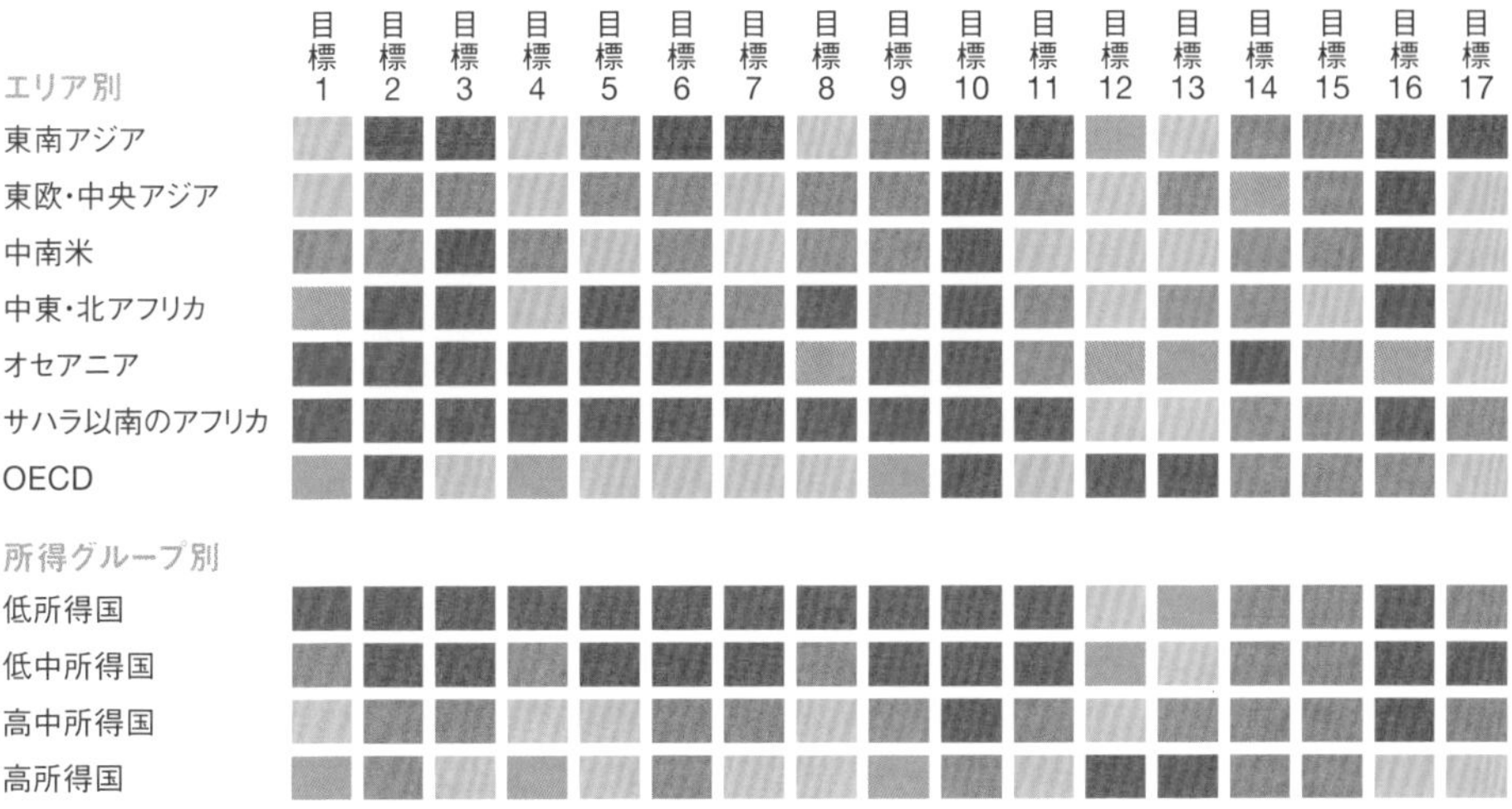

■ 達成にはほど遠い　■ 課題が多い　■ 達成に近いが課題あり　■ 達成できている　■ 不明

出典:「持続可能な開発報告書2022」

3

世界の人口予測

地域によって異なる人口増加率

アジアとアフリカが増え ヨーロッパと日本が減る

2030年にかけての世界はどうなっているのでしょうか。人口の変化では、30年の世界人口は85億人、インドが中国を抜いて世界一に。日本とヨーロッパ諸国の人口は、20年以降、下降線をたどりますが、先進国の中でアメリカの人口だけが移民受け容れにより増加。30年から50年にかけて世界の人口構成は激変します。日本の人口は1億人を切り、ナイジェリアがアメリカを抜き世界第3位の人口大国となり、エチオピアとコンゴの人口も急増。50年には地球人口97億人の60%近くをアフリカとアジアが占めるようになります。50年以降、アジアの人口はほぼ横ばいとなるのに対し、サハラ以南アフリカの人口は増え続け21世紀末に世界人口の3分の1を占めるに至ります。

2020年から2100年までの世界人口予測

人口は、社会経済統計の中で最も予測しやすい統計です。今後アフリカの人口が増え続けることが間違いないとすれば、21世末には、世界人口の4人に1人がアフリカ国籍の持ち主になります。その多くの貧困は果たして解消されているのでしょうか。だからこそSDGsの達成が必要です。

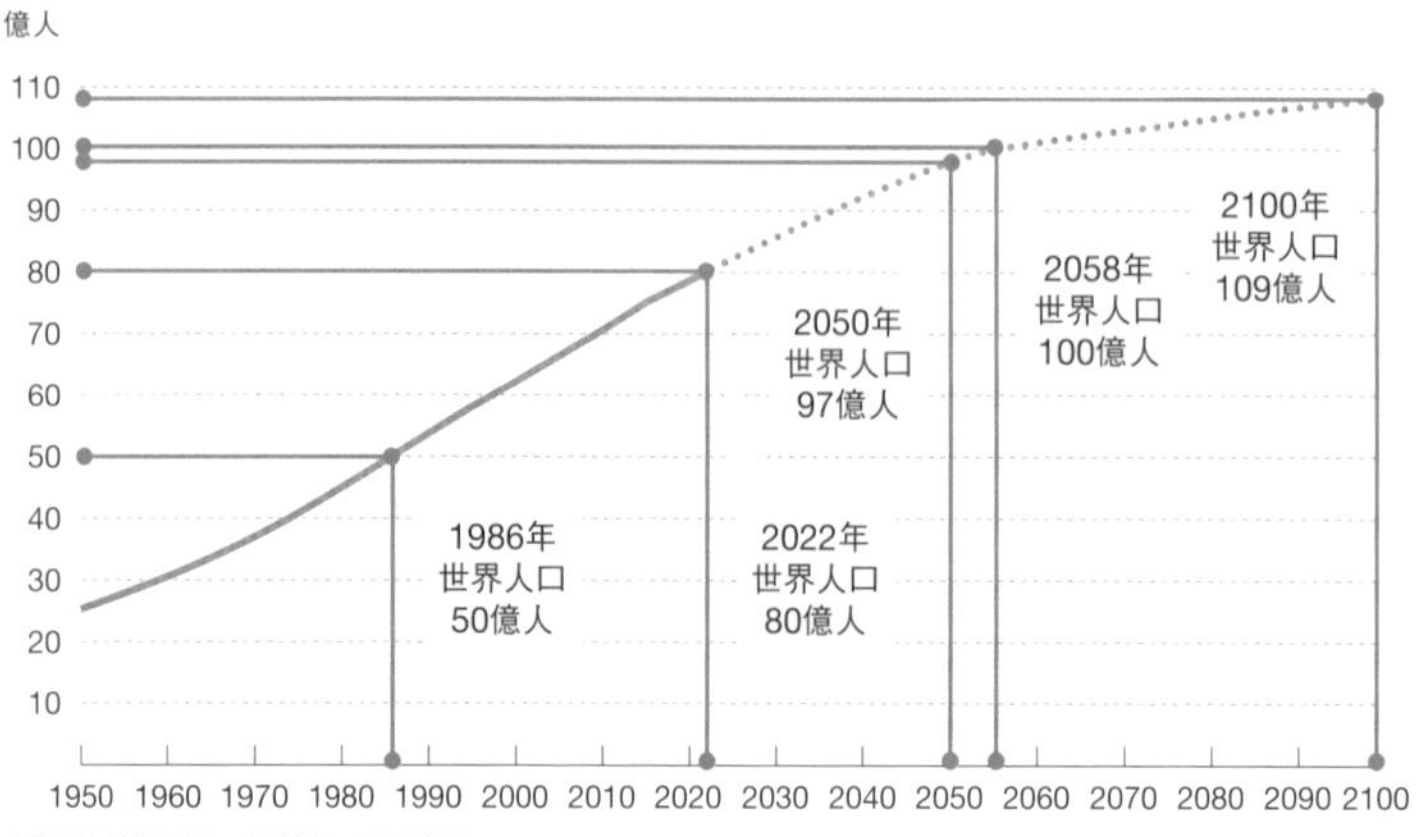

出所:国連「世界人口予測2022年度版」

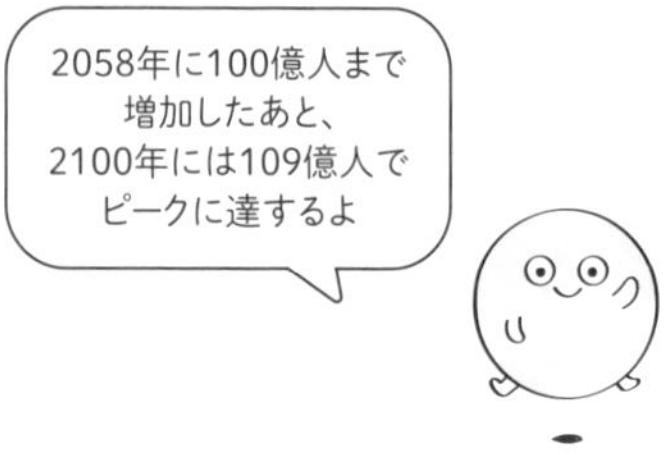

世界の地域別人口はどうなる?

サハラ以南アフリカ、南・中央アジア、中近東の3つの地域で人口が激増し、それ以外の地域の人口はほぼ横ばいというのが、2100年までの人口動向です。低所得国の人口は増え、高所得国の人口は増えません。

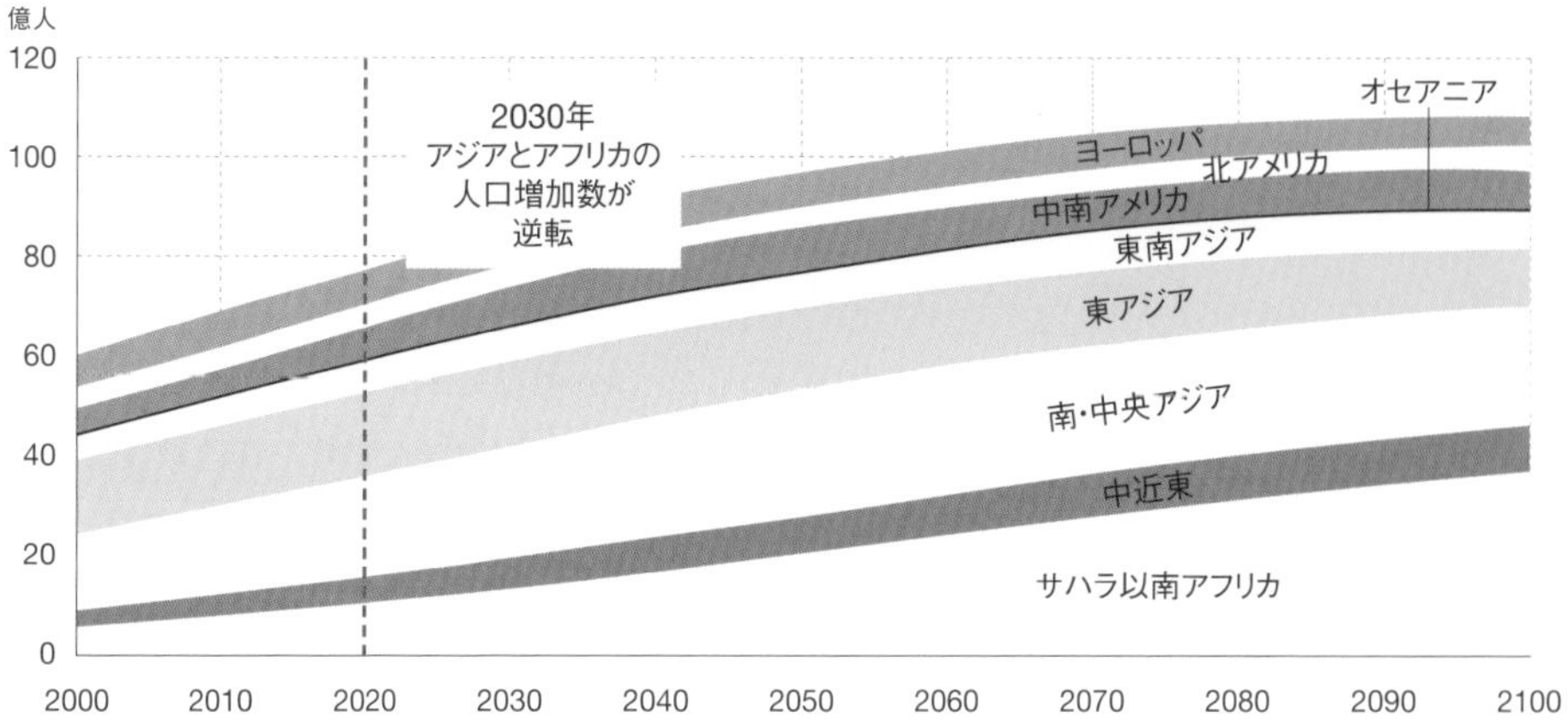

出所:国連「世界人口予測2022年度版」

●「世界人口予測」から見える未来

- 今後数十年の人口増加の大部分はサハラ以南のアフリカで起こる
- サハラ以南のアフリカでは2050年までに人口が倍増する
- 東アジアの人口は2020年にピークを迎え、南アジアは引き続きハイペースで人口が増加していく

2050年までの世界人口動態が経済や社会に及ぼす影響

先進国では、少子化が定着し人口構成の高齢化が進み、労働力が足りなくなります。途上国では今後数十年間、出生率は高止まりし、若年労働力が過剰となります。その結果、途上国の余った若年労働者が先進国で働くようになります。

人口オーナスと人口ボーナス

人口構成は生産年齢人口(15〜64歳)と従属人口(0〜14歳と65歳以上)に分けられます。前者が後者を上回っている状態を人口ボーナス、後者が前者を上回っている状態を人口オーナスと言います。オーナス(onus)とは負担・重荷を意味します。今、欧米諸国、日本、中国は人口オーナス期に入り、アフリカや南アジア諸国は人口ボーナス期にあります。ボーナス期には経済成長が高く、オーナス期に入ると経済成長はほぼ確実に鈍化します。

4 人口爆発に備えて 人口増が予想される地域の課題とは

南アジアとアフリカの人口爆発を鎮める

21世紀の半ばにかけて南アジアとアフリカの人口が増え、新興国の人口増加が一段落し、先進国の人口が減少し、世界の有り様は一変することでしょう。SDGsの目標の達成は、変化を先取りし、予め適応策を講じることになります。人口増が予想される地域に住む人びとの多くが飢餓と貧困にさいなまれています。

飢餓と貧困をなくし、教育と医療を整備・充実させ、幼児死亡率を下げ、初等教育における男女差別を撤廃し女性の識字率を向上させることが、出生率を下げる（人口爆発を鎮める）ための必要条件なのです。人口増に備えて、食料とエネルギーの潜在的な供給力、干ばつや豪雨など気候変動に起因する自然災害への適応力を備えることが欠かせません。

人口爆発を鎮める2つの要件

イギリスの経済学者トマス・マルサス（1766〜1834）は『人口論』（1798）の中で、人口増加のスピードは食料供給増加のスピードを上回るので、将来、必ず食料不足になり、貧困や戦争など破局的事態が襲来。したがって、人類生存のためには道徳的な人口抑制が不可欠だと説きました。21世紀の今、人口爆発を鎮めるにはどうすればいいのでしょうか。

幼児死亡率の低下

幼児死亡率が高ければ、出生率もまた高くないと人口は減少します。生産年齢人口に達する子どもを2人以上欲しい夫婦は、3人以上の子どもを持とうとします。幼児死亡率が低下すれば子育ては家計の負担になりますから産児制限により出生数は確実に減ります。

女性の識字率の向上

女性の教育差別が撤廃されれば、女性が職業に就くようになり婚姻年齢が上がります。また、識字率の向上は女性の情報収集力を高め、産児制限により子ども数を適正化するようになります。

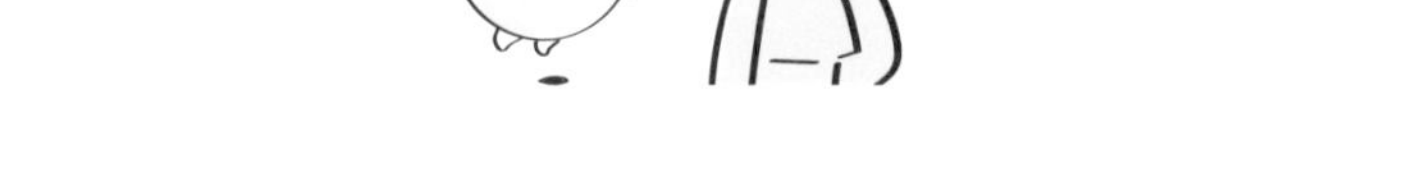
最貧国では多くの幼児が亡くなってしまうから、大家族を作っているんだ
幼児死亡率が低下すれば出生率が低下するということだね

難民問題が全地球的な規模に

紛争や内戦、人種差別、宗教問題、自然災害によって母国に居場所を失った難民が国外に逃避します。また、気候変動による自然災害が気候難民を生み出しつつあります。

● 今世紀中に水没危機にある国

水没危機にある
国に暮らす
人びとはどこに
住めばいいの?

地球温暖化に起因する山岳氷河や南極氷山の溶融と海水膨張により、小さな島国は、当面、地下水の塩害や島の土台となるサンゴ礁の白化による地盤沈下に見舞われ、数十年後には国土の大半が水没すると言われます。バングラデシュのように海抜の低い国も国土面積は減少します。

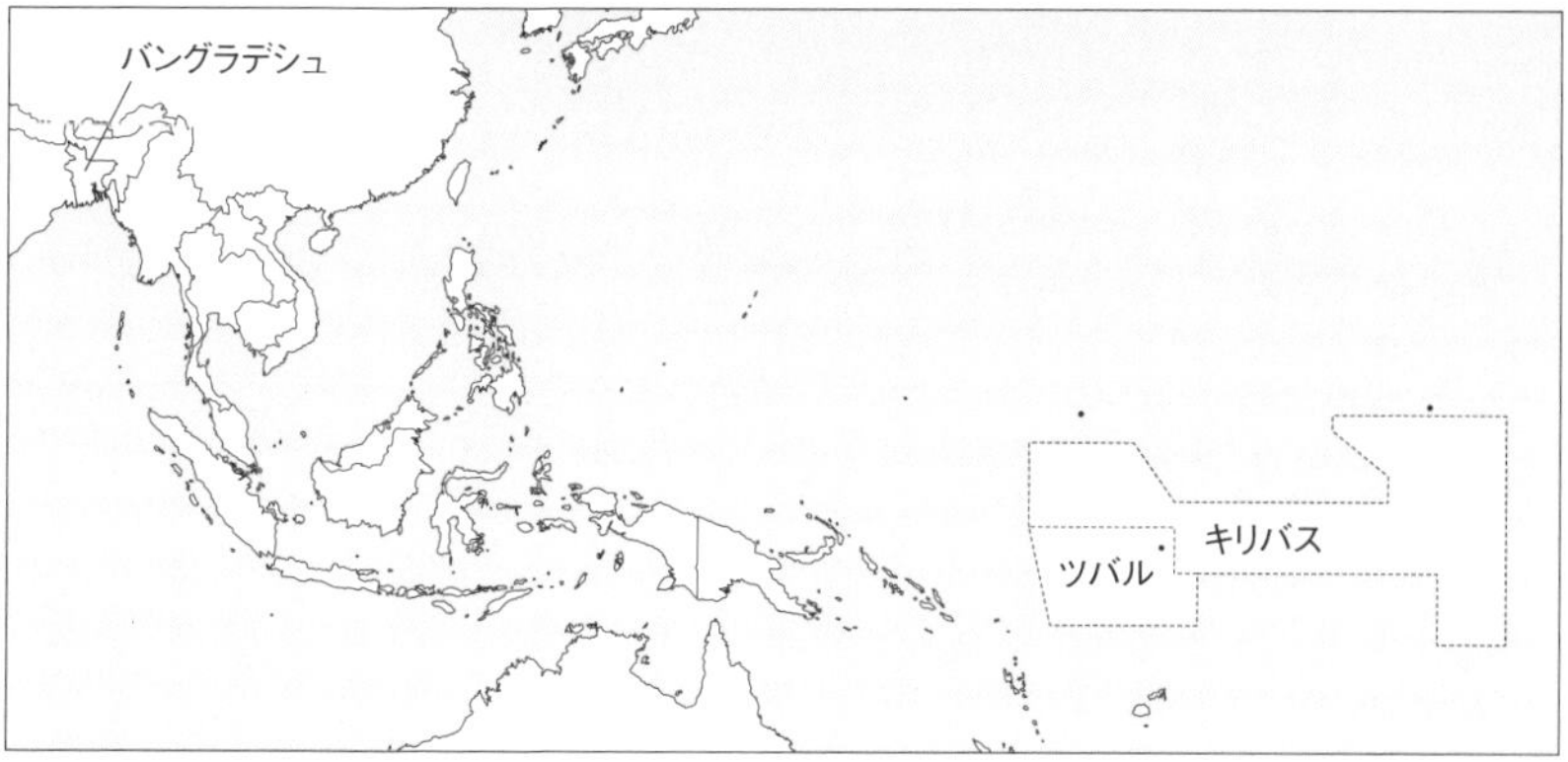
バングラデシュ
キリバス
ツバル

※黄色で示した部分:水没危機にある国・地域

Q&A 「環境移民」「環境難民」とは?

気候変動や砂漠化など自然環境の変化により発生する難民のこと。例としては、砂漠化による農地の消滅、海面上昇による国土面積の水没、温暖化による熱帯のマラリア原虫の生息域の温帯への拡張などが環境難民を発生させます。福島第一原子力発電所の事故により隣接市町村の住民が他所へ移住したのも環境難民の一種です。

人口爆発に備えて今、できること

人口爆発を回避するべく努めるか、人口爆発を不可避とみなすかで、対策は異なります。不可避とみなせば、増加する食料・エネルギー需要に応える供給力の増進が必要です。雇用の創出も欠かせません。回避するには、多少遠回りであっても幼児死亡率の低下と女性の識字率向上のための先進国による政府開発援助が不可欠です。

● 人口爆発がもたらす問題

- 合法・違法の移民の増加による受け入れ国に起きる失業問題
- 労働者の低賃金への不満・治安の悪化
- 世界的な食料・資源価格の高騰
- 政府開発援助の膨張による先進国の財政難

● 期待される新技術

- 人工肉などのフードテック
- 風力発電、電気自動車などグリーンテクノロジー
- AIを用いた被害予測シミュレーション

5 人類生存の必要条件の一つ 穀物供給力の増強を

人口増加と肉食嗜好が穀物需要を急増させる

気候変動の及ぼす最たる影響のひとつが、農林水産業の不作・不漁です。夏の猛暑・干ばつは農作物にとって大敵です。暴風雨は実った果物や野菜を台無しにしかねません。海水温の上昇は魚類の生息域を変化させ、海水の酸性化が貝類の生育を妨げるなど、気候変動は水産業を苦しめます。世界人口が増加するに伴い、食料需要も増加します。所得水準の向上に伴い、摂取するカロリーに占める穀類の割合が低下し、牛豚鶏の肉の割合が高くなります。牛肉1kgを作るのに穀物（トウモロコシ換算）11kg、豚肉1kgを作るのに穀物7kg、鶏肉1kgを作るのに穀物4kgが飼料として消費されます。人口増加と肉食嗜好が相まって、穀物への需要が急増します。

気候変動の稲作への影響

温暖化によって、日本で作られる米の品質に影響が出るようになりました。米だけでなく、ほかの作物に同様の影響の及ぶことが想像できます。

● 水稲うるち玄米1等比率の経年変化

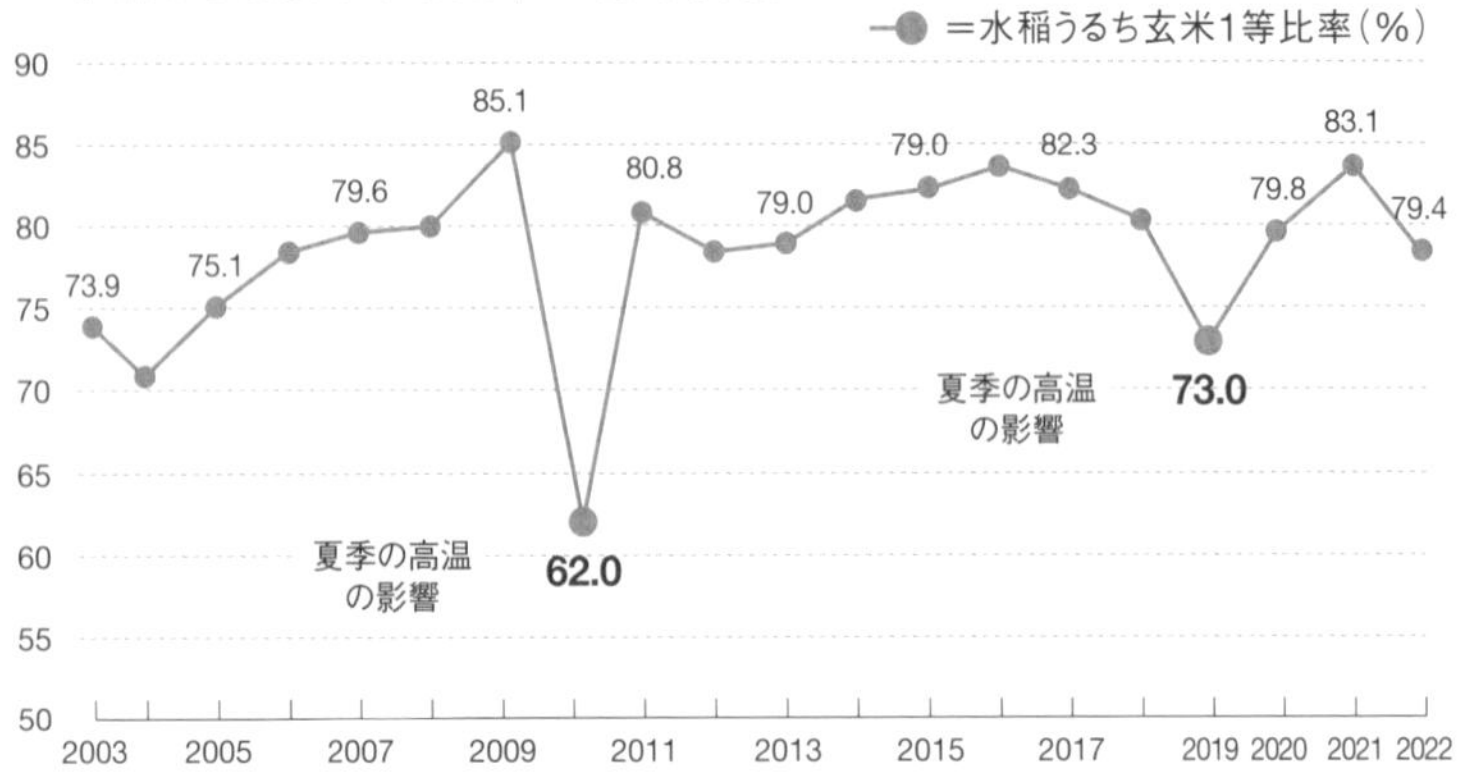

出所：農林水産省「米穀の農産物検査結果（各年）」

コメは検査により1等米と2等米にわけられます。2等米は色が白く形や粒の大きさにバラツキがあるのに対し、1等米は形や大きさが均質。味覚にはほとんど差がありません。1等米の比率は北海道・東北・北陸で高く九州・四国で低くなる。温暖化の影響と言われています。

海水温上昇の漁獲への影響

ほとんどの魚類の生息域は海水温の影響を受けます。魚の餌となるプランクトンもまた海水温上昇により少なくなり、魚は深海へと移動せざるを得ません。

● 日本近海の平均海面水温の推移

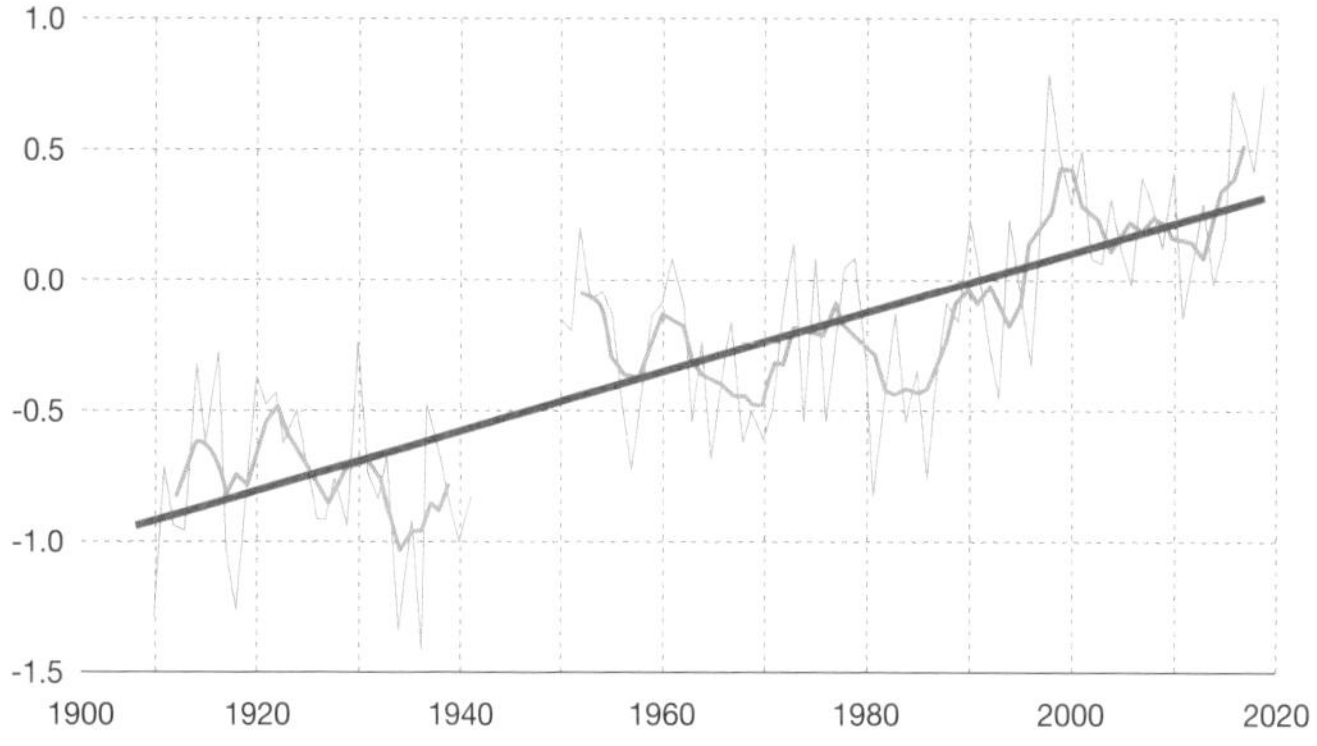

出所:水産庁「漁場環境をめぐる動き」

- 北海道産のサケ、タラ、サンマ、シシャモ、ウニなどの漁獲量は激減
- 北海道でブリの豊漁やサワラの分布域が北上
- 九州沿岸でイセエビやアワビなどの減少
- サケの夏季の分布可能域(水温2.7~15.6℃)が北へシフト。さらにその面積が1割減少した可能性がある

経済成長と肉の消費量の変化

1950年代は必要なカロリーの大半を主食である米飯で摂取していました。その後、所得の上昇に伴い肉食嗜好が進み、肉類を使った料理が食卓に並ぶようになりました。

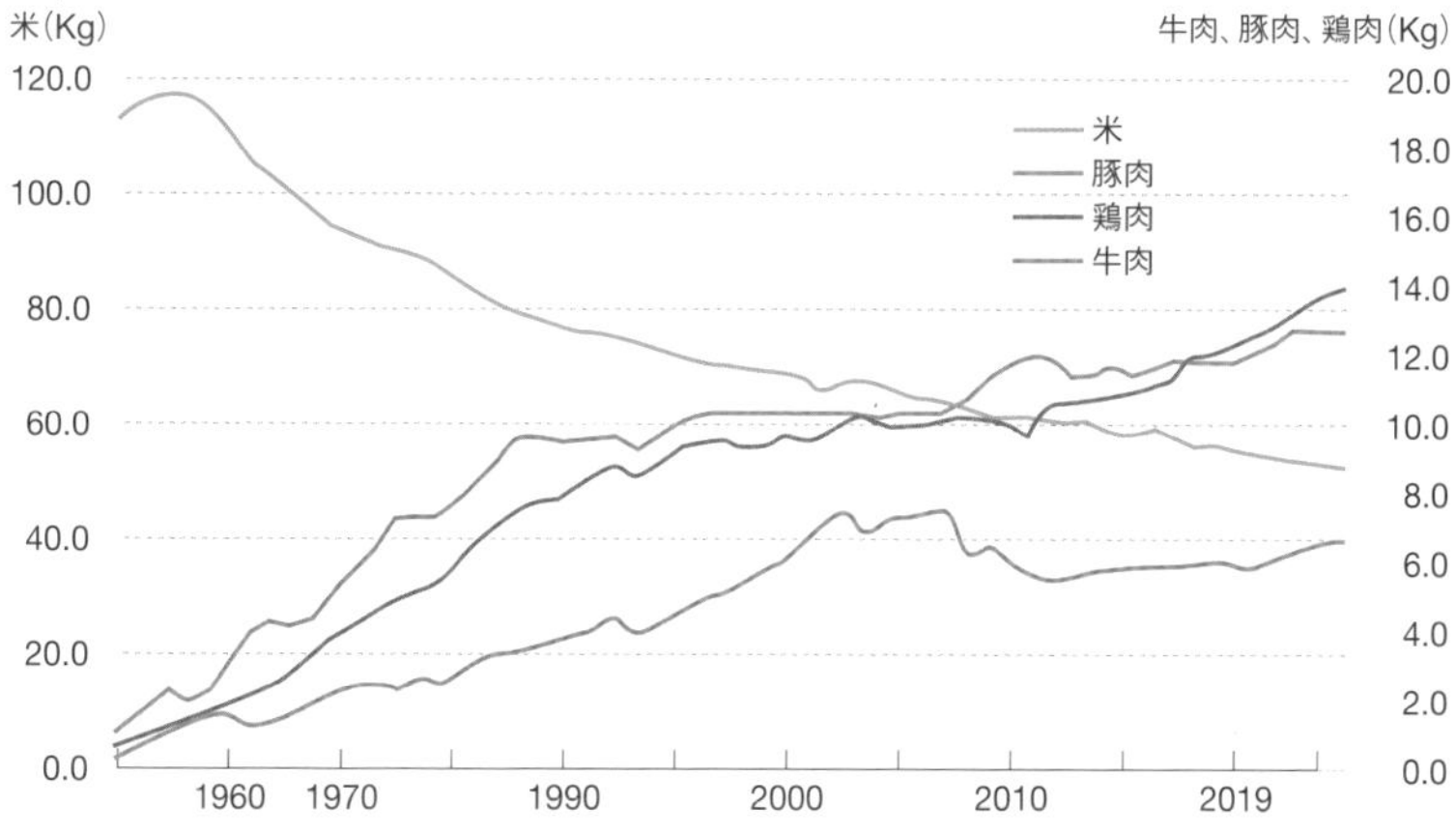

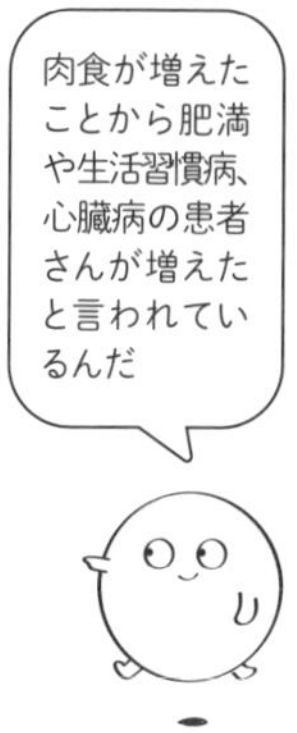

出所:農林水産省「1人・1年当たりの消費量の変化」

6 増えるエネルギー需要
経済成長がもたらすエネルギー危機に備える

太陽光や風力で小規模分散型電源を

人口増加と経済成長に伴い、必然的に増えるのがエネルギー需要です。自動車が走り、鉄道が敷設され、家庭電化製品・情報通信機器が普及すれば、エネルギー需要が増えざるを得ません。今世紀末にかけて人口爆発するサハラ以南アフリカ諸国の多くでは、電化率がいまだ10%台にとどまっており、大型の発電所や送電線も完備していません。

電化の前途は多難に思えますが、見方を変えれば、再生可能エネルギー導入の好条件が整っていることになります。大型水力・火力・原子力発電所と送配電網がもともとなければ、小規模の太陽光・風力・地熱発電所を分散して立地させるほうが経済的に有利となるからです。

再生可能エネルギーによる小規模分散型電源

大部分の先進国では、大規模集中型電源（大型水力・火力発電所・原子力発電所）から電力を供給しています。再生可能エネルギーによる発電は小規模であり、発電した電力は既存の配電網（グリッド）に流し込まれます。

● 分散型電源の種類

分散型電源

- **化石燃料を利用した設備**
  ディーゼル・ガスエンジン、ガスタービンなど
- **再生可能エネルギーを利用した設備**
  太陽光発電 、風力発電、小水力発電、バイオマス発電、地熱発電など
- **水素エネルギーを利用した設備**
  燃料電池自動車、家庭用燃料電池、産業用燃料電池など
- **電気貯蔵システム**
  家庭用蓄電池、産業用蓄電池、電気自動車利用など

小規模発電所の電力を一カ所に集めて町村単位で電力の自給自足を図る、という小規模分散型送配電の実例は数少ない

発電設備や蓄電池への初期投資にお金はかかるけど、発電コストはゼロがメリット
小規模分散型電力供給システムをうまくマネージすれば電力料金も安くなるのかな

サハラ以南アフリカ地域の電化率

アフリカの電化率の現状を見てみましょう。電化率も、貧困率との相関が見られます。ここでも「サハラ以南」で分かれていることがよくわかります。

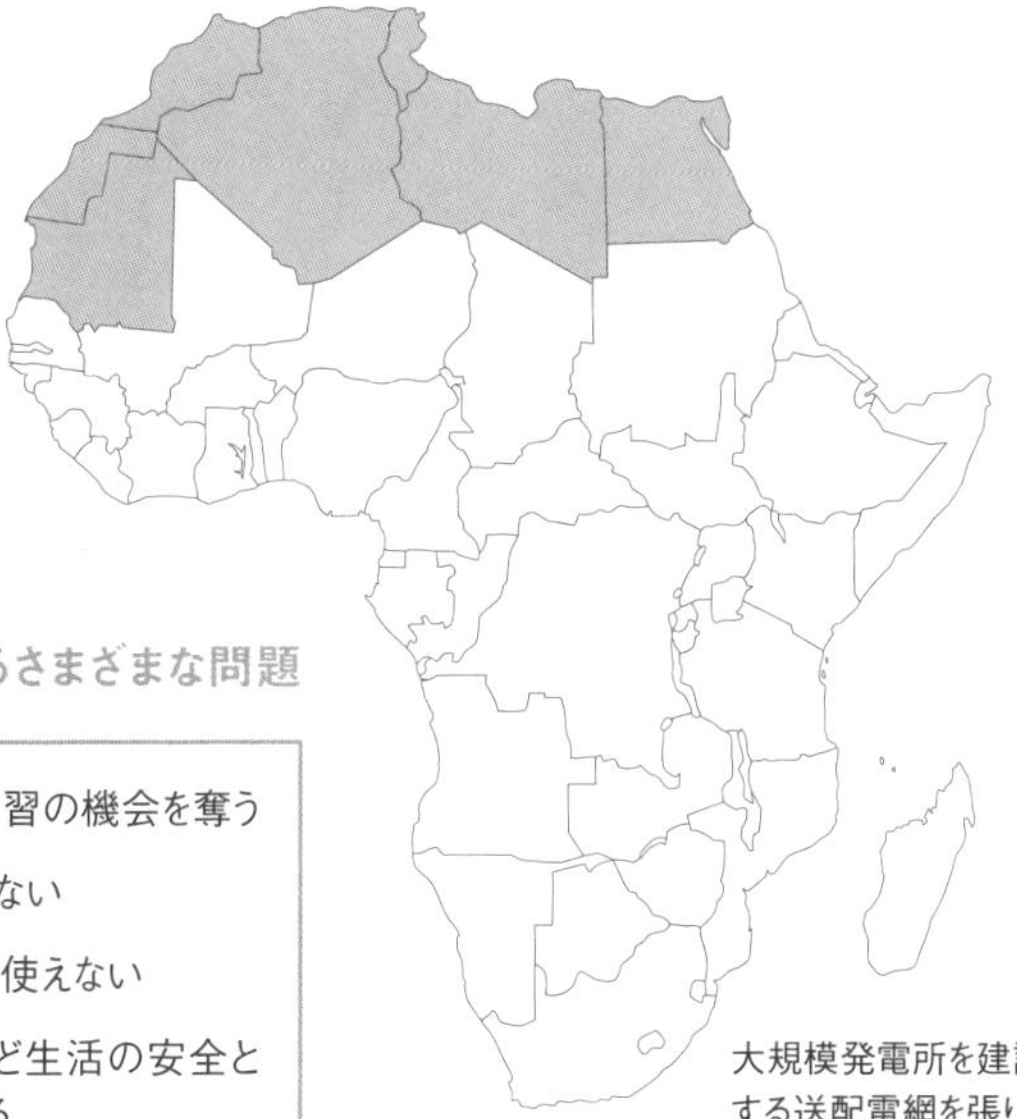

電気を使えない生活を送る人の過半がサハラ以南アフリカに住む

サハラ以南アフリカの電化率は35%程度

サハラ以南アフリカ農村部の電化率は19%

● 無電化が抱えるさまざまな問題

- 子どもたちから学習の機会を奪う
- 電化製品を使えない
- 情報通信機器を使えない
- 犯罪が増えるなど生活の安全と安心が脅かされる
- 商店などの夜間営業ができない

出所:「WEO2016」

大規模発電所を建設し家庭や工場に電力を供給する送配電網を張り巡らせるには、巨額の資金が必要です。政府の資金不足のため発電・送配電のインフラ整備が遅れていることが電化の障害になっています。ディーゼル発電や太陽光発電などで自給自足する事例が先行しているようです。

無電化地域に電力の恩恵を!

大規模集中型電源と送配電網の建設は、費用がかなり高額なため、ODAに委ねることが難しくなります。そこで、自社の電化製品の将来の普及をねらって、また社会貢献を兼ねて、ディーゼルや太陽光など自給自足型電源を寄付する電機メーカーが少なくありません。

アフリカ最大の産油国ナイジェリアですら農村への送電線は未整備。ナイジェリアのラゴス州の農村で日本の政府開発援助を受けて給水ポンプの電化用に太陽光パネルを設置する現場(2022年7月撮影)

● 電化すると暮らしはどう変わる?

- ランプの燃料・灯油の排煙が含む硫黄酸化物の害を免れる
- 学校の夜間授業が開かれ教育の普及に貢献する
- 電動ポンプにより女性や子どもを水汲みの重労働から解放する
- 夕食後の家族団らんが家族の絆を深める
- 田畑の灌漑の電動化により農業の生産性が向上
- 活字に接する機会が増え識字率が向上

7 目指すは貧困・格差のない社会
新自由主義と相容れないSDGs

人や国の不平等をなくすことがSDGsの基本理念

国の内外の経済格差は、ひたすら拡大する一方です。80年代から90年代にかけて、新自由主義という思想が席巻しました。自由で競争的な市場経済にすべてを委ねておくのがベストだとする、市場を万能視する経済思想のことです。自由競争を重んじる国では、優秀な個人や企業は勝者として生き残り、劣った個人や企業は敗者として淘汰されるから、おのずと国の経済は繁栄する、と新自由主義者は主張します。累進所得税制や社会保障による格差是正策は、有害無益だとも主張します。国家間の経済格差も、優勝劣敗ゆえのことだと言うのです。ＳＤＧｓは新自由主義とは相容れません。「国や人の不平等をなくそう」という目標10が、そのことを雄弁に物語っています。

新自由主義とは?

かつて「自由で競争的な市場経済の効率性」を説いたアダム・スミスの思想を復活させ、1980年代以降、「小さな政府」を唱道したのが新自由主義者たちです。

● 新自由主義的な政策

福祉・公共サービスなどの縮小	福祉や公共サービスは国民の自助努力を妨げ「依存の文化」を生むから必要最低限にとどめ、警察・消防・国防以外の公共サービスは民営化または有料化すべきだとします。
公営事業の民営化	日本では国鉄・電電公社・専売公社などは1980年代半ばに、郵政3事業は2007年に民営化されました。旧国鉄赤字路線の廃止など過疎地の住民の便益は民営化により犠牲にされました。
大幅な規制緩和	自由な市場競争を妨げる国や自治体の規制を緩和・撤廃することは、市場経済の長所を活かすうえで不可欠だとされます。
自由貿易・自由経済の推進	小規模農家を保護するために制限されていたコメ輸入、通信業界への参入などの自由化を推進し、自由で競争的な市場経済への歩みを進めました。
医療・介護分野への市場原理の導入	医療や介護の公的保険は維持しながらも、患者や被介護者の負担割合を引き上げ、乱診乱療を防ぎ、弱者救済の財政支出の削減、個人・法人所得の減税を推奨します。

教育が無償でなければ、能力と努力が報われる新自由主義社会だって、格差が世代間継承される不平等社会なんだよ
所得格差が大きいほど、今より高い所得を目指してみんなが懸命に働くようになるから、経済成長率は高まるんだって

日本の所得格差は?

所得格差を測る物差しとしてジニ係数が頻用されます。表に見る通り、日本の所得格差は決して小さくありません。日本と比べて英米両国の格差が大きいのに対し、そのほかヨーロッパ諸国の格差は小さいのです。

● 主要国のジニ係数(2019)

国	再分配所得ジニ係数
トルコ	0.40
アメリカ	0.40
イギリス	0.37
韓国	0.34
日本	0.33
イタリア	0.33
ロシア	0.32
カナダ	0.30
オランダ	0.30
フランス	0.29
ドイツ	0.29

出所:OECD

再分配所得のジニ係数で実質的な格差の状況がわかる

日本の所得格差はほとんどの先進国よりも大きい

ジニ係数がゼロに近いほど所得格差が小さい

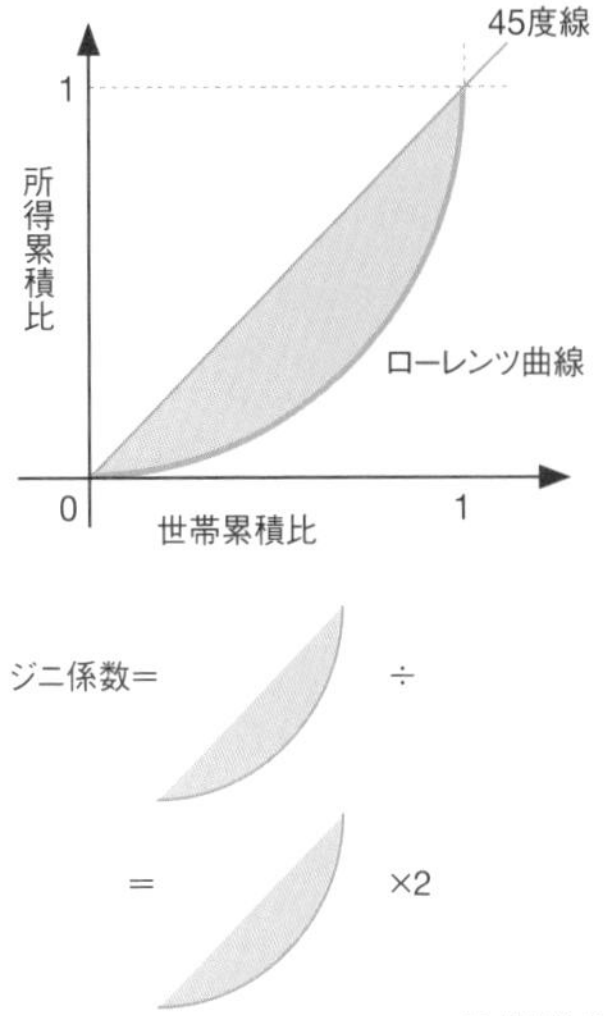

図:著者作成

公正な社会とは何か

経済体制の良し悪しを判定する基準として「効率」と「公正」の2つがあります。新自由主義者は市場経済の効率性を尊重し、公正への過度な配慮は効率性を損なうと忌避します。公正な社会の定義はあいまいです。政治哲学者ジョン・ロールズによる公正の定義が最も説得力に富みます。

ジョン・ロールズの定義する正義(公正)の理論

人間誰しも自分の能力と境遇について(無知のヴェールに覆われた)生前には知ることができません。もしかしたら自分は最も不幸な境遇に生まれるかも知れないから、最も不幸な人の境遇を最善にすること(マキシミン)を望ましいと考えるはずです。それゆえ、公正な社会を希求する潜在的な動機が人間には備わっているのです。

ジョン・ロールズ(1921〜2002)はアメリカの政治哲学者。プリンストン大学、ハーバード大学などで教鞭をとる。主著『正義論』(A Theory of Justice)は、公正(正義)とは何かを語る古典的名著

8

私たちが直面する課題 日本の弱みはジェンダーギャップ

日本のジェンダーギャップ指数は146カ国中116位

世界経済フォーラムが公表する「ジェンダーギャップ指数２０２２」で日本の順位は１４６カ国中１１６位でした。報告書は、政治・経済・教育・健康の４分野における男女格差を指数化して順位付けしています。教育分野では、就学率と識字率の男女格差が問われます。健康分野では、出生児性比と健康寿命の男女比が問われます。政治の分野では、国会議員と閣僚の男女比、最近50年における行政府の長の在任年数の男女比が問われます。経済の分野では、労働参加率の男女比、賃金の男女格差、管理職の男女比、専門職・技術職の男女比が問われます。日本は教育分野１位、健康分野63位、経済分野１２１位、政治分野１３９位。総合の１１６位は先進国中で最下位です。

各国のジェンダーギャップ指数

ほかの先進国の順位はどうでしょうか。ドイツ、フランス、イギリスなどのヨーロッパ諸国が比較的上位の中、イタリアは若干順位を下げていますが、それでも63位です。

● ジェンダーギャップ指数G7各国の順位

国	値	順 位
ド イ ツ	0.801	10位
フ ラ ン ス	0.791	15位
イ ギ リ ス	0.780	22位
カ ナ ダ	0.772	25位
ア メ リ カ	0.769	27位
イ タ リ ア	0.720	63位
日 本	**0.650**	**116位**

出典:WEF「The Global Gender Gap Report 2022」

教育と健康の分野での日本のジェンダーギャップはほとんど認められません。ジェンダーギャップが目立つのは政治と経済の分野です。結婚や出産を契機に仕事を辞めて専業主婦を選ぶ女性が多いのは、会社・官庁での女性の昇進を阻む「ガラスの天井」の存在や社会に残る性別役割分担ゆえのことなのか否か、鶏が先か卵が先かが問われています。

先進国では最低レベル。アジア諸国では中国(102位)、韓国(99位)やASEAN諸国より低い結果に

ジェンダーギャップ指数のもう少し詳しい順位表が87ページにあるよ
初の女性首相が日本で生まれるのはいつ頃かな

政治・経済の分野で特に立ち遅れる日本

男女間の賃金格差は縮まりつつあり、専門技術職の女性比率も低くはないのですが、管理職の女性比率の低いことが「経済参画」の点数が悪い最大の理由です。国会・地方議会議員、閣僚の女性比率が極端に低いために「政治参画」の点数は最下位に近い状況です。

● 日本のジェンダーギャップ指数 各分野の順位

政治	**139位**／146カ国
経済	**121位**／146カ国
教育	**1位**／146カ国 ※21カ国が1位
健康	**63位**／146カ国

出典:WEF「The Global Gender Gap Report 2022」

女性国会議員の割合
衆議院　9.9%（46名）
参議院 25.8%（64名）
衆参両院 15.4%（711名中110名）
（2022年10月現在）

女性社長の割合
8.2%　全体の1割を下回る
（2022年4月「帝国データバンク」調べ）

● 主要国の女性議員の割合（地方議員を含む）

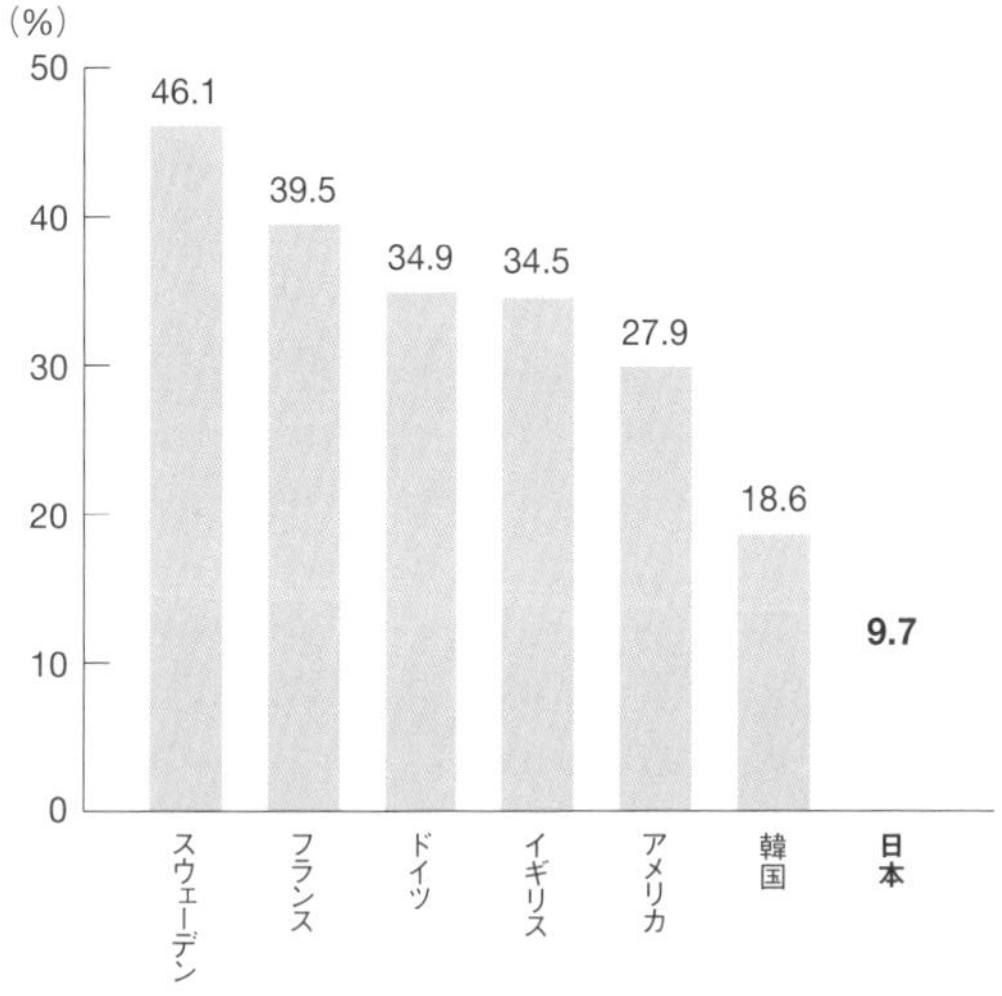

出典:内閣府「令和4年版男女共同参画白書」※2022年3月現在

● 世界の女性管理職率の順位

1位	トーゴ	65.69%
2位	セントルシア	58.49%
3位	コートジボワール	57.59%
4位	ジャマイカ	56.99%
5位	コロンビア	56.19%
≈		
36位	アメリカ	39.77%
50位	イギリス	36.57%
54位	カナダ	35.88%
68位	フランス	33.97%
104位	ドイツ	29.10%
112位	イタリア	27.33%
116位	**日本**	**14.70%**

出所:ILO（2019円推定値）

日本の男女間賃金格差

2022年の平均賃金（月収）は男性342,000円、女性258,900円となっています（男性を100とすれば女性は75.7『令和4年賃金構造基本統計調査』厚生労働省）。管理職手当が加算される役職者の割合が男性のほうが高いこと、男性のほうが残業時間の長いこと、女性の平均年齢が低いことに加え、女性の非正規雇用比率の高いことが格差の理由として挙げられます。とはいえ、賃金格差は徐々に縮まりつつあります。

索引

■英数字

■あ

■か

■さ

■ま

【参考文献】

『鳥取力 - 新型コロナに挑む小さな県の奮闘』中央公論新社
『小さくても勝てる -「砂丘の国」のポジティブ戦略』中央公論新社
『SDGs―危機の時代の羅針盤』岩波書店
『SDGs（持続可能な開発目標）』中央公論新社
『京都あちこち独り言ち』淡交社
『図解SDGs入門』日経BP
『60分でわかる！ SDGs 超入門』技術評論社
『21世紀の資本』みすず書房
『人新世の「資本論」』集英社新書

朝日新聞EduA

- 女子大初、奈良女工学部は「全員バラバラのことをやるのが理想」
学部長就任予定の藤田教授
https://www.asahi.com/edua/article/14472998
- 奈良女子大、お茶の水女子大が相次いで工学部を開設する理由
https://www.asahi.com/edua/article/14470096

おわりに

日本の企業は、ＳＤＧｓ達成への貢献にとりわけ熱心です。企業価値を高めるためには、環境（Environment）、社会（Social）、ガバナンス（＝企業統治：Governance）という、企業経営の３つの側面すなわちＥＳＧへの配慮において、取引先や消費者の高い評価を獲得しなければなりません。銀行は融資先を選定するに当たり、企業のＥＳＧ経営を審査の基準とするようになり、学生が就職先を選ぶ際にも、企業のＥＳＧ経営を評価軸のひとつに加えるようになりました。ＳＤＧｓの17の目標達成へ向けての企業の取り組みは、ＥＳＧ経営を推進するための必要条件にほかなりません。

第２次世界大戦が終わった１９４５年からの10年間、日本にとって最大の問題は極度の貧困と飢餓の克服でした。１９５５年に戦後復興を成し遂げ、数年後に高度成長期に向けての離陸をとげ、少なくとも国内総生産で測るかぎり、比較的短期間で日本は「豊か」な国に仲間入りしたばかりか、１９８０年代には、日本の製造業各社は、値段が安く品質の優れた製品を続々と生み出し、ジャパン・アズ・ナンバーワンと誉めそやされたりもしました。１９７０年前後になって、大気汚染や河川・海の水質汚濁による公害病や自動車の排気ガスによる都市公害があらわになりましたが、比較的短期間で公害の克服にも成功しました。すなわち日本は、ＳＤＧｓの大半を１９８０年代には成し遂げたのですが、ジェンダー平等の目標だけは未だに達成できていません。

１９９０年代、グローバリゼーション（地球規模化・地球一体化）という、ものの見方が広がり始めました。こうした時代背景のもとに、２０００年にはＭＤＧｓが、２０１５年にはＳＤＧｓが国連総会で決議されたのです。

経済的に「豊か」な国である日本は、地球規模でのＳＤＧｓ達成のために、サハラ以南アフリカや南アジアの貧しい国々への支援を惜しんではなりません。地球規模でのＳＤＧｓ達成への日本の貢献は、めぐりめぐって日本の国際的な存在感を高め、ひいてはそれが、日本の安全保障にも寄与するはずです。

本書の監修を引き受けている最中に、ロシアのウクライナ侵攻が起こり、気候災害が頻発し、化石燃料価格が高騰し、世界の分断（＝グローバリゼーションの退行）が進みました。こうした時代文脈の変化が、ＳＤＧｓ達成への気運と取り組みをも退行させたりしないよう、警戒しなければなりません。戦争はもとより、冷戦もまた、地球の持続可能性をおびやかす元凶にほかなりません。持続可能性というＳＤＧｓの原点に立ち返り、分断された地球を修復しようではありませんか。

京都大学名誉教授　佐和　隆光

●著者

泉 美智子（いずみ みちこ）

株式会社六次元（子どもの環境・経済教育研究室代表）。京都大学経済研究所東京分室、公立鳥取環境大学経営学部准教授を経て現職。全国各地で「女性のためのコーヒータイムの経済学」や「エシカル・キッズ・ラボ」「親子経済教室」など講演活動、テレビ、ラジオ出演も。環境、経済、絵本、児童書の著書多数。近著に『12歳の少女が見つけたお金のしくみ』（宝島社）、『株・投資信託・iDeCo・NISAがわかる 今さら聞けない投資の超基本』、監修に『節約・貯蓄・投資の前に今さら聞けないお金の超基本』（ともに小社）がある。日本FP学会会員、日本児童文学者協会会員。

Instagram:@michiko.moneycafe

●監修者

佐和隆光（さわ たかみつ）

1965年、東京大学経済学部卒業後、京都大学経済研究所教授、同研究所所長などを歴任。名誉教授、国立情報学研究所名誉教授、元滋賀大学学長、東京大学経済学博士。専攻は計量経済学、統計学、環境経済学。計量経済学者として、1960年代後半から80年代初めにかて多数の論文を公刊。『経済学のすすめ――人文知と批判精神の復権 』（岩波新書）、『日本経済の憂鬱』（ダイヤモンド社）ほか著書多数。近年は環境問題にも関心を注ぎ、エネルギー・地球温暖化問題をわかりやすく解説。

やるべきことがすぐわかる

今《いま》さら聞《き》けない SDGsの超《ちょう》基《き》本《ほん》

著　者	泉 美智子
監　修	佐和隆光
発行者	片桐圭子
発行所	朝日新聞出版 〒104-8011 東京都中央区築地5-3-2 （お問い合わせ） infojitsuyo@asahi.com
印刷所	図書印刷株式会社

Published in Japan by Asahi Shimbun Publications Inc.

ISBN 978-4-02-334108-1

STAFF

イラスト／オフィスシバチャン

本文デザイン・DTP／阿部智佳子

装丁／俵社

編集・執筆協力／株式会社ニームツリー
（羽田朋美）

執筆協力／元井朋子、益本省吾

協力／株式会社六次元

撮影／Doddy Obenk〈P.10-16〉
マツダナオキ〈P.126-129、P.133-135〉
益本省吾〈P.138-139、P.150、P.154〉
佐藤佑樹〈P.158〉
朝日新聞出版AERAデジタル本部
（高野楓菜）〈P.162-167〉

校正／関根志野、曽根 歩

編集／朝日新聞出版
生活・文化編集部（上原千穂）

【写真提供】

朝日新聞社

P31、P37、P38、P39、P41、P42、P43、P46、P89、P103、P109、P132、P144、P146、P147、P160

アフロ

P30、P69、P46、P49、P72（上）、P83:AP /アフロ　P31:Newscom /アフロ　P35（冨岡製糸場）、P55、P161:毎日新聞社/アフロ　P35（三池炭鉱）Mary Evans Picture Library /アフロ　P36:Alamy /アフロ　P45:Science Faction /アフロ　P52、P97（書籍）:アフロ　P54、P63、P67、P71、P75、P79、P93、P97（下）、P181:ロイター/アフロ　P63、P72（下）:Picture Alliance /アフロ　P70:Everett Collection /アフロ　P80:AU-UN IST PHOTP /Stuart Price /ロイター/アフロ　P87:United Nations Foundation /AP /アフロ　P92:Everett Collection /アフロ　P97（トマ・ピケティ）:REX /アフロ　P104:Science Photo Library /アフロ　P183:Frederic REGLAIN /GAMMA /アフロ

gettyimages

P35（蒸気機関の実用化）、P35（石炭採掘）:Hulton Archive /ストリンガー

本書に掲載している情報は、2023年4月時点のものです。

「国連SDGs公式サイト」https://www.un.org/sustainabledevelopment/

The content of this publication has not been approved by the United Nations and does not reflect the views of the United Nations or its officials or Member States.